本作品受"广州市宣传文化出版资金"资助

区域经济
综合评价实证研究

Quyu Jingji Zonghe Pingjia Shizheng Yanjiu

张赛飞 著

全国百佳出版社
中央编译出版社
CCTP　Central Compilation & Translation Press

三、城市竞争力分析 ································ 41
　（一）结果分析 ································ 41
　（二）特征分析 ································ 48
　（三）相关分析 ································ 54
四、本章小结 ···································· 58

第三章　广东流通产业竞争力综合评价研究 ············ 60
一、流通产业竞争力及其评价 ······················ 60
　（一）竞争力与产业竞争力 ···················· 60
　（二）产业竞争力评价 ························ 61
　（三）流通产业竞争力内涵 ···················· 63
　（四）流通产业竞争力评价框架 ················ 64
二、广东流通业竞争力动态比较 ···················· 66
　（一）竞争实力动态比较 ······················ 67
　（二）竞争潜力动态比较 ······················ 67
　（三）竞争基础动态比较 ······················ 69
　（四）竞争环境动态比较 ······················ 70
三、广东流通业竞争力国内比较 ···················· 72
　（一）竞争实力国内比较 ······················ 75
　（二）竞争潜力国内比较 ······················ 76
　（三）竞争基础国内比较 ······················ 81
　（四）竞争环境国内比较 ······················ 82
四、广东流通业国际竞争力比较 ···················· 84
　（一）竞争实力国际比较 ······················ 85
　（二）竞争潜力国际比较 ······················ 85
　（三）竞争环境国际比较 ······················ 86
五、广东21地区流通业竞争力比较 ·················· 88
　（一）竞争实力比较 ·························· 91
　（二）竞争潜力比较 ·························· 91
　（三）竞争基础比较 ·························· 95
　（四）竞争环境比较 ·························· 97

目 录

第一章 综合评价理论 …………………………………… 1
一、综合评价概述 ………………………………………… 1
二、评价指标体系 ………………………………………… 3
　（一）国际评价指标体系 …………………………………… 3
　（二）国内评价指标体系 …………………………………… 9
三、评价方法 ……………………………………………… 16
四、本章小结 ……………………………………………… 23

第二章 中国副省级城市竞争力综合评价研究 ………… 24
一、城市竞争力评价研究综述 …………………………… 24
　（一）关于评价研究 ………………………………………… 24
　（二）关于研究内容 ………………………………………… 27
　（三）关于概念与内涵 ……………………………………… 27
　（四）关于影响因素 ………………………………………… 28
　（五）关于评价模型 ………………………………………… 29
二、城市竞争力综合评价 ………………………………… 32
　（一）评价指标体系 ………………………………………… 32
　（二）评价方法 ……………………………………………… 33
　（三）数据来源 ……………………………………………… 34
　（四）评价过程 ……………………………………………… 34

六、本章小结 ………………………………………………… 99

第四章　广东流通企业竞争力综合评价研究 …………… 101
　　一、企业竞争力定义 ………………………………………… 101
　　　　（一）从企业的市场表现来界定企业竞争力 …………… 101
　　　　（二）从顾客需要角度来界定企业竞争力 ……………… 102
　　　　（三）强调企业的综合能力 ……………………………… 102
　　　　（四）强调影响企业竞争力的某些深层次因素 ………… 103
　　二、企业竞争力评价研究 …………………………………… 104
　　　　（一）国外企业竞争力评价研究 ………………………… 104
　　　　（二）国内企业竞争力评价研究 ………………………… 105
　　三、企业竞争力综合评价框架 ……………………………… 109
　　四、广东流通企业竞争力评价结果与比较分析 …………… 110
　　　　（一）广东物流业深沪两市上市企业竞争力比较 ……… 110
　　　　（二）广东批发零售业深沪两市上市企业竞争力比较 … 116
　　　　（三）89家流通企业竞争力比较 ………………………… 125
　　五、本章小结 ………………………………………………… 127

第五章　广州高新技术产业竞争力综合评价研究 ……… 129
　　一、高新技术产业竞争力内涵 ……………………………… 129
　　二、高新技术产业竞争力综合评价 ………………………… 131
　　　　（一）评价指标体系 ……………………………………… 131
　　　　（二）评价对象与方法 …………………………………… 134
　　　　（三）数据来源 …………………………………………… 134
　　三、广州高新技术产业竞争力比较 ………………………… 135
　　　　（一）产业规模比较 ……………………………………… 135
　　　　（二）产业效益比较 ……………………………………… 137
　　　　（三）产业布局比较 ……………………………………… 138
　　　　（四）技术创新比较 ……………………………………… 140
　　　　（五）人力资源比较 ……………………………………… 143
　　　　（六）技术支持比较 ……………………………………… 145

（七）支撑环境比较 …………………………………… 146
　　　（八）发展环境比较 …………………………………… 148
　四、本章小结 …………………………………………………… 150

第六章　广州居民富裕程度综合评价研究 ………………… 152
　一、富民概念与内涵 …………………………………………… 152
　　　（一）富民内涵 ………………………………………… 152
　　　（二）富民与生活质量 ………………………………… 153
　　　（三）富民与全面小康社会 …………………………… 154
　　　（四）富民与和谐社会 ………………………………… 154
　二、居民富裕程度评价指标体系 ……………………………… 155
　三、广州居民富裕程度纵向评价与比较 ……………………… 157
　　　（一）评价对象与方法 ………………………………… 157
　　　（二）评价结果及分析 ………………………………… 158
　四、广州居民富裕程度横向评价与比较 ……………………… 170
　　　（一）评价对象与方法 ………………………………… 170
　　　（二）评价结果及分析 ………………………………… 171
　五、存在不足及原因分析 ……………………………………… 175
　　　（一）存在问题 ………………………………………… 175
　　　（二）原因分析 ………………………………………… 180
　六、政策建议 …………………………………………………… 183
　七、本章小结 …………………………………………………… 187

第七章　广州构建和谐社会评价指标体系研究 …………… 189
　一、和谐社会有关概念 ………………………………………… 189
　二、构建社会主义和谐社会的目标任务 ……………………… 191
　　　（一）全国构建社会主义和谐社会的目标任务 ……… 191
　　　（二）广州构建社会主义和谐社会的目标要求 ……… 192
　三、广州和谐社会建设存在的主要问题 ……………………… 192
　四、国内关于和谐社会指标体系的研究 ……………………… 200
　　　（一）国家层面的指标体系 …………………………… 200

（二）城市层面的指标体系 …………………………… 202
　五、广州和谐社会评价指标体系的构建 ………………… 203
　　（一）基本思路 ………………………………………… 203
　　（二）评价指标体系 …………………………………… 204
　　（三）评价方法 ………………………………………… 211
　六、本章小结 ……………………………………………… 212

参考文献 ………………………………………………… 213

第一章 综合评价理论

本章在对综合评价进行概述的基础上,对其重要环节——评价指标体系与评价方法着重进行了讨论。

一、综合评价概述

评价是指根据确定的目的来测定对象系统的属性,并将这种属性变为客观定量的计值或者主观效用的行为。所谓综合评价指对以多属性体系结构描述的对象系统作出全局性、整体性的评价,即对评价对象的全体,根据所给的条件,采用一定的方法给每个评价对象赋予一个评价值(又称评价指数),再据此择优或排序。由于影响评价有效性的相关因素很多,而且综合评价的对象系统也常常是社会、经济、科技、教育、环境和管理等一些复杂系统,因此,S. L Riedel 指出,综合评价是一件极为复杂的事情[1]。综合评价的目的通常是希望能对若干个对象,按一定的意义进行排序,对于某一个评价对象,通过综合评价和比较,可以找到自身的差距,以便于及时采取措施进行改进。可见,综合评价为人们认识事物、科学决策提供有效手段。

构成综合评价的基本要素有评价目的、评价对象、评价指标体系、评价专家(群体)及其偏好结构、评价原则、评价模型、评价环境、评

---

[1] 王宗军:综合评价的方法、问题及其研究趋势[1],管理科学学报,1998 (1)。

价结果，各基本要素有机组合构成综合评价系统。对某一特定的综合评价问题，一旦相应的综合评价系统确定之后，则该综合评价问题就完全成为按某种评价原则进行的"测定"或"度量"问题①。

进行综合评价通常要经历确定评价对象和评价目标，构建指标体系，选定评价方法，构建评价模型，分析评价结果，提出评价报告等过程，具体过程如下：

（1）明确评价对象。评价对象通常是同类事物（横向）或同一事物在不同时期的表现（纵向）。

（2）明确评价目标。评价目标不同，所考虑的因素就有所不同。

（3）组织评价小组。评价小组通常由评价所需要的技术专家、管理专家和评价专家组成。参加评价工作的专家资格、组成成员及工作方式都应满足评价目标的要求，以保证评价结论的有效性和权威性。

（4）建立评价指标体系。评价指标体系常具有递阶结构（hierarchical struture），尤其是复杂对象系统常具有系统规模大、子系统和系统要素多、系统内部各种关系复杂等特点，使得描述这类系统的评价指标体系呈现多目标、多层次结构。因此，通常按照人类认识和解决复杂问题的从粗到细、从全局到局部的分层递阶方法，明确评价的目标体系。具体来看，指标体系从总的或一系列目标出发，紧紧抓住评价目标的内涵，逐级发展子目标，最终确定各项指标。

（5）选择评价方法。评价方法往往根据评价对象的具体要求不同而有所不同。总的来说，要选择成熟的、公认的评价方法，注意评价方法与评价目的的匹配，注意评价方法的内在约束与前提条件，掌握不同方法的评价角度与评价途径。

（6）评价结果分析。综合评价是一件主观性很强的工作，在进行评价时，必须以客观性为基础，提高评价方法的科学性，保证评价结果的有效性，成为认识事物、分析事物的参考，成为决策的有效依据。

综合来看，综合评价的评价目标、评价对象及评价方法各不相同，但总体思路基本一致，在上述六个环节中，建立评价指标体系与选择评价方法是两个重要环节，下面将分别进行讨论。

---

① 王宗军：综合评价的方法、问题及其研究趋势①，管理科学学报，1998（1）。

二、评价指标体系

与评价方法的研究不同,评价指标体系研究主要解决个性问题,也就是说,评价目标与评价对象不同,评价指标体系就有所不同。因此,要想总结评价指标体系的共性是件困难的事情,笔者尝试介绍国内外比较有名的经济社会评价指标体系,试图从这些指标体系中总结出一些特征与趋势。

(一)国际评价指标体系

1. 克莱因综合国力评价指标体系

美国乔治敦大学的战略与国际研究中心主任 R·S·克莱因(Ray S. Cline)在 1975 年出版的《世界权利的评价》和 1981 年写的《80 年代的世界国力趋势与美国对外政策》中,从政治结构上论述了国际冲突中的国家实力的概念。他指出"在国际舞台上的所谓实力,简言之,乃是一国之政府去影响他国政府去做本来不愿意为之的某一事情之能力,或是使他国不敢去做本来跃跃欲试的某一事情之能力,而不论其影响方式是利用说服、威胁,或明目张胆的诉诸武力。"[①]根据这一观点,他在 20 世纪 80 年代初对综合国力进行系统的定量比较和分析,认为综合国力分为物质力量和精神力量两部分,这两部分可以相互作用共同促进一国综合国力的提高。测算综合国力的方程为:$P_p = (C + E + M) \times (S + W)$,即综合国力为物质力量和精神力量的乘积。式中:$P_p$ 是指现实的国力而不是潜力;C 为基本实体,E 为经济实力,M 为军事实力,S 是指精神力量包括战略目标,W 为追求国家战略的意志。显而易见,克莱因认为综合国力是一国强制另一国服从自己利益和意志的能力,并且把人口、土地、军事实力作为评估的主要内容。这是一种从强权政治和霸权主义出发的评价体系。

按照克莱因的"国力方程"评估,20 世纪 70 年代末 80 年代初,以基本实体(人口+领土)测算的中国国力,位于前苏联、美国、巴西之

---

① 黄硕风:《综合国力新论》,北京:中国社会科学出版社,2001 年。

后,位居世界第 4 位;以经济实力测算的中国国力,次于美国、前苏联、前西德、法国、加拿大、日本,居世界第 7 位;以军事实力计算的国力,仅次于前苏联、美国,是世界第三军事大国;以基本实体、经济实力和军事实力加总之后计算的国力,也仅次于前苏联、美国,居世界第 3 位;以国力方程最终评估的综合国力,排在前苏联、美、巴(西)、前西德、日、澳之后,居世界第 7 位。

总的来说,克莱因模型对以后的有关综合国力的定量研究有着很大的影响,迄今为止,不少学者所提出的综合国力评估公式,仍未完全脱离它的计算模式。但由于创立的历史背景及创立目的的限制,该模型在很多方面存在的缺陷也是值得探讨的。

2. WEF 竞争力评价指标体系

1985 年,世界经济论坛(WEF)率先提出了"国际竞争力"的概念,1989 年,将国际竞争力的评价体系设计为由 10 个一级指标构成,包括经济推动力、工业效率、市场导向、金融推动力、人力资源、政府影响、自然资源利用、国际化等。1992 年起,随着定义的调整,将国际竞争力评估体系的一级指标调整为 8 个,即国内经济实力、国际化程度、政府管理、金融体系、基础设施、企业管理、科学技术、国民素养。2000 年报告则设计增长竞争力、当前竞争力、经济创造力、环境体制指数分别对竞争力进行描述,并且对影响竞争力的 8 个主要因素,即开放程度、政府、金融、基础设施、技术、管理、劳动和法规制度分别设置评价指标体系。2007 年的报告主要设计了全球竞争力指数和商业竞争力指数。全球竞争力指数由制度,基础设施,宏观经济,健康与初级教育,高等教育与培训,市场效率,科技,商业混合,创新 9 个方面 89 个指标构成。商业竞争力指数由公司运作与战略和商务环境质量两个方面构成。WEF 进行竞争力评价的数据包括两部分,一部分来源于统计数据,称为硬数据,另一部分来源问卷调查数据,称为软数据。WEF 更倾向于使用软数据,不仅数量相对较多,而且权重较大。

3. IMD 竞争力评价指标体系

1996 年开始,瑞士洛桑国际管理发展学院(IMD)单独对国家竞争力进行研究。认为国家竞争力是指国家创造良好环境使企业保持强劲竞争力的能力①。财富主要由企业创造,但国家环境将增强或阻碍企业在国内和国际的竞争力。在理论上,四大环境因素、四大要素共同构成竞争力模型,其中四大环境因素的组合构成国家竞争的大环境,决定四大要素,而这些环境因素通过四大要素反映出来,具体见图 1-1 所示。四大环境因素分别是:(1)扩张力与吸引力。扩散力主要指具有强大的出口与对外投资能力,而吸引力则是具有较强的吸引外资的能力。扩散力强将获得较高的收入,但会失去一些就业机会。而吸引力强将获得更多的就业机会,但会失去部分收入。(2)本地化与全球化。本地化经济主要是为本地区消费者生产与服务,通常价格偏贵。而全球化经济则是面向全球市场,一般价格较低,具有竞争力。(3)资源与过程。资源是指拥有的自然资源、基础设施、生产能力、教育和技术等存量资产。而过程则指利用这些存量资产产生增量资产。(4)个人冒险与社会协调。指国家政策环境是强调个人主义、私有化、放松管制,还是强调公共福利、社会和谐和追求公平。四大要素则分别是经济表现(对国内宏观经济的评价)、政府效率(有助于提升国家竞争力的各项经济政策)、企业效率(企业在创新、效益等方面的表现)、基础设施(生活设施、科技、人力资源等满足企业发展的程度)。

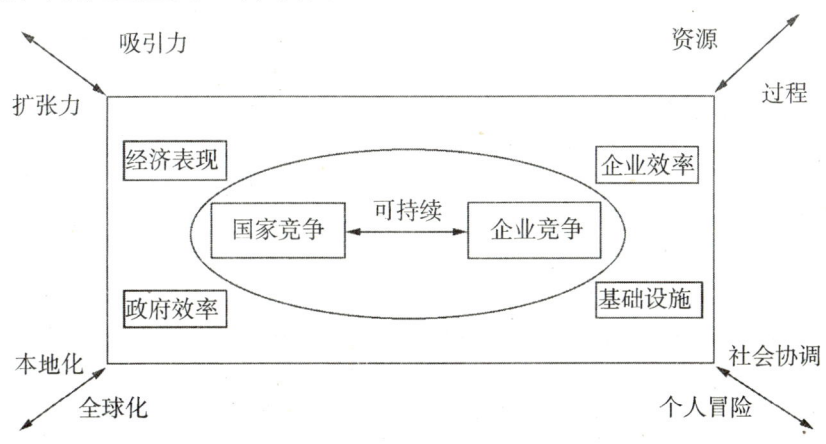

图 1-1　IMD 国家竞争力四要素竞争力模型

---

① IMD. The World Competitiveness Yearbook 2006.

2001年，IMD提出了新的评估体系，认为国家竞争力由4个一级指标20个二级指标构成（见表1-1），值得一提的是，IMD在理论上建立四大环境因素，但并没有对其进行量化测算。与WEF的做法相似的是，IMD的指标也分为两类，一类是硬数据，另一类是软数据。但与WEF不同的是，IMD更多的采用硬数据，其软数据相对较少。

表1-1 IMD国家竞争力四要素竞争力评价指标体系

一级指标	二级指标
经济表现	国内经济，国际贸易，国际投资，就业，价格
政府效率	公共财政，金融政策，制度架构，商业立法，社会架构
企业效率	生产率，劳动力市场，金融，管理，价值观
基础设施	生活基础，技术设施，科学设施，健康与环境设施，教育设施

4. 世界银行的世界发展指标

上世纪末以来，世界银行每年发布《世界发展报告》报告，对各国发展进行动态研究。报告提出了一个比较完整的评价经济社会发展的指标体系，该指标体系包括世界概览、人口、环境、经济、政府和市场及全球联系6大类指标。除世界概览类指标保持相对稳定外，其他五类指标每年会视情形作一定调整，因此，这里主要介绍的是2008年报告的情况。

2008年报告中人口指标主要包括人口动态、劳动力结构、按经济活动划分的就业、失业、童工、贫困、收入分配或消费分布、对脆弱性和安全性的评估、教育投入、受教育的机会、教育效率、毕业率与教育成果、收入及性别带来的教育差距、卫生保健：支出、服务和使用、疾病防治：范围和质量、生育文生、营养、健康风险因素和公共卫生挑战、收入及性别带来的健康差距、死亡率等21类指标。

2008年报告中环境指标主要包括农村人口和土地利用、农业投入、农业产出和生产率、森林面积减少和生物多样性、淡水、水污染、能源生产与使用、能源依存度、效率与二氧化碳排放、温室气体排放的趋势、电力资源、城市化、城市居住环境、交通与拥挤、大气污染、政府承诺、对储蓄更全面地衡量等17类指标。

2008年报告中经济指标主要包括产出的增长、产出结构、制造业结构、商品出口结构、商品进口结构、服务业出口结构、服务业进口结构、需求结构、消费、投资和贸易的增长、中央政府的财政、中央政府支出、中央政府的收入、货币指标、汇率和价格、经常账户收支等16类指标。

2008年报告中政府与市场指标主要包括经济体中的私人部门、工商业环境：企业调查、工商业环境：运营指标、股票市场、资金的获取、稳定与效率、税收政策、国防开支与武器交易、公共政策和制度、交通运输服务、电力与通信、信息时代、科学与技术等13类指标。

2008年报告中全球联系指标主要包括全球经济一体化、商品贸易的增长、商品贸易方向与增长、高收入经济体与低收入经济体和中等收入经济体的贸易、初级商品价格、区域贸易集团、关税壁垒、外债、外债比率、全球私人资金流量、净官方资金流量、来自发展援助委员会成员国的资金流量、来自发展援助委员会成员国的双边援助分配、援助依存度、发展援助委员会成员国提供的净援助分布、人口流动、旅游和旅游业等17类指标。

综合来看，世界银行的这套指标体系非常全面，可以说是建立了世界各国发展指标体系，并且给出世界153个经济体，800多个指标数据，这些数据主要是硬数据，为各国发展完善发展指标体系打下好的基础。

5. 联合国可持续发展指标体系

1992年联合国环发大会以后，根据《21世纪议程》中关于制定可持续发展指标的要求，联合国可持续发展委员会会同相关机构，研究并提出了可持续发展指标体系研究的中期工作方案和指标体系。1996年联合国可持续发展委员会提出了可持续发展指标体系，该体系以社会、经济、环境和机构四大系统的概念模型和驱动力—状态—响应概念模型为基础，包含134个指标，其中经济指标23个、社会指标41个、环境指标55个、制度指标15个。该指标体系的特点是突出了环境压力与环境退化之间的因果联系，因此与可持续发展环境目标之间的联系较为密切；但社会、经济指标尚有一定缺陷，例如，驱动力指标与状态指标之间没有必然的逻辑联系，有些指标属于"驱动力指标"还是"状态指标"界定不清，指标数目过多[①]。

1996—1998年世界上22个国家对该指标体系在国家层面上进行了实

---

① 蒋耀：基于综合评价理论的区域可持续发展研究——上海市青浦区和谐社会战略分析，上海交通大学博士学位论文，2008年4月。

践和检验，最终确定了经济、社会、环境、制度4个维度、15个主题（Theme）、38个子主题（Subtheme）的主题—指标框架（Theme Indicator Framework），并选取了核心指标体系（Core Indicators Set）。该指标体系包含58个核心指标，其中社会指标涵盖了平等、健康、教育、住房、安全、人口等19个指标，环境指标涵盖大气、土地、海洋和海岸、淡水、生物多样性，经济指标涵盖经济结构、消耗和生产模式等14个指标，制度指标涵盖制度框架、制度能力等6个指标。其中，社会指标19个、环境指标19个、经济指标14个、制度指标6个（见表1-2）。

表1-2 联合国可持续发展核心指标体系

	核心指标
社会类	在贫困线以下生活的人口比例、基尼系数、失业率、女性平均工资占男性的比例、儿童的营养状况、5岁以下儿童的死亡率、出生时的预期寿命、拥有足够污水处理设施人口所占比例、享有安全应用水的人口、享有基本健康护理设施的人口比例、对抗感染儿童疾病的免疫接种、避孕品使用率、达到五年初级教育的儿童、成人再次教育达到的水平、成人非文盲率、人均居住面积、每十万人中有犯罪纪录的人口数、人口增长率、城市正式与非正式人口
经济类	单位资产的GDP、投资占GDP份额、货物与服务贸易的平衡、债务占GNP的比例、ODA占GNP例、原料使用强度、单位资产年能源消耗、可更新能源消费份额、能源使用强度、工业与城市固体废物产生、危险废物产生、放射性废物产生、废物回收与再利用、人均以交通模式旅行的距离
环境类	温室气体排放、臭氧损耗物质消费、城市地区空气污染物质的环境浓度、耕地和永久农田的面积、肥料的使用、农业杀虫剂的使用、森林面积占土地面积的比例、木材收获密度、沙漠化影响的土地、居民区面积、海岸水域中藻类的浓度、居住在海岸区域的总人口比例、主要物种的年捕获量、地下水与地面水开采占可用水的比例、水体中的BOD、淡水中大肠杆菌的浓度、选择的关键生态系统的面积、保护地面积比例、选择关键物种的丰富度
制度类	国家可持续发展战略、认可的全球协议的实施、每千个居民中互联网使用的数量、每千个居民中电话线数量、研究经费占GDP比例、自然灾害导致的经济和人类损失

资料来源：中国21世纪议程管理中心.可持续发展指标体系的理论与实践.社会科学文献出版社，2004年5月

联合国可持续发展核心指标体系提供了一套广泛接受的可持续发展指标体系，对2001年以后各国开发国家可持续发展指标体系具有重要指导意义。该层次性指标体系克服了指标重复、指标设置过多以及界定不清等弊端，其广泛采纳和使用将有助于改进可持续发展评价的国际一致性、公认性及可比性[①]。

（二）国内评价指标体系

近年来，国内在经济社会领域的综合评价指标体系的研究发展迅速，涌向一大批优秀成果，下面主要介绍多年来进行动态评价的部分成果。

1. 中国科技发展战略研究小组的中国区域创新能力指标体系

2001年以来，中国科技发展战略研究小组每年推出《中国区域创新能力报告》，分析评价我国各省市的创新能力。报告将区域创新能力定义为一个地区将知识转化为新产品、新工艺、新服务的能力。区域创新能力主要由以下要素构成：知识创造能力，即不断地创造新知识的能力；知识流动的能力，即利用全球一切可用知识的能力；企业创新能力，即企业应用新知识，推出新产品、新工艺的能力；创新的环境，即为知识的产生、流动和应用知识所提供的环境；最后是创新的经济绩效，即创新的产出能力。报告提出了由知识创造、知识流动、企业技术创新能力、创新环境和创新的经济绩效五个板块构成的区域创新能力评价指标体系（见表1-3）。

2. 倪鹏飞城市竞争力评价指标体系

由中国社会科学院倪鹏飞博士主编的《城市竞争力报告》，是近年来在城市竞争力评价研究方面有一定影响的系列专著。认为城市竞争力可以从显示性框架和解释性框架两个方面来理解和把握。

（1）显示性框架

城市综合竞争力 = F（综合市场占有率，综合长期经济增长率，综合地均GDP，综合居民人均收入水平）[②]

（2）解释性框架

[①] 蒋耀：基于综合评价理论的区域可持续发展研究——上海市青浦区和谐社会战略分析，上海交通大学博士学位论文，2008年4月。

[②] 倪鹏飞：中国城市竞争力报告No1，社会科学文献出版社，2003年3月。

城市竞争力可以从多个角度来表达，也可以从多个角度来解释，因此，可以包含多个解释性指标体系。《中国城市竞争力报告No1》、《中国城市竞争力报告No2》、《中国城市竞争力报告No3》主要采用"弓弦箭"模型，来建立解释性指标体系。而《中国城市竞争力报告No4》采用"飞轮"模型，来建立解释性指标体系。这之后，在不同年份轮流使用不同的模型，从不同角度来解释城市竞争力。

1）弓弦箭模型

在这一框架内，把硬力比作弓、软力比做弦、城市产业比作箭，建立了城市竞争力评价的弓弦箭模型，见图1-2。

城市竞争力 = F（硬竞争力，软竞争力）

硬竞争力 = 人才竞争力 + 资本竞争力 + 科技竞争力 + 环境竞争力 + 区位竞争力 + 基础设施竞争力 + 结构竞争力

软竞争力 = 文化竞争力 + 制度竞争力 + 政府管理竞争力 + 企业管竞争力理 + 开放竞争力

表1-3 区域创新能力评价指标体系

一级指标	二级指标	具体指标
知识创造能力	研究开发投入	研发人员增长率、研发人员数、每万人研发人员数、政府科技投入增长率、政府科技投入、政府科技投入占GDP比重
	专利	发明专利申请数、发明专利申请增长率、每万人发明专利申请数、发明专利授权数、发明专利授权增长率、每万人发明专利授权数、
	科研论文	国内论文、国内论文增长率、每万人国内论文数、国际论文、国际论文增长率、每万人国际论文数
	科技投入产出比	每百万科学家工程师发表的国内论文、每百万科学家工程师发表的国际论文、每百万科技投入产生的发明专利、每百万科技投入产生的新产品产值、每百万科技人员产生的发明专利、每百万科技人员产生的新产品产值
知识流动的能力	科技合作	科技论文合著同省异单位所占比例、科技论文合著异省合作所占比例、发明专利联合申请份额、发明专利联合申请增长率、三种专利联合申请数、三种专利联合申请增长率
	技术转移	技术市场成交金额、技术市场成交金额增长率、国内技术购买成交金额、国内技术购买成交金额增长率、国外技术购买成交金额、国外技术购买企业均成交金额
	外国直接投资	外国直接投资额、外国直接投资增长率、人均外国直接投资

续表

企业创新能力	大中型企业研发投入	企业研发人员、企业研发人员增长率、人均企业研发人员、企业研发投入、企业研发投入增长率、企业研发投入占销售收入比重
	设计能力	实用新型专利申请、实用新型专利申请增长、每万人实用新型专利申请、外观设计专利申请、外观设计专利申请增长、每万人外观设计专利申请
	制造和生产能力	生产经营用设备原价增长、生产经营用设备原价、生产经营用设备平均原价、技术改造投入、技术改造投入增长、技术改造企业平均投入
	新产品产出	新产品产值、新产品产值增长率、新产品产值占销售收入的比例
创新环境	基础设施	每百人拥有电话数、城镇居民拥有手机数、百人拥有计算机、公路人均拥有量、公路里程增长率、客运量、货运量
	市场需求	政府财政支出、政府财政支出增长、商品进出口差额、商品进出口差额增长、国内投资、国内投资增长、居民消费水平、居民消费水平增长
	劳动者素质	教育投资增长率、教育投资占GDP比重、人均受教育年限、人均图书消费量、地区人口中大专以上学历所占比重
	金融环境	地方政府创新基金匹配数、所获国家创新基金占全国的比重、技术开发银行贷款额、企业技术开发获得银行贷款增长率、企业技术开发均获银行贷款
	创业水平	民营科技企业数、民营科技企业增长率、高新企业增长率、新注册企业增加数、人均新注册企业数
创新的经济绩效	宏观经济	人均GDP、人均GDP增长率、劳动生产率、劳动生产率增长率
	产业结构	前3个制造业部门产值占总产值的比重、信息产业产值占GDP比重、高技术产业产值占GDP比重
	产业国际竞争力	商品出口额的比例、商品出口额占全国的份额、商品出口额占GDP比重
	居民收入水平	人均居民收入、人均居民收入增长率
	就业	城镇登记失业率、高技术产业就业人员占城镇就业人员比例

资料来源：中国科技发展战略研究小组：中国区域创新能力报告2004-2005，知识创新出版社，2005年6月。

2）飞轮模型

飞轮模型主要从主体和环境的角度考察城市竞争力，他认为城市竞争力，从里到外，是人才本体竞争力、企业本体竞争力、产业本体竞争

力、公共部门竞争力、生活环境竞争力、商务环境竞争力、创新环境竞争力和社会环境竞争力共同作用的结果,即:

城市竞争力=F(人才本体竞争力,企业本体竞争力,产业本体竞争力,公共部门竞争力,生活环境竞争力,商务环境竞争力,创新环境竞争力,社会环境竞争力)

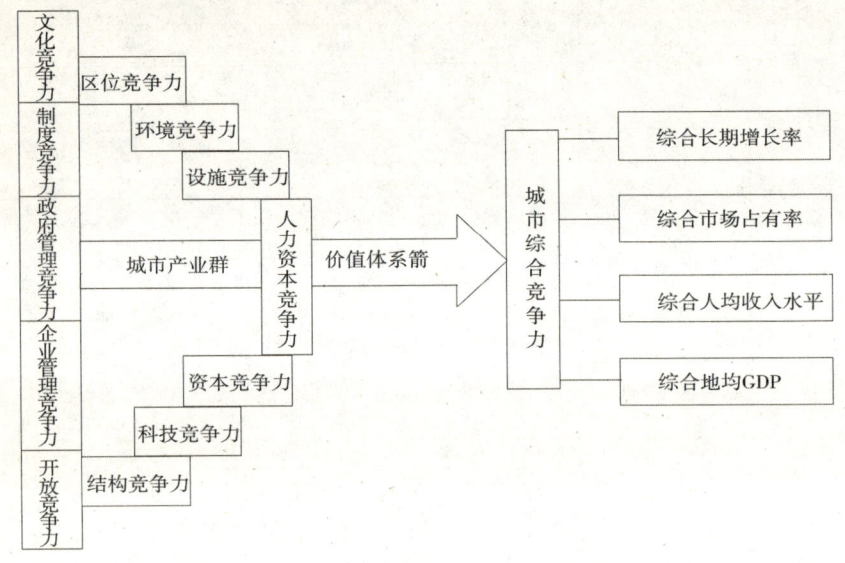

图1-2 倪鹏飞的城市竞争力弓弦箭模型①

实际上倪鹏飞建立了显示指标体系与解释指标体系来分别测量与解释城市竞争力,为指标体系的建立提供了新的视角。

3. 中国城市竞争力研究会的城市竞争力评价指标体系

中国城市竞争力研究会认为城市中的政府、企业、居民是城市竞争的主体,在城市的竞争中,发挥不同的作用。城市竞争力应该包含经济、社会、文化、环境四方面的内容。城市竞争力体现的是城市的经营管理能力、学习能力、创新能力、开放能力、聚集能力及可持续发展能力。城市竞争力不仅应该包含了城市综合实力,而且应该包含资源潜力、经济活力及成长能力,是规模(总量)、效率(均量)、增长(动态发展量)的统一。2007年的《GN中国城市整体竞争力评价指标体系》由综

---

① 倪鹏飞:中国城市竞争力报告No1,社会科学文献出版社,2003年3月。

合实力竞争力、产业竞争力、财政金融竞争力、商业贸易竞争力、基础设施竞争力、社会体制竞争力、环境/资源/区位竞争力、人力资本教育竞争力、科技竞争力和文化形象竞争力等在内的10个一级指标，50个二级指标，215个三级指标构成[①]。该研究的数据资料，来源于研究会对各城市政府工作报告、统计公报、城市首脑述职报告、媒体信息的收集分析，并尽力参考权威的国家统计报告（其中港、澳、台相关统计年鉴中与大陆统计口径的差异，以大陆统计口径为标准作了适当的调整与估算）、各界专家评价和普遍的问卷调查（通过设计一组可操作的问卷进行问卷调查，取得原始资料，然后在此基础之上运用模糊综合判断法来获取资料）。

4. 中科院可持续发展研究组的中国可持续发展战略指标体系

从1999年开始，中国科学院可持续发展研究组，依据中国可持续发展的战略理论内涵、结构内涵和统计内涵，建立了五大体系组成的指标体系。该指标体系分为总体层、系统层、状态层、变量层和要素层五个等级。其中总体层表达可持续发展的总体能力，它代表着战略实施的总体态势和总体效果。系统层将可持续发展总系统解析为内部具有逻辑关系的五大子系统，分别是生存支持系统、发展支持系统、环境支持系统、社会支持系统、智力支持系统。状态层在每一个划分的系统内，能够代表系统行为的关系结构。在某一时刻的起点，它们表现为静态的，随着时间的变化，它们呈现动态的特征。变量层从本质上反映状态的行为、关系等的原因和动力，不同年份报告有所调整，2000年报告有47个变量，2006年则调整为45个（见表1-4）。要素层采用可测的、可比的、可以获得的指标及指标群，对变量层的数量表现、强度表现、速率表现给予直接地度量。同样，要素层在不同年份也在不断调整，例如，2000年报告有249个要素，2006年则调整为233个。该指标体系对于中国各省市区进行可持续发展系统评价，具有重要的理论意义和应用价值。但由于其指标数量过于庞大，指标的选取人为因素影响明显，而且有些指标相关密切，同时一些指标的计算出现重复，从而影响到评价结果的客观性和准确性。

---

① http://big5.china.com.cn/news/txt/2007-12/28/content_9445467.htm.

从上面这些指标体系可以看出,综合评价研究应用范围非常广泛,涉及到综合国力、竞争力、可持续发展、科技创新能力等领域,以及国家、区域、城市各层次。而具体来看,各指标体系都具有以下特征:

一是多层次性,由于综合评价的对象通常是复杂系统,系统结构比较复杂,需要进行层层分解,因此,评价指标体系表现出多层次性。例如:联合国可持续发展指标体系是三个层次,中国科技发展战略研究小组的中国区域创新能力指标体系四个层次,中科院可持续发展研究组的提出的中国可持续发展战略指标体系有五个层次。

表1-6 2006年报告可持续发展指标体系

总体层	系统层	状态层	变量层
中国可持续发展总体能力	生存支持系统	生存资源禀赋	土地资源指数,水资源指数,水土资源匹配指数,气候资源指数,生物资源指数
		农业投入水平	物能投入指数,资本投入指数
		资源转化效率	生物转化效率指数,经济转化效率指数
		生存持续能力	生存稳定指数,生存持续指数
	发展支持系统	区域发展成本	自然成本指数,经济成本指数,社会成本指数
		区域发展水平	经济规模指数,经济推动力指数,结构合理度指数
		区域发展质量	工业经济效益指数,产品质量指数,经济集约化指数
	环境支持系统	区域环境水平	排放强度指数,大气污染指数
		区域生态水平	地理脆弱指数,气候变异指数,土壤侵蚀指数,温室气体排放指数
		区域抗逆水平	环境治理指数,生态保护指数
	社会支持系统	社会发展水平	人口发展指数,社会结构指数,生活质量指数
		社会安全水平	社会公平指数,社会安全指数,社会保障指数
		社会进步动力	社会潜在效能指数,社会创造能力指数
	智力支持系统	区域教育功能	教育投入指数,教育规模指数,教育成就指数
		区域科技能力	科技资源指数,科技产出率指数,科技贡献指数
		区域管理能力	政府效率指数,经社调控指数,环境管理指数

二是多指标性，综合评价的复杂性，不仅表现在多层次性，而且同一层次的子系统也比较多，指标庞大。如：世界银行的《世界发展报告》包含超过 800 个指标，联合国可持续发展核心指标体系包含 58 个指标，2007 年的《GN 中国城市整体竞争力评价指标体系》包含 215 个三级指标，中科院可持续发展研究组的提出的中国可持续发展战略指标体系中的状态层包含 16 个方面的内容，2006 年报告中的要素层包含 233 个指标。

三是常动态性，即指标体系在不同年份不断修正、完善。如：倪鹏飞的"弓弦箭"模型，到之后轮流采用"弓弦箭"模型和"飞轮"模型；WEF 竞争力评价指标体系 1989 年的 10 个一级指标到 1992 年调整为 8 个，2007 年调整为 9 个。中国可持续发展战略指标体系 2000 年报告有 47 个变量，249 个要素，2006 年则调整为 45 个，233 个要素。世界银行每年发布《世界发展报告》报告，除世界概览类指标保持相对稳定外，其他五类指标每年会视情形作一定调整。

四是软指标应用普遍。WEF 和 IMD 竞争力评价指标体系都使用软指标，而且 WEF 软数据数量较多。《世界发展报告》中的制度指标也包含软指标，倪鹏飞和中国城市竞争力研究会的竞争力指标体系中都包含软指标。

从上述四大特征可以看出建立指标体系的复杂性，因此，为了建立好指标体系，应该坚持一定原则，具体为：

（1）科学性原则

充分了解建立评价指标体系的目的，客观反映评价目标的内涵，准确分解各子系统和指标间的相互关系。

（2）针对性原则

指标应根据其重要性有针对性地选取，保证指标少而精。

（3）可操作性原则

指标的设置要尽可能利用现有统计资料，易于量化。在实际调查和评价中，指标数据易于通过统计资料整理、抽样调查或直接从有关部门获得，使之具有可操作性。

（4）一般性和特殊性原则

在评价指标设计的过程中，经常会遇到统计口径不一致的情形。一方面，要与国际通用的指标保持一致，注意其一致性；另一方面，要结合我国自身的特点，注意其特殊性。

三、评价方法

综合评价是指根据统计研究的目的要求，在建立综合评价指标体系的基础上，利用一定的数学方法，对各个指标作预处理后，使其形成一个综合指标，并据以对现象总体进行整体评价的一种统计分析研究方法。因此，评价方法的选择与应用是综合评价不可或缺的一环。之前提到的世界发展指标体系虽然指标完善，但没有选择适当的方法进行综合评价，因此，各国发展及人口、环境、经济、政府和市场及全球联系等方面在世界的地位并不清晰与明确，在国家或地区经济社会发展评价方面的应用性不强①。该指标体系的影响也大打折扣，由此可见评价方法对综合评价十分重要。

当前评价方法的分类很多，这里根据评价方法的理论基本，将其分为五大类，一类专家评价方法，如专家打分综合评价法；二类是运筹学与系统工程方法，如层次分析法、数据包络分析法等；第三类是多元统计学方法，如主成分分析法、聚类分析法等；第四类是新型评价方法，如神经网络模型法；第五类是综合法，即上述几种方法的综合使用。下面将简单介绍几个常用的综合评价方法。

1. 专家评价法

这是一种以专家的主观判断为基础，通常以"分数"、"指数"、"序数"、"评语"等作为评价的标准；对评价对象作出总的评价的方法。常用的方法有：评分法、加权评分法及优序法等。这类方法由于比较简单，因而得到了广泛地应用。

专家评分法是出现较早且应用较广的一种评价方法。它是在定量和定性分析的基础上，以打分等方式做出定量评价。其最大优点是，在缺

---

① 湖南省统计局：地区经济社会发展综合评价指标体系研究。

乏足够统计数据和原始资料的情况下，可以做出定量评价。它的主要步骤是：首先根据评价对象的具体情况选定评价指标，对每个指标给出评价等级，每个等级的标准用分值表示；然后以此为基准，由专家对评价对象进行分析与评价，确定各个指标的分值；最后采用加法评分法、连乘评分法或加乘评分法求出各评价对象的总分值，从而得到评价结果。考虑到各指标重要程度的不同以及专家权威性的大小，又发展了加权评分法。当然，专家评分法还有多种变形形式，专家评价的准确程度，主要取决于专家的阅历经验以及知识的广度和深度，这就要求参与评价的专家对评价的系统具有较高的学术水平和丰富的实践经验。总的来说，专家评分法具有实用简单、直观性强、易于使用的特点，但其理论性与系统性不强，主观性太强、难以保证评价结果的客观性与准确性。本章前文介绍的克莱因综合国力评价，WEF 和 IMD 竞争力评价研究，以及区域创新能力评价研究报告都采用。这类方法进行评价。

2. 模糊综合评价

模糊综合评价是以模糊数学为基础，应用模糊关系合成的原理，将一些边界不清、不易定量的因素定量化，从多个因素对被评价事物隶属等级状况进行综合评价的一种方法。其基本原理是首先确定被评判对象的因素集和评价集，分别确定各个因素的权重及它们的隶属度向量，获得模糊评判矩阵；然后把模糊评判矩阵与因素的权向量进行模糊运算并进行归一化，得到模糊评价综合结果。

模糊综合评价法可分为单层次的模糊综合评价和多层次模糊综合评价两种方法。单层次模糊综合评价是根据统计方法或解析方法确定的各单项指标的隶属度，通过模糊变换得到关于评价对象总的隶属度；并以此来判定评价对象所处的水平。在复杂的系统中，对某一事物进行评价，需要考虑的因素往往很多，并形成不同的层次，这样，对诸因素权重的分配将会出现困难。对此，可以采用多层次模糊综合评价方法。它是在单层次模糊综合评价的基础上，进行多次模糊变换；得到评价对象的综合隶属度，并以此判定评价对象所处的状态或水平[①]。

---

① 杨昕：我国医科大学核心竞争力综合评价理论、方法及应用研究，中南大学博士论文，2005 年 12 月。

由于可以较好地解决综合评价中的模糊性（如事物类属间的不清晰性，评价专家认识上的模糊性等），模糊综合评价特别适用于评价指标体系包含较多的需要借助多位专家通过主观判断进行评价的定性指标，并且专家们的看法往往无法统一，即指标的大小具有模糊性的情况[①]。该方法的优点是数学模型简单，容易掌握；可对涉及模糊因素的对象系统进行综合评价，而且更加适宜于评价因素多、结构层次多的对象系统。不足之处是模糊综合评价过程本身并不能解决评价指标间相关造成的评价信息重复的问题，隶属函数的确定还没有系统的方法[②]。

3. 层次分析法

层次分析法（Analytic Hierarchy Process，AHP）是70年代由著名运筹学家 T. L. Saaty 提出的一种定性与定量分析相结合的多准则决策方法。这一方法在对复杂决策问题的本质、影响因素以及内在关系等进行深入分析之后，构建一个层次结构模型，然后利用较少的定量信息，把决策的思维过程数学化，从而为求解复杂问题，提供一种简便的决策方法。它的基本原理是根据具有递阶结构的目标、子目标（准则）、约束条件及部门等来评价方案，用两两比较的方法确定判断矩阵，然后把判断矩阵的最大特征根相应的特征向量的分量作为相应的系数，最后综合出各方案各自的权重（优先程度）。其基本步骤如下：

（1）确定判断矩阵

利用层次分析结构模型，构造了各层的判断矩阵。

（2）各层单排序和一致性检验

据以上构造的判断矩阵，用方根法计算得各判断矩阵的最大特征根 $\lambda\max$ 和单排序权向量 W。此时 $AW = \lambda\max W$，同时计算一致性指导 CI 和随机一致性比例 CR，并进行一致性判断。其中：

$$CI = \frac{\lambda_{max} - n}{n - 1}, CR = \frac{CI}{RI}$$

[①] 杨昕：我国医科大学核心竞争力综合评价理论、方法及应用研究，中南大学博士论文，2005年12月。

[②] 王宗军：综合评价的方法、问题及其研究趋势①，管理科学学报，1998（1）。

一般而言 CR 愈小，判断矩阵的一致性愈好，通常认为 $CR \leqslant 0.1$ 时，判断矩阵具有满意的一致性。

(3) 总排序和总一致性检验

根据以上单排序的计算结果，依次计算各层的总排序权向量，其中

$$b_i = \sum_{j=1}^{k} a_j b_{ij}, \quad i = 1, 2, \cdots, n$$

同时计算各层的一致性指标 CI、总平均随机一致性指标 RI 和总随机一致性比例 CR，并进行一致性判断。其中

$$CR = \frac{\sum_{j=1}^{k} a_j CI_j}{\sum_{j=1}^{k} a_j RI_j}$$

当 $CR < 0.1$ 时，认为排序结果具有满意的一致性，否则需要重新调整判断矩阵元素之值，直到总排序结果具有满意的一致性为止。

层次分析法作为一种定性和定量相结合的工具，目前已在油价规划、教育计划、钢铁工业未来规划、效益成本决策、资源分配和冲突分析等方面得到了广泛的应用①。该方法是一种实用的多准则决策方法，把一个复杂问题表示为有序的递阶层次结构，通过人们的判断对决策方案的优劣进行排序，很适合在复杂系统中使用。其次，它能将决策中的定性和定量因素进行统一处理，具有简洁、系统、易维护等优点。第三，由于让评价者对照一相对重要性函数表给出因素集中两两比较的重要性等级，因而可靠性高、误差小。

该方法的不足之处为：一是判断矩阵是由评价者或专家给定的，因此，其一致性受到有关人员知识结构、判断水平及个人偏好等主观因素的影响；二是判断矩阵有时很难保持判断的传递性；三是评价方案的增减有时会影响方法的保序性；四是遇到因素众多、规模较大的问题（如某些因素子集的因素个数大于9）时，该方法容易出现问题（由心理学的实验可知，在不致于混淆时，人们只能对 7 ± 2 个事物同时进行比较. Saaty 也正是基于这一事实，用 1-9 标度创立了 AHP），如判断矩阵难以满足一致性要求，进一步对其分组往往难以进行（如新层次中的因素

---

① 王宗军：综合评价的方法、问题及其研究趋势①，管理科学学报，1998 (1)。

难以定义）等①。

4. 数据包络分析

数据包络分析（Data Envelopment Analysis，DEA）方法和模型是1978年由美国A. Charnes和W. W. Cooper等人首先提出的，它应用数学规划模型来评价多输入和多输出的"部门"（称为决策单元）的相对有效性。DEA方法可以看作是一种非参数的经济估计方法，实质是根据一组关于输入—输出的观察值来确定有效生产前沿面。可以证明，DEA有效性与相应的多目标规划问题的pareto有效解（或非支配解）是等价的②。DEA法主要有五个模型，即C^2R、C^2GS、C^2W、C^2WH和C^2WY。其中，C^2WY是前四个模型的综合模型。

DEA的操作分为五个基本步骤：①确定评价目标；②选择决策单位；③建立投入—产出指标体系；④选择DEA模型；⑤分析评价。DEA是使用数学规划模型比较决策单位之间的相对效率，求得每个决策单位综合效率的数量指数，然后，将各决策单位排序，以确定决策单位相对效率高低对决策单位做出评价。

数据包络分析是运筹学的一个新的研究领域。它是研究具有相同类型部门的相对有效性的有力工具，更是经济理论中估计具有多个投入和多个产出的"生产前沿函数"的有力工具。对于具有多个投入（投入愈小愈好）和多个产出（产出愈大愈好）的生产部门，适用DEA有效性进行多目标决策与求多目标规划的有效解是等价的。DEA法在技术进步、技术创新、资源配置、金融投资等各个领域广泛应用。它特别适用于研究多种方案之间的相对有效性（例如投资项目评价）和进行政策评价，预测一旦实行某项政策后，所产生的相对效果，以及对于企业、医院、学校和公司的管理效率和经营效益进行相对有效性评价。

该方法的主要优点有：一是在处理多投入、多产出的的有效性综合评价方面具有独特的优势；二是综合评价权重系统是通过最优化过程获得，故避免了指标加权的主观偏差。

该方法的缺点主要有：一是其应用范围限于一类具有多输入多输出

---

① 王宗军：综合评价的方法、问题及其研究趋势①，管理科学学报，1998（1）。
② 同上。

的对象系统的相对有效性的评价;二是该方法对于非有效单元,DEA方法却还能够给出一些有用的管理信息,以指导各单元改进工作方式和提高管理水平,而对于有效单元所能给出的信息较少,而如何指导这一类单元进一步保持其相对有效地位则是实际工作中所面临的重要问题[①];三是条件要求相对严格,比如它要求所有指标可控,投入或产出指标间独立性强度要同等,决策单元数不能太少等,因此其推广和使用范围受到一定的限制。

5. 主成分分析

在经济社会评价研究中,为了全面、系统地分析问题,我们必须考虑众多影响因素。这些涉及的因素一般称为指标,在多元统计分析中也称为变量。因为每个变量都在不同程度上反映了所研究问题的某些信息,并且指标之间彼此有一定的相关性,因而所得的统计数据反映的信息在一定程度上有重叠。在用统计方法研究多变量问题时,变量太多会增加计算量和增加分析问题的复杂性,人们希望在进行定量分析的过程中,涉及的变量较少,得到的信息量较多。主成分分析正是适应这一要求产生的,是解决这类题的理想工具。

主成分分析也称主分量分析,旨在利用降维的思想,把多指标转化为少数几个综合指标。在统计学中,主成分分析是一种简化数据集的技术。它是一个线性变换。这个变换把数据变换到一个新的坐标系统中,使得任何数据投影的第一大方差在第一个坐标(称为第一主成分)上,第二大方差在第二个坐标(第二主成分)上,依次类推。主成分分析经常用减少数据集的维数,同时保持数据集的对方差贡献最大的特征。

其步骤如下:

(1) 计算由 Y_{ij} 构成的数据阵 Y 的相关阵 R,R = (Y'Y)。

(2) 计算相关阵 R 的特征值,并将其由大到小的顺序列成 $\lambda_1 \geq \lambda_2 \geq \cdots \lambda_p$,同时求出它们相对应的特征向量。

(3) 确定主成分数:选取前 m 个特征值大于 1 的主成分,m 为所选取主成分数。

---

① 杨昕:我国医科大学核心竞争力综合评价理论、方法及应用研究,中南大学博士论文,2005年12月。

贡献率 $= \lambda_i / \sum_{k=1}^{p} \lambda_k \quad i = 1, 2, \cdots, p$，累积贡献率 $= \sum_{i=1}^{m} \lambda_i / \sum_{k=1}^{p} \lambda_k$

主成分分析法主要有以下优点：（1）由于主成分分析法通过对原始指标变量进行变换后，形成了彼此相互独立的主分量，因此，它消除了数据指标之间的相关影响。（2）由于主成分分析法中的各个主分量是按照方差大小依次排序，在分析问题时只选取方差较大的若干分量，因此，大大减少了评价过程中的计算工作量。（3）主成分分析法作为一种把多个数据指标综合集成为少数几个互不相关评价指标的统计方法，从原理上避免了基于原始指标综合评价时相关权重确定过程中人为因素的影响。总的来说，主成分分析法具有客观、准确、直观的特点，在研究复杂问题时更容易抓住主要矛盾的特征。但缺点是方法给出的评价结果仅对方案决策或排序比较有效，并不反映现实中评价目标的真实重要性程度，其应用时要求评价对象的各因素须有具体的数据值，需要大量数据的支持，难以处理非线性问题。本章前文介绍的倪鹏飞的两个模型和中国城市竞争力研究会的城市竞争力研究都采用主成分分析法进行数据处理并求得最终的评价结果。

6. 人工神经网络

人工神经网络的工作原理大致是模仿人脑的工作原理，首先以一定的学习准则进行学习，然后进行判断评价。具体来看，主要根据所提供的输入、输出数据，通过学习与训练，找出输入与输出之间的联系，然后利用这种联系去对其他类似问题进行评价。1985 年 Rumelhart 等人领导的并行分布式处理小组提出了误差方向传递学习算法，即 BP 算法，很好地实现了多层神经网络的设想。1989 年 Robert Hecht – Nielson 证明了一个三层的 BP 网络可以完成任意的 n 维到 m 维的映射，所以 BP 网络的输入和输出的关系是一个多输入 – 多输出，且为高度非线性的映射关系。

人工神经网络具有以下优点：一是其非线性处理能力突破了线性处理方法的局限性，在信息含糊、不完整、存在矛盾等复杂环境中能够较好应用；二是具有较好的稳定性，能够避免人为失误；三是具有不断学习的能力，通过对新的样本模式不断学习，网络拥有更加丰富的经验与知识，从而适用更广泛的应用环境；四是评价速度快，训练好的网络在进行评价时，对输入矩阵可做出即时相应，无须人工干预，评价客观、快速。

该方法的主要缺点有：一是不能独立进行评价，人工神经网络的评价建立在学习的基础上，学习训练样本需要其他方法取得的评价结果，而且当评价条件变化时，如改变评价指标体系，还必须借助其他方法得到训练样本；二是要求有一定的学习样本。学习样本的数量和质量决定人工神经网络的学习能力，但是选取合适的样本并不容易；三是网络的层数和隐含的神经元数的确定还存在较大的人为性，没有形成一定的指导原则，在很大程度上影响整个网络的学习能力与效率；四是BP神经网络容易陷入局部最优，从而影响评价结果的准确性。

综合来看，虽然目前出现多种综合评价方法，但可以看到，各方法都有自己的优势与不足，因此，在选择评价方法时，可参考以下几条原则，根据现有资料掌握的情况，做出科学选择。

（1）选择评价者最熟悉的评价方法。
（2）选择的方法必须有坚实的理论基础。
（3）选择的方法必须简洁明了，尽量减低算法的复杂性。
（4）必须正确地反映评价对象与评价目的。

四、本章小结

本章主要包括三部分的内容：第一部分主要对综合评价的概念、基本要素、评价过程进行简单介绍；第二部分对在经济社会领域有一定影响的指标体系进行简介，其中国外的指标体系有：克莱因综合国力评价指标体系、WEF竞争力评价指标体系、IMD竞争力评价指标体系、世界银行的世界发展指标、联合国可持续发展指标体系，国内指标体系有：中国科技发展战略研究小组的中国区域创新能力指标体系、倪鹏飞城市竞争力评价指标体系、中国城市竞争力研究会的城市竞争力评价指标体系、中科院可持续发展研究组的中国可持续发展战略指标体系；第三部分对常用的评价方法进行梳理，对各方法的主要原理及优缺点进行阐述，这些方法是专家评价法、模糊综合评价、层次分析法、数据包络分析、主成分分析、人工神经网络。

第二章 中国副省级城市竞争力综合评价研究*

从本章开始的以后各章是关于综合评价的实证研究。本章是对中国副省级城市的城市竞争力进行综合评价研究，主要内容包括城市竞争力评价研究综述、城市竞争力综合评价与城市竞争力分析。

一、城市竞争力评价研究综述

在总结国内外研究成果的基础上，主要从以下五个方面对现有竞争力评价研究进行总体评述。

（一）关于评价研究

1. 竞争力评价研究存在争议

总体来看，国内外学术界关于城市竞争力的研究目前还处于起步阶段，尚未形成完整的理论体系、尚无一种统一的城市竞争力评价模型和测度指标体系。当前的研究在城市竞争力定义、分析范式、理论前提、分析框架、表现形式、影响因素以及测量方法上，都还不尽完善。无论是借助波特的国家竞争理论和竞争模型，还是瑞士洛桑国际管理发展学院（IMD）国家竞争模型和测度指标体系，以及自创体系研究城市竞争

---

* 该章是对刘江华、张强、张赛飞、杨代友完成的《中国副省级城市竞争力比较研究》相关部分进行修改而成。

力问题，很难说已有成熟的理论和研究方法。

2. 竞争力评价研究不断发展

1980年，世界经济论坛（WEF）开始对竞争力进行研究，并于1986年发表了研究报告。WEF的竞争力分析框架不断变化发展，2000年报告设计四大指数，即经济增长竞争力指数、当前竞争力指数、经济创造力指数、环境体制指数，2004年报告设计商业竞争力指数和增长竞争力指数，2005年以后报告设计全球竞争力指数和商业竞争力指数。不仅如此，WEF对竞争力构成及影响因素也不断进行调整，1989年报告认为国家竞争力由包括经济推动力、工业效率、市场导向、金融推动力、人力资源、政府影响、自然资源利用、国际化等10个因素构成。1992年报告调整为8个，即开放程度、政府、金融、基础设施、技术、管理、劳动、制度。2007年报告调整为9个，即制度，基础设施，宏观经济，健康与初级教育，高等教育与培训，市场效率，科技，商业混合，创新。同样，1992－2000年IMD报告从企业管理、经济实力、科学技术、国民素质、政府作用、国际化度、基础设施、金融环境8个方面来测量竞争力。2001年IMD报告进行重新组合，从经济表现、政府效率、商业效率和基础设施四个方面测算竞争力。在国内，倪鹏飞则之前应用弓弦箭模型解释竞争力，而2003年以后应用弓弦箭模型和飞轮模型，从不同角度来解释城市竞争力。这说明一方面竞争力评价研究在不断完善之中，另一方面竞争力评价研究还缺乏成熟的理论与方法，仍在不断的探索之中。

3. 国外研究对国内研究影响较大

综合来看，国外竞争力研究对国内城市竞争力评价研究无论是在竞争力概念，还是在竞争力分析框架和评价指标体系等方面都有较大影响。首先，从竞争力内涵来看，1994年WEF和IMD将国际竞争力的定义为"一国在世界市场上均衡地生产出比其竞争对手更多财富的能力。"Peter Karl Kresl认为城市竞争力是指城市创造财富、提高收入的能力。这种财富和价值创造论对国内的城市竞争力的定义，如倪鹏飞等的研究产生一定影响。Iain Begg认为：城市竞争力是在自由和公平的市场环境下，城市产生好的产品和服务，满足国际市场，同时长期提升居民收入的能力。Douglas Webster认为，城市竞争力是指一个城市能够生产和销售比其他城市更好的产品的能力。这种将城市竞争力定义为"市场占有能力"的观点,对国内关于城市竞争力的定义也产生一定影响,如:北京国际城市发展研究院、倪鹏飞、宁越敏对于城市竞争力的定义都强调城市产品及服务的市场占有能力。其次,在分析框架上,彼得教授提出显示性和解释性相结合的分析框架和 Iain Begg 的投入－产出模型对国内城市竞争力研究有较大影响。第三,从评价指标体系来看,WEF 和 IMD1992 年度报告选择了企业管理、经济实力、科学技术、国民素质、政府作用、国际化度、基础设施、金融环境 8 个方面的构成要素来评价竞争力对国内城市竞争力的评价影响深远。蔡旭初、宁越敏的评价体系主要继承了这种评价体系,但结合国情有所发展和创新。中国城市竞争力研究会、上海社会科学院、倪鹏飞也将部分要素纳入其指标体系中。

4. 国内研究在国外研究的基础上不断创新

以 WEF 和 IMD 为代表的"国际竞争力理论"以国民经济运行和发展为研究对象,目的在于指导国家创造增加值和国民财富的生产,是宏观层面竞争力问题研究的重要理论。以迈克尔·波特为代表的"产业竞争力理论"认为国家竞争优势取决于其产业在国际市场中的竞争表现,是微观层面竞争力问题研究的代表[①]。城市是国家的重要组成部分,城市发展必须与国家发展相协调,受国家政治、经济、社会、文化各方面的影响;另外,城市是产业的承载者,产业的发展和竞争力的提升,是城市发展的主要内容、动力和目标。因此,研究城市竞争力既要考虑宏观层面的问题,也要考虑微观层面的问题,还要考虑属于自身的特殊规律。与宏观层面的国家和微观层面的企业相比,集聚与扩散能力是城市经济的特性。上海社会科学院认为城市经济的集聚概念就是充分利用、吸纳城市本身、周边地区及国内外的各种资源要素和积极因素,增强城市经济实力和发展潜力;而扩散就是利用城市经济在各方面的优势,把这种优势有系统地渗入周边地区及更大区域,从而带动这些地区的发展,并在这过程中进一步增强以城市为中心的区域经济的整体实力[②]。因此,他们认为,中国城市经济的主要功能在于集聚与扩散,而城市综合竞争力

---

① http://www.fsa.gov.cn/web_db/sdzg2004/book/view/tong11.htm
② 上海社会科学院城市综合竞争力比较研究中心:国内若干大城市综合竞争力比较研究,上海经济研究,2001 (1)。

优势则集中反映为聚集和扩散能力的强弱。虽然，IMD 的国家竞争力模型也认为吸引力与扩散力是影响国家竞争力的四大环境因素之一，但上海社科院将其应用于城市竞争力中，并突出强调是城市竞争力的本质特征，可以说是在国外竞争力研究基础上的一种创新，开辟了城市竞争力研究的新视野。

（二）关于研究内容

从研究内容来看，城市竞争力评价研究是评测、结构分析与策略研究相结合。早期的城市竞争力评价研究主要是对城市竞争力的测评，如 Iain Begg 评价了 87 座英国城市和 22 个新型城镇的竞争力[①]。这种评价研究只是给出了对城市竞争力进行比较的衡量标尺，对城市竞争力本身并没有实质性的研究，它不能回答是哪些因素使一个城市比另一个城市更具竞争力这样的问题。之后的城市竞争力评价研究引入结构分析，试图回答哪些因素在一个城市的竞争力中至关重要这样的问题，以寻求城市竞争力的内在源泉，并在方法上逐渐引入了计量模型进行实证分析。近来的研究趋势，尤其是国内的研究有把测评分析和结构分析结合起来的趋势，但以结构分析为主。而当前国内许多城市竞争力评价研究是以评价为手段，以结构分析为基础，试图寻找一条城市从不具竞争力向具有较强竞争力的解决途径，为城市决策者提供参考和依据。可见，城市竞争力评价研究不断丰富，从单纯的评测研究发展为评测与结构分析及策略研究相结合。

（三）关于概念与内涵

目前关于城市竞争力的概念大致是 8 个方面的组合，即城市资源吸引、争夺、拥有、控制和转化能力，资源配置能力，占领市场的能力，集聚与扩散能力，经济可持续增长，财富创造，城市居民生活，城市可持续发展。而综合来看，可以将这 8 个方面分成三大层次：第一层次是城市可持续发展和城市居民生活，第二层次是经济可持续增长与财富创造，第三层次是城市资源吸引、争夺、拥有、控制和转化能力，资源配置能力与占领市场的能力，以及城市集聚与扩散能力。总的来说，城市

---

① 马瑞华：城市竞争力理论及其新发展，生产力研究，2006（9）。

可持续发展和城市居民生活提高是城市竞争力所追求的终极目标；创造财富和实现经济可持续增长是达到这个目标的一个途径或过程；而资源的吸引、争夺、拥有、控制和转化能力，资源配置能力与占领市场的能力，以及城市集聚与扩散能力则是城市竞争力最根本的因素和基础。因此，如表2-1所示，目前的研究主要从基础、途径和目标等不同层次来定义城市竞争力。由此也可以看出城市竞争力是一个具有明确直观含义却又不易精确把握的概念。

表2-1 各研究关于城市竞争力的定义

定义 研究 人员机构	集散能力	资源吸引、争夺、拥有、控制和转化能力	资源配置能力	占领市场的能力	经济可持续增长	财富创造	提高居民生活水平	可持续发展的能力
Peter Karl Kresl					√	√		
Iain Begg				√			√	
Douglas Webster				√				
中国城市竞争力研究会								√
北京国际城市发展研究院			√	√				√
上海社会科学院	√							
倪鹏飞		√		√	√	√		
蔡旭初	√		√	√				
宁越敏				√				

（四）关于影响因素

1. 城市竞争力是多种因素相互作用的结果

综合来看，可以将影响一个城市的竞争力因素分为三类：即城市资源因素、城市能力因素、外部环境因素。其中,城市资源因素主要对城市竞争力起到起动和活性作用,又可以分为场所资源(如区位条件、基础设施条件、自然条件)和非场所资源(如社会资本、人力资本、经济实力以及地方文化、制度等);而城市能力因素,对城市竞争力起到成长性激励作用,主要包括组织能力、创新能力和学习能力,这些要素才是城市竞争优势。外部环境因素对城市竞争力只起机遇或挑战作用,主要指全球城市网络等级格局和区域竞争力、城市与区域整合度,以及国家的政治、经济及政策环境。总的来看,这三类因素相互影响,共同作用,最终影响与决定城市竞争力。而当前的研究主要从资源因素与能力因素考察城市竞争力,而对外部环境因素考虑相对较少。

2. 软要素越来越成为决定城市竞争的关键

城市的发展过程从某种意义上讲是城市争夺稀缺资源的过程。随着技术进步、经济发展以及城市本身争夺资源的能力提升,影响城市发展以及提升城市竞争力的要素集合必然扩大。场所资源因素,如城市交通、自然区位等在网络化、信息化的时代对城市竞争力的影响将不断削弱,与此同时,影响城市竞争力的无形因素,或者说非场所资源,比如人力资本、制度、文化等因素将越来越成为影响城市竞争力的关键因素。因此,Douglas Webster 认为人力资源和制度环境是最重要的评价指标。IMD 认为国家的竞争力不仅是产品和服务的竞争力,也是教育和价值体系的竞争,因此,将价值观作为重要因素列入评价体系中。

3. 应该将处于不同发展阶段的城市进行分类研究

WEF 认为不同发展阶段的国家,影响其竞争力的因素是不同的。同样道理,不同发展阶段的城市,影响其竞争力的因素也应该是不同的,因此,在研究影响城市竞争力的因素时,必须将城市进行分类,分别找出影响各类城市竞争力的主要因素,这样提出改善城市竞争力的对策才更有针对性。进一步来看,在进行城市竞争力评价时,必须考虑城市是否具有可比较性。如果对大量处于不同阶段的城市进行比较,应该通过赋予不同权重等方法将城市差别化。而这些在目前城市竞争力研究中还重视不够。

(五)关于评价模型

1. 从城市竞争力评价框架来看,可以分为单元分析与二元分析两类

(1) 单元分析框架

从当前的研究来看，单元分析框架主要是从构成要素的角度来评价城市竞争力。如：Denis、Douglas Weber，中国城市竞争力研究会、上海社科院等。他们认为城市竞争力是不同构成要素的组合。

(2) 二元分析框架

二元分析框架主要从显示性和解释性二个方面去分析竞争力。由于具体角度的不同又可以包含多种形式。主要有：

①单显示—单解释性框架

彼得教授提出显示性和解释性相结合的分析框架。他认为城市竞争力由制造业增加值、商品零售额、商业服务收入体现出来，即，城市竞争力 $=f$（Δ制造业增加值，Δ商品零售额，Δ商业服务收入）。与此同时，他选择一套解释城市发展的变量，得到城市竞争力的解析框架，即城市竞争力的影响因素有经济因素和战略因素。即城市竞争力 = f（经济因素，战略因素）。而 Iain Begg 的将城市竞争资本和潜在竞争结果两者结合起来分析城市竞争力也属于这种形式。

②倪鹏飞的单显示—双解释性框架

倪鹏飞从 2003 年以后从运用不同的模型来解释城市竞争力，可以看作是双解释性框架。弓弦箭模型可以看作是从因素角度来解释竞争力，而飞轮模型可以看作是从主体与环境的角度来解释竞争力。

③WEF 的多显示—单解释性框架

虽然 WEF 没有说明自己属于哪种分析框架，但实际上从开始，他们就从多个角度设计不同的指数来描述竞争力，如增长竞争力、商业竞争力等，这些都可以看作是显示竞争力，所不同的是其有几个显示竞争力。

综合来看，之所以出现二元分析框架，原因之一是因为人们不仅关注现实竞争力，而且希望了解潜在竞争力；不仅希望得到竞争力结果，而且希望找到影响竞争力的关键因素。应用二元分析框架的另一个原因是因为城市竞争力的影响因素太多，用单元分析框架难以准确把握与测量，因此，国内外学者试图从多个角度进行测算，从而更加全面和准确分析城市竞争力。

2. 从竞争力评价体系来看，指标相对较多

城市竞争力系统与其它综合评价系统一样，是复杂系统，系统结构

比较复杂，影响竞争力的因素主要包括资源类、能力类、环境类三类因素，一方面由于这些因素直接或间接的影响竞争力，另一方面由于缺乏对竞争机制的研究，不能确定到底是哪类指标决定竞争力或哪些因素是影响竞争力的核心因素，所以目前大部分的研究趋向于将这些要素进行综合，全面考虑各种因素，因此，评价体系的指标较多。

3. 从竞争力评价体系来看，软指标十分重要

从当前关于竞争力评价的研究成果来看，大部分研究的数据包含硬指标和软指标。如：WEF、IMD的国家竞争力研究，以及中国城市竞争力研究会、倪鹏飞的城市竞争力研究。之所以要采取软指标，主要是因为城市竞争力是多因素共同作用的结果，而其中关于文化、制度、管理等方面的众多指标难以用合适的硬指标来表达，因此，常常需要使用软指标。值得一提的是，由于使用软指标，那么软指标的准确性就成为制约竞争力评价研究的一大因素。目前，主要通问卷调查，得到各软指标的得分。而那些仅采用硬指标的研究，如上海社科院等，他们并不是认为软指标不重要，而是因为软指标难以采集，所以用近似的硬指标来代替。

4. 从评价方法来看，主要有客观赋权法和主观赋权法

城市竞争力评价是典型的多指标综合评价，在第一章中已经介绍了五类常用的评价方法。而对于城市竞争力评价，从客观性角度出发，则可以分为客观赋权法和主观赋权法两类。主观赋权法，即主要由专家根据经验的主观判断给出。WEF和IMD的国家竞争力研究、Denis和国内的上海社科院的城市竞争力研究，采用的专家评价法，均属于主观赋权法。一般而言，这种方法主要依赖专家经验，考虑比较全面，特别能够保证考虑一些非量化因素的影响，而且通常可以得到比较好地解释，但有时难免武断，客观性相对较差。客观赋权法主要根据一定方法对各属性指标的特征，通过定量分析，直接计算得到结果。迈克.波特采用的因子分析法、中国城市竞争力研究会采用的主成分分析法、倪鹏飞采用的主成分分析法研究主要采取客观赋权法。客观分析法相对比较客观，但往往由于方法的局限性，有时得到的结论不易给出合理解释。因此，这两种方法很难说哪种更优，究竟采取哪种方法必须根据实际情况而定。

二、城市竞争力综合评价

本章认为城市竞争力指标体系由显示性指标体系和解释性指标体系组成，二者关系是，显示性指标值反映城市竞争力的高低水平，解释性指标值能够了解城市竞争力水平高低的原因。因此，显示性指标和解释性指标的有机结合，构成城市竞争力比评价的指标体系。

（一）评价指标体系

1. 显示性评价指标

显示性指标是指通过指标值能够直接看出所要表达的意思。对于城市竞争力来说，就是显示性指标值的大小代表了城市竞争力的大小。从显示性角度看，城市竞争力由资源集聚力、财富创造力和区域辐射力三大分项竞争力构成，而三大分项竞争力则由一些具体的指标来显示。

就资源集聚力来说，主要体现为城市对人口、技术、资金、信息等资源的集聚能力。这里选择的指标包括全社会固定资产投资额、实际利用外资、金融机构各项存款余额、专利申请量、吸纳技术合同成交金额、每万人在校大学生数、每万人拥有专业技术人员数、邮电业务收入。

就财富创造力来说，主要体现为城市经济的产出水平，如经济总量、经济效率、经济速度等。这里选择的指标包括生产总值、过去3年GDP年平均增长率、社会劳动生产率、人均生产总值、单位能耗GDP产出、市区地均GDP、全口径财政收入、城市居民人均可支配收入。

就区域辐射力来说，主要体现为城市在与周边区域进行商品和服务交易的规模，以及对这些地区产生的影响力。这里选择的指标包括客运量、货运量、港口货物吞吐量、输出技术合同成交金额、工业产品国内市场占有率、海关进出口额、旅游总收入、限额以上贸易企业批发额。

2. 解释性评价指标

显示性指标反映了城市竞争力的强弱程度，不能反映城市竞争力强弱的原因，因此，要理解城市竞争力强弱的根本原因，必须进一步挖掘这些显示性指标后面的因素，也就是说，是哪些因素的作用导致了城市竞争力的大小，这些因素称为城市竞争力的解释性因子。城市竞争力可以从区位条件、产业结构、科技创新、企业活力、对外开放、生态环境、城市管理七个方面进行解释，每个方面又包括若干具体指标：

区位条件。选取的指标包括：到最近万吨级海港的距离、万吨级泊位数、飞机起降架次、每天无需转乘可到其他省会城市及副省级城市的列车班次、高速公路节点数。

产业结构。选取的指标包括：第三产业比重、规模以上工业高新技术产品产值占工业产业产值比重、工业中前五位行业产出占工业总产值比重、生产性服务业增加值占第三产业比重。

科技创新。选取的指标包括：R&D经费占GDP比重、专利授权量、高新技术产业产值、规模以上工业产品新产品产值率、最具竞争力品牌数。

企业实力。选择的指标包括：规模以上工业企业综合效益指数、进入中国大企业集团竞争力500强企业数、国内A股上市公司数、民营经济增加值占GDP比重。

对外开放。选取的指标包括：对外贸易依存度、过去3年实际利用外资平均数占全社会固定资产投资比重、年接待国际游客数、对外国际交流指数、国际接轨指数、世界500强投资企业数。

生态环境。选取的指标包括：人均公共绿地、工业废水排放达标率、区域环境噪声平均值、建成区绿化覆盖率、环境空气质量优良率。

城市管理。选取的指标包括：登记失业率、万人刑事案件数、每万人拥有医院床位、市区每万人拥有公交车辆、城乡居民人均可支配收入之比、政府监管指数、政府服务质量指数、城市规划指数、基本养老保险参保比重。

（二）评价方法

本章主要采取了主成分分析法、聚类分析法和专家评分法来评价分析城市竞争力。正如第一章所介绍的主成分分析法能消除数据指标之间的相关影响，因此，在对显示性指标体系中的资源集聚力、财富创造力、区域辐射力,以及解释性指标体系的区位条件、产业结构、科技创新、企业活力、对外开放、生态环境、城市管理进行测算时,则采取主成分分析法,这样可以消除这些指标体系中大量相关指标的相互影响。而在测算城市竞争力综合指数时,则采取专家评分法,因为这时候已经用主成分分析法测算好了资源集聚力、财富创造力、区域辐射力指数,三大指数具有较强的经济内涵,采用专家评分法可以发挥专家的专业特长,从城市竞争力的内涵出发,给出资源集聚力、财富创造力、区域辐射力的权重,其权重分别为 0.31、0.43、0.26。在分析城市竞争力时,有时候并不需要准确知道城市竞争力的排序,而只需要了解其大致分布,因此,这里采用聚类分析法,将城市竞争力分成四类,为之后的分析作准备。

(三) 数据来源

在这里设计的指标体系中,从性质上可分为硬指标和软指标。硬指标是指能够直接利用统计数字的指标。本研究主要是基于 2006 年的统计数据,这些数据主要来源于 2007 年各城市统计年鉴,2007 年各城市国民经济和社会发展统计公报,对于个别数字,通过网络、学术文献等其他途径获得。软指标是指不能通过统计资料直接获取的指标。在指标体系中,设计了城市规划科学性、城市政府监管有效性、城市政府服务质量、城市对外国际交流程度、城市国际接轨程度五个软指标。为了使软指标变得可以测量,采取专家打分的途径获得。专家打分通过问卷的形式进行。为了使专家打分更科学,对专家选择设定了条件:①必须对相关领域比较熟悉,②不同工作领域,包括政府、大学、研究机构和企业,③主要是博士、副处级和副教授以上专家,④不同地区尽可能都有专家分布;⑤对这些城市有所了解。

(四) 评价过程

1. 显示性指标测算

(1) 要素聚集能力测算

将要素聚集能力的原始数据标准化后,运用 SPSS 程序进行测算,得到表 2-2。从表中可见,第一个主成分能够包含 51.864% 的信息,第二个主成分能够包含 16.866% 的信息，第三个主成分能够包含 11.955% 的信息，由于 3 个主成分能够包含要素聚集能力指标体系超过 80% 的信息，因此，取 3 个主成分来测算要素聚集能力，可以得到各城市的得分，并得到要素聚集能力中 9 个指标的权重，其中，金融机构各项存款余额、吸纳技术合同成交金额、每万人在校大学生数、每万人拥有专业技术人员数的权重较大，超过平均权重，这说明资金、技术及人力资源的质量是决定 15 个副省级城市要素聚集能力的重要因素。

表 2-2 要素聚集能力特征值与贡献率

主成分	初始特征值			修正载荷开方和		
	总值	总方差中的%	主成分	总值	总方差中的%	主成分
1	4.668	51.864	51.864	4.668	51.864	51.864
2	1.518	16.866	68.729	1.518	16.866	68.729
3	1.076	11.955	80.684	1.076	11.955	80.684
4	9.71E-01	10.79	91.474			
5	3.03E-01	3.372	94.846			
6	0.212	2.361	97.207			
7	1.25E-01	1.384	98.59			
8	1.02E-01	1.14E+00	99.727			
9	2.45E-02	2.73E-01	100			

（2）财富创造能力测算

财富创造能力指标体系中，第一个主成分能够包含 67.263% 信息，第二个主成分能够包含 11.347%，第三个主成分能够包含 10.856%，由于 3 个主成分能够包含要素聚集能力指标体系 89.467% 的信息（见表 2-3），因此，取 3 个主成分来测算财富创造能力，可以得到各城市的得分，并得到财富创造能力中 8 个指标的权重，其中，过去 3 年 GDP 年平均增长率、单位 GDP 能耗逆向指标、城市居民人均可支配收入、人均 GDP 的权重较大，超过平均权重，这说明财富的持续增长、财富创造的质量及人均创造的财富与收入是决定 15 个副省级城市财富创造能力的重要因素。

表2-3 财富创造能力特征值与贡献率

主成分	初始特征值			修正载荷开方和		
	总值	总方差中的%	主成分	总值	总方差中的%	主成分
1	5.381	67.263	67.263	5.381	67.263	67.263
2	0.908	11.347	78.61	0.908	11.347	78.61
3	0.869	10.856	89.467	0.869	10.856	89.467
4	4.56E-01	5.701	95.167			
5	2.08E-01	2.602	97.769			
6	1.45E-01	1.815	99.584			
7	2.26E-02	0.282	99.866			
8	1.07E-02	1.34E-01	100			

（3）区域辐射能力测算

15个副省级城市的区域辐射能力指标通过测算，可以得到3个主成分，其中第一个主成分能够包含指标体系34.005%的信息，第二主成分能够包含指标体系29.428%的信息，第三主成分能够包含22.098%的信息，三个主成分能够包含指标体系85.531%的信息（见表2-4），因此，取三个主成分进行测算，得到区域辐射能力指标的得分，并得到各指标的权重。其中，旅游总收入、工业产品国内市场占有率、限额以上贸易企业批发额、客运量指标的权重超过平均权重，是决定区域辐射能力的重要指标。

表2-4 区域辐射能力特征值与贡献率

主成分	初始特征值			修正载荷开方和		
	总值	总方差中的%	主成分	总值	总方差中的%	主成分
1	4.504	56.302	56.302	2.72	34.005	34.005
2	1.308	16.354	72.656	2.354	29.428	63.433
3	1.03	12.875	85.531	1.768	22.098	85.531
4	4.60E-01	5.751	91.282			
5	3.73E-01	4.662	95.945			
6	0.2	2.502	98.447			
7	8.90E-02	1.112	99.559			
8	3.53E-02	4.41E-01	100			

2. 解释性指标测算

（1）科技创新测算

15个副省级城市的科技创新指标通过测算，可以得到2个主成分，其中第一个主成分能够包含指标体系57.372%的信息，第二主成分能够包含指标体系23.075%的信息，2个主成分能够包含指标体系80.447%的信息（见表2-5），因此，取2个主成分进行测算，得到科技创新指标的得分，并得到各指标的权重。其中，最具竞争力品牌数、高新技术产业产值、专利授权量的权重超过平均权重，是决定15个副省级城市科技创新的重要指标。

表2-5 科技创新特征值与贡献率

主成分	初始特征值			修正载荷开方和		
	总值	总方差中的%	主成分	总值	总方差中的%	主成分
1	2.869	57.372	57.372	2.869	57.372	57.372
2	1.154	23.075	80.447	1.154	23.075	80.447
3	0.571	11.414	91.861			
4	$3.12E-01$	6.232	98.093			
5	$9.54E-02$	1.907	100			

（2）城市管理测算

15个副省级城市的城市管理指标通过测算，可以得到3个主成分，其中第一个主成分能够包含指标体系55.043%的信息，第二主成分能够包含指标体系13.579%的信息，第三主成分能够包含指标体系12.776%的信息，3个主成分能够包含指标体系81.397%的信息（见表2-6），因此，取3个主成分进行测算，得到城市管理指标的得分，并得到各指标的权重。其中，每万人拥有藏书量、基本养老保险参保人数占常住人口比重、城市政府服务质量指数、城市政府监管指数的权重超过平均权重，是决定15个副省级城市管理的重要指标。

表2-6 城市管理特征值与贡献率

主成分	初始特征值			修正载荷开方和		
	总值	总方差中的%	主成分	总值	总方差中的%	主成分
1	4.954	55.043	55.043	4.954	55.043	55.043
2	1.222	13.579	68.622	1.222	13.579	68.622
3	1.15	12.776	81.397	1.15	12.776	81.397
4	6.43E-01	7.142	88.539			
5	5.16E-01	5.734	94.274			
6	2.53E-01	2.812	97.086			
7	1.67E-01	1.853	98.939			
8	8.35E-02	9.28E-01	99.867			
9	1.20E-02	1.33E-01	100			

(3) 产业结构测算

15个副省级城市的产业结构指标通过测算，可以得到4个主成分，其中第一个主成分能够包含指标体系36.276%的信息，第二主成分能够包含指标体系23.758%的信息，第三个主成分能够包含指标体系18.598%的信息，第四个主成分能够包含指标体系16.342%的信息，4个主成分能够包含指标体系94.974%的信息（见表2-7），因此，取4个主成分进行测算，得到产业结构指标的得分，并得到各指标的权重。其中，生产性服务业增加值占第三产业比重、第三产业比重的权重超过平均权重，是决定15个副省级城市产业结构的重要指标。

表2-7 产业结构特征值与贡献率

主成分	初始特征值			修正载荷开方和		
	总值	总方差中的%	主成分	总值	总方差中的%	主成分
1	1.814	36.276	36.276	1.814	36.276	36.276
2	1.188	23.758	60.034	1.188	23.758	60.034
3	0.93	18.598	78.632	0.93	18.598	78.632
4	8.17E-01	16.342	94.974	0.817	16.342	94.974
5	2.51E-01	5.026	100			

(4) 对外开放测算

15个副省级城市的对外开放指标通过测算，可以得到2个主成分，其中第一个主成分能够包含指标体系73.9%的信息，第二主成分能够包含指标体系12.636%的信息，2个主成分能够包含指标体系86.536%的信息（见表2－8），因此，取2个主成分进行测算，得到对外开放指标的得分，并得到各指标的权重。其中，对外贸易依存度、实际利用外资平均数占全社会固定资产投资比重、国际接轨指数、对外国际交流指数的权重超过平均权重，是决定15个副省级城市对外开放的重要指标。

表2－8 对外开放特征值与贡献率

主成分	初始特征值			修正载荷开方和		
	总值	总方差中的%	主成分	总值	总方差中的%	主成分
1	4.434	73.9	73.9	4.434	73.9	73.9
2	0.758	12.636	86.536	0.758	12.636	86.536
3	0.44	7.328	93.864			
4	2.41E－01	4.022	97.886			
5	1.20E－01	2.008	99.893			
6	6.40E－03	1.07E－01	100			

(5) 企业实力测算

15个副省级城市的企业实力指标通过测算，可以得到3个主成分，其中第一个主成分能够包含指标体系38.815%的信息，第二主成分能够包含指标体系30.697%的信息，第三个主成分能够包含指标体系21.099%的信息，3个主成分能够包含指标体系90.612%的信息（见表2－9），因此，取3个主成分进行测算，得到企业实力指标的得分，并得到各指标的权重。其中，进入中国大企业集团竞争力500强、民营经济增加值占GDP比重的权重超过平均权重，是决定15个副省级城市企业实力的重要指标。

表2-9 企业实力特征值与贡献率

主成分	初始特征值			修正载荷开方和		
	总值	总方差中的%	主成分	总值	总方差中的%	主成分
1	1.553	38.815	38.815	1.553	38.815	38.815
2	1.228	30.697	69.513	1.228	30.697	69.513
3	0.844	21.099	90.612	0.844	21.099	90.612
4	3.76E-01	9.388	100			

(6) 区位条件测算

15个副省级城市的区位条件指标通过测算,可以得到2个主成分,其中第一个主成分能够包含指标体系43.428%的信息,第二主成分能够包含指标体系35.867%的信息,2个主成分能够包含指标体系接近80%的信息(见表2-10),因此,取2个主成分进行测算,得到区位条件指标的得分,并得到各指标的权重。其中,飞机起降架次、高速公路节点的权重超过平均权重,是决定15个副省级城市区位条件重要指标。

表2-10 区位条件特征值与贡献率

主成分	初始特征值			修正载荷开方和		
	总值	总方差中的%	主成分	总值	总方差中的%	主成分
1	2.171	43.428	43.428	2.171	43.428	43.428
2	1.793	35.867	79.296	1.793	35.867	79.296
3	0.761	15.219	94.515			
4	1.69E-01	3.387	97.902			
5	1.05E-01	2.098	100			

(7) 生态环境测算

15个副省级城市的生态环境指标通过测算,可以得到3个主成分,其中第一个主成分能够包含指标体系43.592%的信息,第二主成分能够包含指标体系25.651%的信息,第三主成分能够包含指标体系14.467%的信息,3个主成分能够包含指标体系83.711%的信息(见表2-11),

因此，取3个主成分进行测算，得到生态环境指标的得分，并得到各指标的权重。其中，建成区绿化覆盖率、人均公共绿地、工业废水排放达标率的权重超过平均权重，是决定15个副省级城市生态环境的重要指标。

表2-11 生态环境特征值与贡献率

主成分	初始特征值			修正载荷开方和		
	总值	总方差中的%	主成分	总值	总方差中的%	主成分
1	2.18	43.592	43.592	2.18	43.592	43.592
2	1.283	25.651	69.244	1.283	25.651	69.244
3	0.723	14.467	83.711	0.723	14.467	83.711
4	5.40E-01	10.791	94.501			
5	2.75E-01	5.499	100			

三、城市竞争力分析

（一）结果分析

1. 综合竞争力分析

综合竞争力评价结果见表2-12，第一类是深圳和广州，第二类为杭州、南京，第三类是青岛、武汉、宁波、大连、沈阳、厦门、成都和济南，第四类是哈尔滨、西安和长春。评价结果显示如下特点：

第一，沿海地区城市强于内地城市。经过计算分析显示，深圳、广州、杭州、南京、青岛、武汉和宁波高于平均水平，居于领先地位，15个副省级城市的综合竞争力呈现出沿海地区城市强于内地城市的特征。

第二，绝大部分城市出现齐头并进的趋势。15个城市中居于第二、三类的有10个，说明大部分城市处于中游位置。这种现象反映了我国改革开放政策普及化,以及我国实施区域平衡发展、共同发展战略初见成效。

第三,一类城市遥遥领先。深圳、广州综合竞争力远远强于其他城市,领先优势十分明显。这充分反映了率先改革开放的珠江三角洲的两个中心城市在同类城市中的"排头兵"地位。需要指出的是,两市的综合竞争力十分接近(100 与 97.6)。由于指标选择无可避免地带有一定的主观性,以及计算方法的局限性,可以认为两市的综合竞争力是同一水平①。而事实上经过聚类分析,两城市均处于 15 个城市中的第一类。

第四,二类城市均衡发展。二类城市杭州和南京(58.1 与 57.0)的综合竞争力也是基本处于同一水平。这两个城市作为长江三角洲的首位城市上海之下的两个最大的次级支撑点,表现出各有特色又均衡发展的趋势。

第五,四类城市发展需要内力和外力共同推动。四类城市西安、哈尔滨、长春都是我国的北部城市,其竞争力水平处于末位,固然有多种原因,但内力不足(如固定资产投资额只及其它城市一半),外力缺乏(引进外资力度弱小),是重要原因。因此,一方面要发展民营经济,另一方面,也要加大国内外招商引资。

2. 显示性指标分析

根据前面的分析,综合竞争力的显示指标主要由要素集聚能力、财富创造能力和区域辐射能力构成。

从要素集聚能力来看,位于第一类是广州和深圳,第二类为南京、武汉,第三类是杭州、成都、沈阳、济南、西安、大连、宁波和青岛,第四类是哈尔滨、厦门和长春。15 个副省级城市中广州、深圳优势十分明显,而广州与深圳的要素集聚能力水平接近。总的来看,老牌中心城市如广州、南京、武汉、成都、西安的要素集聚能力较强,具有一定优势。

---

① 综合竞争力排名可以使我们从宏观层面把握和认识一个城市在同类城市的发展中的地位,但实际上,更加有意义的是构成竞争力的要素的分析,尤其是绝对数据的分析,那种分析可以使我们更加客观地认识一个城市的优势和劣势。

资源集聚能力的指标评价体系主要是由人才和资金两大块构成，指标基本上是由绝对总量构成。这样，能够引起人才和资金总量增加的因素大致有两个方面：第一是城市本身的规模。规模越大，这些指标的绝对总量就越大。第二是城市的区位，包括地理区位和经济区位。哪个城市区位有强大吸引力，人才和资金就相应地往哪个城市集聚。15个副省级城市的要素集聚能力的排名，可以印证上述解释。

表2-12 综合竞争力及显示性指标聚类及标准化后指数

综合竞争力			要素集聚能力			财富创造能力			区域辐射能力		
城市	类别	指数	城市	类别	指数	城市	类别	指数	城市	类别	指数
深圳	1	100.0	广州	1	100.0	深圳	1	100.0	广州	1	100.0
广州	1	97.6	深圳	1	99.8	广州	2	76.9	杭州	2	63.4
杭州	2	58.1	南京	2	68.0	厦门	3	61.4	深圳	2	54.7
南京	2	57.0	武汉	2	63.6	青岛	3	55.3	南京	2	48.2
青岛	3	47.1	杭州	3	52.8	杭州	3	50.4	宁波	2	46.3
武汉	3	44.3	成都	3	47.7	宁波	3	46.7	青岛	2	41.1
宁波	3	44.1	沈阳	3	43.0	南京	3	46.5	成都	3	31.2
大连	3	38.2	济南	3	34.1	大连	3	41.6	大连	3	30.1
沈阳	3	36.1	西安	3	33.2	济南	3	36.3	武汉	3	28.5
厦门	3	34.3	大连	3	32.0	武汉	3	35.5	沈阳	3	27.4
成都	3	33.8	宁波	3	28.5	沈阳	3	33.2	厦门	4	7.8
济南	3	29.6	青岛	3	26.1	哈尔滨	3	25.2	长春	4	6.6
哈尔滨	4	16.0	哈尔滨	4	15.3	成都	3	25.2	西安	4	6.0
西安	4	15.8	长春	4	6.6	西安	4	12.8	济南	4	5.2
长春	4	0.0	厦门	4	0.0	长春	4	0.0	哈尔滨	4	0.0

注：表中指数为标准化处理后指数。

财富创造能力既考虑了总量和绝对量指标，也考虑了人均量和相对量指标，而且人均量和相对量指标占据了绝对大的比例。因此，在财富创造能力中，厦门这个规模最小的副省级城市，能够进入前三名。分析财富创造能力，可以看到三个特点：第一是沿海城市领先。排名前8位的城市全部是沿海城市，反映了我国实施沿海地区率先对外开放，沿海地区率先富裕起来的政策的成效。第二是我国15个副省级城市的财富创造能力出现比较大的差距，指标反映出一类城市是有些3类城市的4倍，是4类城市的8倍。这反映了目前我国基尼系数大，区域发展不平衡的现状。第三是深圳优势十分明显。这说明深圳由于其独特的政策体制优势，移民文化与创新精神，造就其特有的经济效率，因此，财富创造能力十分突出。

区域辐射能力的指标体系的构成，取决于两大类因素：一是看城市是不是处于国家交通的枢纽地位，二是看是不是一个国家主要港口城市。分析后，可以看到，第一，处于前列的城市要么是具有海港条件的沿海城市，如广州、深圳、宁波、青岛、大连，要么是国家的交通枢纽城市，如南京、杭州、武汉、成都、沈阳等。像广州既是沿海港口城市，又是国家交通枢纽城市，因此，其区域辐射能力遥遥领先。

3. 解释性指标分析

城市竞争力的解释性指标包括科技创新、产业结构、城市管理、对外开放、企业实力、生态环境、区位条件等七个方面（表2-13（1）、表2-13（2））。

竞争力的解释性指标所要表达的，一是解释显示性竞争力指标之所以如此的原因。例如，有些城市的要素集聚能力强，是因为这些城市的区位条件、企业实力、产业结构、生态环境等方面表现很优秀。二是要表达这些城市竞争的潜力，也就是这些城市的潜在竞争力。有些领先的指标，如环境、管理、文化等，可能要在若干年之后才能表现于竞争力的显示性指标的提升上来。所以，今天竞争力排在前面的城市，可能因为一些指标方面的缺陷，若干年后，竞争力会下降。反之，一些城市今天的竞争力不是很显赫，但是由于一些指标表现出明显的优势，若干年后，或许在竞争力上就会出现飞跃。因此，研究竞争力不仅需要研究显示竞争力，而且需要研究解释性竞争力。

表2-13（1）　　解释性指标聚类及标准化后指数

科技创新			产业结构			城市管理			对外开放		
城市	类别	标准化后指数	城市	类别	标准化后指数	城市	类别	标准化后指数	城市	类别	标准化后指数
深圳	1	100.0	大连	1	100.0	深圳	1	100.0	深圳	1	100.0
宁波	2	43.9	广州	1	97.2	杭州	2	65.8	广州	2	62.4
青岛	2	39.6	深圳	1	94.5	大连	2	64.0	青岛	3	48.5
杭州	2	38.8	长春	2	80.8	厦门	2	61.6	厦门	3	45.9
广州	3	30.6	西安	2	74.1	南京	2	59.0	大连	3	41.4
沈阳	3	23.6	武汉	2	70.2	广州	2	54.9	杭州	3	39.7
南京	4	16.6	厦门	3	62.1	宁波	3	43.4	宁波	3	33.6
济南	4	15.7	南京	3	55.9	青岛	3	40.8	南京	4	22.6
长春	4	15.6	青岛	3	50.2	沈阳	3	31.4	武汉	4	16.6
大连	4	10.8	哈尔滨	3	49.1	成都	3	30.9	西安	4	13.8
成都	4	10.3	成都	3	47.3	济南	3	24.7	沈阳	4	12.0
哈尔滨	4	9.3	沈阳	3	44.6	武汉	3	24.5	长春	4	5.5
厦门	4	7.4	杭州	4	27.7	西安	4	12.1	成都	4	4.8
武汉	4	6.2	济南	4	8.1	哈尔滨	4	8.8	哈尔滨	4	3.3
西安	4	0.0	宁波	4	0.0	长春	4	0.0	济南	4	0.0

表2-13（2）　　解释性指标聚类及标准化后指数

企业实力			生态环境			区位条件		
城市	类别	标准化后指数	城市	类别	标准化后指数	城市	类别	标准化后指数
杭州	1	100.0	深圳	1	100.0	广州	1	100.0
宁波	2	64.5	南京	1	89.1	深圳	2	55.9
青岛	3	42.6	大连	1	85.8	武汉	3	38.0
南京	3	36.4	青岛	1	85.6	成都	3	36.0

续表

企业实力			生态环境			区位条件		
成都	3	35.5	沈阳	1	81.4	南京	3	33.7
深圳	3	33.3	宁波	2	73.0	杭州	3	33.5
沈阳	3	26.8	济南	2	72.4	西安	3	28.3
济南	3	24.5	厦门	2	72.4	沈阳	3	26.8
大连	3	22.2	广州	2	66.6	哈尔滨	4	11.8
武汉	3	20.5	成都	2	65.1	济南	4	7.9
广州	3	19.1	长春	2	62.4	宁波	4	6.5
西安	3	18.7	武汉	3	50.3	青岛	4	4.7
长春	3	17.3	西安	3	42.8	大连	4	3.8
哈尔滨	3	14.8	杭州	3	36.8	厦门	4	2.8
厦门	4	0.0	哈尔滨	4	0.0	长春	4	0.0

(1) 科技创新

从科技创新来看，位于第一类是深圳，优势十分明显，这与我们实际经验感觉是相符合的。排在第二位的宁波的得分仅为深圳的43.9%。深圳科技创新能力之所以遥遥领先，除了其作为经济特区的体制机制优势外，深圳经济特区政府在1990年代就将深圳的产业发展定位于高新技术，起了关键作用。除深圳外的其他14个城市科技创新能力差距较小。而南京、武汉、西安、成都、长春等这些科技资源相对丰富的城市，科技创新能力并不突出，均位于第四类，属于下游水平。对于这种现象的合理解释是这些城市的科技转化能力比较弱，科技创新的环境不够理想，高新技术产业规模比较小。

(2) 产业结构

从产业结构来看，大连、广州、深圳位于第一类，优势相对突出；杭州、济南、宁波位于第四类，处于弱势地位；其他城市的产业结构差距不大。15个城市中位于一、二、三、四类的城市数分别为3个、3个、6个、3个，可见，城市的分布相对比较均匀。值得一提的是，长春、西安、武汉分别位于第四、五、六名，可见，这些内地中心城市产业结构具有相对优势。其原因是这些城市是新中国建立后，国家在经济建设、国防工业建设、科技教育发展的重点城市，在产业基础、人才积累方面，具有比较优势。处于前列的城市，主要是思想解放，具有创新体制优势，因此，这些城市将有很强的发展后劲。具体来看，这些城市中有些是得益于高新技术产业的比重很大和产业集中度比较高，如深圳、大连、南京、沈阳等。广州则主要是第三产业比重、生产性服务业的比重比较大。

（3）城市管理

从城市管理来看，位于第一类是深圳，优势十分明显。这同深圳是经济特区，执行了二线关口管理有关。深圳也属于年轻的城市，体制机制灵活，历史包袱比较轻，在城市规划、城市监管、政府服务、社会保障具有优势。此外，深圳也没有了农民这一阶层，因此在城乡居民人均可支配收入之比方面，占据绝对高分。排在第二位的杭州的得分仅为深圳的65.8%。其他城市大部分位于第二、三类，而且差距不大。深圳、杭州、大连、厦门、南京、广州、宁波高于平均水平。杭州、大连、厦门、南京等城市的美誉度比较高，因此，有关专家在城市规划、城市监管、政府服务等指标指数评价时，给予了较高分数。总的来看，沿海城市管理水平相对较高。

（4）对外开放

从对外开放来看，位于第一类是深圳，且优势十分明显；第二类为广州，略有优势；其他城市差距不大，并且分布均匀。构成对外开放水平的二级指标中的客观硬指标都是对外经济贸易活动中的现实成就，国际交流指数和国际接轨指数这两个专家评估的软指标，一般在很大程度上也是根据城市的实际开放水平而得出的。所以，对外开放水平同城市所在区域紧密相关，也就是处于沿海地区的城市对外开放水平都比较高。在经济全球化条件下，能否有效吸引国际市场资源，是提升城市竞争力的一个关键因素。因此对于非沿海城市来说，如何在基础设施和体制机制上，再结合内地城市的自然资源、人文历史和劳动力资源方面的比较优势，创造出如沿海城市一般，或者比沿海城市更加优越的投资环境，是这些城市提升开放水平的关键。

(5) 企业实力

从企业实力来看,位于第一类是杭州,第二类是宁波。这两个城市都是属于民营经济发达的浙江省。杭州、宁波都是靠民营经济的比重和进入中国大型企业500强的数量这两个指标取胜。而其他13个城市企业实力差距不大,并且有12个城市都位于第三类,得分为14.8 – 42.6之间。

(6) 生态环境

从生态环境来看,有5个城市位于第一类,6个城市位于第二类,3个城市位于第三类。深圳等9个城市高于平均水平。可见,除哈尔滨劣势十分明显外,其他大部分城市位于中上游水平,并且差距不大。从15个城市的生态环境统计数据看,影响因素主要集中在空气质量和绿化水平两个方面。大气污染同生产和生活产生的废气治理有关,但是也同地理环境(如盆地)有关,同周边地区的大气污染程度有关。环境绿化水平更为明显地同地理环境有关,处于温暖湿润地带的南方城市和处于寒冷干旱地带的一些北方城市,自然是不能简单相比。

(7) 区位条件

从区位条件来看,广州优势十分明显,排在第二位的深圳的得分仅为广州的55.9%。其他城市排在第三、四类。武汉、成都、南京、西安、沈阳等老牌中心城市排名相对靠前,且高于平均水平,而宁波、青岛、大连、厦门等城市相对靠后。区位条件是一个中心城市之所以成为中心城市的决定性条件。区位条件的优良与否,起因于自然条件,如是否具备天然海港条件,是否处于发达经济区域中心,是否处于国家交通要道等等,但是也有人为的主观能动作用,如积极建设铁路、港口、高速公路等。广州在这方面优势突出,既有天然的地理优势,更有主观能动因素,近十年来,广州积极开展机场、港口、城市交通设施建设,才造就了今天优越的区位优势。

(二) 特征分析

1. 从区域视角看城市综合竞争力

为了进一步分析,将15个城市按区域分为西南、西北、华中、华南、华东及东北六大区域,见表2 – 14所示,六大区域城市竞争力如表

2-15、表 2-16 所示。

西南地区成都的城市竞争力及显示指标均位于 15 城市的第三类，成都的解释性指标分布于第 2、3、4 类，其中生态环境位于第二类，科技创新与对外开放位于第四类，其余解释性指标位于第三类。可见，西南地区的成都在生态环境具有优势，而创新及对外开放方面存在不足。

表 2-14　按地区分类的副省级城市

地区	城市
西南地区	成都
西北地区	西安
华中地区	武汉
华南地区	广州，深圳
华东地区	杭州，济南，南京，宁波，青岛，厦门
东北地区	长春，大连，哈尔滨，沈阳

西北地区西安的城市竞争力位于 15 城市的第四类，其显示指标中要素聚集能力位于第三类，而财富创造能力与区域辐射能力位于第四类，西安的解释性指标分布于第二、三、四类，其中产业结构位于第二类，是主要优势；而科技创新、城市管理、对外开放位于第四类，是主要劣势。

华中地区武汉的城市竞争力位于 15 城市的第三类，其显示指标中要素聚集能力位于第二，财富创造能力与区域辐射能力位于第三类，武汉的解释性指标分布于第二、三、四类，其中产业结构位于第二类，是主要优势；科技创新、对外开放位于第四类，是主要劣势。

华南地区的广州、深圳城市竞争力位于 15 城市的第一类，其显示指标中要素聚集能力位于第一类，财富创造能力与区域辐射能力位于第一、二类，华南地区的解释性指标分布于第一、二、三类，其中企业实力位于第三类，是主要劣势；科技创新位于第一、三类，其余解释性指标位于第一、二类。可见，华南地区的副省级城市虽然在 15 城市中综合竞争力居于领先地位，但其企业实力偏弱，并且广州的科技创新仍有待增强。

表2-15　六大区域城市竞争力及显示性指标比较

	综合竞争力	要素聚集力	财富创造力	区域辐射力
西南地区	3	3	3	3
西北地区	4	3	4	4
华中地区	3	2	3	3
华南地区	1	1	1, 2	1, 2
华东地区	2, 3	2, 3, 4	3, 4	2, 3, 4
东北地区	3, 4	3, 4	3, 4	3, 4

表2-16　六大区域城市竞争力及解释性指标比较

	科技创新	产业结构	城市管理	对外开放	企业实力	生态环境	区位条件
西南地区	4	3	3	4	3	3	3
西北地区	4	2	4	4	3	3	3
华中地区	3	2	3	3	3	3	3
华南地区	1, 3	1	1, 2	1, 2	3	1, 2	1, 2
华东地区	2, 4	3, 4	2, 3	3, 4	1, 2, 3, 4	1, 2, 3	3, 4
东北地区	3, 4	1, 2, 3	2, 3, 4	3, 4	3	1, 2, 4	3, 4

这里将杭州，济南，南京，宁波，青岛，厦门列入华东地区。其城市竞争力位于第二、三类，要素聚集能力和区域辐射能力位于第二、三、四类，财富创造能力位于第三、四类，华东地区的解释性指标分布较广，其中城市管理位于第二、三类，生态环境位于一、二、三类，产业结构、对外开放和区位条件位于第三、四类，科技创新位于第二、四类，企业实力位于第一到第四类。由于15个副省级城市中，有5个城市在华东地区，城市相对较多，因此，竞争力结果分布相对分散，但总的来说，华东地区城市的生态环境和城市管理相对突出，但杭州、宁波的产业结构、济南的对外开放、宁波、青岛、厦门的区位条件需要进一步提升。

东北地区长春、大连、哈尔滨、沈阳的城市竞争力位于15城市的第三、四类，其显示指标均位于第三、四类，解释性指标中产业结构位于第一、二、三类，企业实力位于第三类，具有一定优势。总的来看，东北地区城市的竞争力位于15个副省级城市的中下游位置，科技创新、对外开放和区位条件水平不高。

综上所述，广州、深圳是珠江三角洲地区的中心城市，珠三角比邻港澳，接近东南亚，自然条件优越，交通运输便利，具有开展对外贸易和对外经济技术合作的有利条件，是我国改革开放起步较早的地区。杭州、南京、宁波位于长江三角洲的腹地。长三角位于我国东部沿海开放城市带和沿长江产业密集城市带的结合部，具有得天独厚的江海交汇、南北居中的区位条件。是我国改革开放起步较早、经济发展基础雄厚的地区。青岛是山东省的经济"龙头"，全力支持青岛做大做强，是山东省委、省政府坚定不移的目标。武汉、大连、沈阳是华中与东北地区的中心城市，华中与东北地区是我国20世纪50年代工业布局的重点城市，有较强的工业基础。西南的成都和西北的西安市则为西部内陆省份中心城市，是亟待加强对外开放的区域。综合来看，15个副省级城市的综合竞争力总体上反映了这些城市所在区域的竞争力。

2. 从人均GDP看城市综合竞争力

经济学界一般把人均GDP作为划分经济发展阶段的重要指标。人均GDP代表着一个国家或地区的经济发展水平和富裕程度。因此，为了更好地比较处在不同经济发展水平的城市竞争力的差异，这里将15个副省级城市按照人均GDP分成四类（见表2-17），其中第一类城市人均GDP6.5万元；第二类城市人均GDP4.3万元；第三类城市人均GDP3.2万元；第四类城市人均GDP2.1万元。

表2-17 按人均GDP分类的副省级城市（2006年）

类别	城市	人均GDP（万元/人）
第一类	深圳、广州	6.5
第二类	厦门、杭州、宁波、大连、青岛、南京	4.3
第三类	沈阳、济南、武汉	3.2
第四类	长春、成都、哈尔滨、西安	2.1

注：此表中人均GDP是本类城市中所有城市GDP总量之和除以所有城市常驻人口总量之和。

通过比较发现（表2-18），第一类城市无论是综合竞争力，还是其他三项显性指标基本处于所有城市的前列，第二类城市基本处于中上游水平，第三、四类城市则处于中下游和下游水平。可见，人均GDP与城市综合竞争力表现出较为一致的特征。这说明人均GDP高，居民的生活水平高，人们的需求水平和层次也高，为了满足这些大容量、高层次、多样化的需求，必然促进各种生产要素和资源的集聚，生产出各种产品，提供各种服务。因此，城市的综合竞争力也随之提高。

表2-18 按人均GDP分类的城市竞争力及显示性指标比较

类别	综合竞争力	要素聚集力	财富创造力	区域辐射力
第一类	1	1	1, 2	1, 2
第二类	2, 3	2, 3, 4	3	2, 3, 4
第三类	3	2, 3	3	3, 4
第四类	3, 4	3, 4	3, 4	3, 4

注：表中数据为按人均GDP分类的城市其显示性指标的分类分布，参见表2-12。

各类城市的解释性指标（表2-19）如：科技创新、城市管理、对外开放、生态环境和区位条件也基本呈现出上述特征，但值得一提的是产业结构和企业实力出现一些特例，如：人均GDP位于第二类的宁波，其产业结构位于第四类；人均GDP位于第二类的厦门，企业实力位于第四类；而人均GDP位于第四类的长春，其产业结构位于第二类。这在一定程度上说明产业结构的调整，以及培育具有竞争力的大型企业需要长期的过程。

表2-19 按人均GDP分类的解释性指标比较

类别	科技创新	产业结构	城市管理	对外开放	企业实力	生态环境	区位条件
第一类	1, 3	1	1, 2	1, 2	3	1, 2	1, 2
第二类	2, 4	1, 3, 4	2, 3	3, 4	1, 2, 3, 4	1, 2, 3	3, 4
第三类	3, 4	2, 3, 4	3	4	3	1, 2, 3	3, 4
第四类	4	2, 3	3, 4	3, 4	4	2, 3, 4	3, 4

注：表中数据为按人均GDP分类的城市其解释性指标的分类分布，参见表2-13。

3. 从城市规模看城市综合竞争力

一般而言，由于城市的聚集效应，城市经济具有规模经济递增的特点。规模较大的城市可以提供良好的基础设施条件，完善的生产、金融、信息、技术服务，集中的、有规模的市场，并且由于企业和人口的集中而在技术、知识、信息传递、人力资本贡献等方面形成溢出效应，因而会产生较高的经济效益。但同时，随着城市规模的扩大，其外部成本也会上升，包括由于人口密集导致的居住、交通、生产成本和管理成本增加，生产环境恶化等。为此需要付出巨额的公共基础设施投资以及环境治理成本。因此，为了更好地比较处在不同规模的城市其竞争力的差异，这里将15个副省级城市按照年末常住人口分成四类（见表2-20），其中第一类城市包括成都，常住人口1240万人；第二类城市包括广州，哈尔滨，常住人口平均978万人；第三类城市包括长春，大连，杭州，济南，南京，宁波，青岛，深圳，沈阳，武汉，西安，常住人口平均753万人；第四类城市厦门，常住人口233万人。

通过比较发现（见表2-21），城市常住人口规模不同，城市的竞争力、显示指标及解释竞争力并没有特别的规律。这说明常住人口规模与城市竞争力没有必然的联系。究其原因，由于计划经济时期，我国户籍制度对人口流动进行限制，个人难以对居住的城市进行选择。改革开放后，虽然这种限制逐步减少，但仍然存在。因此，严格地说，各城市的人口，尤其是户籍人口并不能准确反映城市的吸引力，常住人口虽然考虑了流动人口，但由于大量户籍人口的存在，也不能准确反映城市的综合竞争力。因此，15个副省级城市的常住人口规模与城市竞争力没有必然的联系，而这并不是城市规模不经济的结果。

表2-20　按常住人口分类的副省级城市（2006年）

类别	城市	平均常住人口（万人）
第一类	成都	1240
第二类	广州，哈尔滨	978
第三类	长春，大连，杭州，济南，南京，宁波，青岛，深圳，沈阳，武汉，西安	753
第四类	厦门	233

表 2-21 按常住人口规模分类的城市竞争力及显示性指标比较

类别	综合竞争力	要素集聚力	财富创造力	区域辐射力
第一类	3	3	3	3
第二类	1, 4	1, 4	2, 3	1, 4
第三类	1, 2, 3, 4	1, 2, 3, 4	1, 2, 3, 4	2, 3, 4
第四类	3	4	3	4

表 2-22 按流动人口规模分类的城市竞争力及显示性指标比较

类别	城市	平均流动人口（万人）	综合竞争力	要素集聚力	财富创造力	区域辐射力
第一类	深圳	650	1	1	1	2
第二类	广州，杭州	214	1, 2	1, 3	2, 3	1, 2
第三类	成都，南京，宁波	120	2, 3	2, 3	3	2, 3
第四类	长春，大连，济南，厦门，哈尔滨，青岛，沈阳，武汉，西安	45	2, 3, 4	2, 3, 4	3, 4	2, 3, 4

如果按流动人口来进行分类（见表 2-22），可以发现，随着流动人口的增多，城市竞争力及其显示总体表现出逐步增强的态势。也就是说，流动人口越多，城市的吸引力越大，城市越有活力，市场的配置效率也越高，城市的集散能力就越强，因此，城市竞争力也较强。

（三）相关分析

1. 城市综合竞争力分析

在理论上，科技创新、产业结构、城市管理、对外开放、企业实力、生态环境及区位条件都影响着要素集聚能力、财富创造能力、区域辐射能力，进而影响城市综合竞争力。由于这些因素之间相互耦合，所以很难判断究竟哪个因素对竞争力的影响更大。然而，在实证研究中，可以通过相关程度的测算，来找出其中的重要因素，为城市制定发展战略提供参考。值得一提的是，由于实证研究是在诸多假设的前提下进行，因此，这只是一种近似的描述，而且带有明显的阶段性特征。

表2-23 解释性指标与综合竞争力的相关程度比较

	科技创新	城市管理	对外开放	区位条件
综合竞争力	0.711	0.813	0.829	0.769
要素聚集能力	0.535	0.551	0.547	0.893
财富创造能力	0.746	0.887	0.909	0.515
区域辐射能力	0.528	0.614	0.639	0.764

（1）对外开放、城市管理、区位条件、科技创新与城市综合竞争力的相关性较强，是影响综合竞争力的重要因素

通过比较（见表2-23），七个解释性指标中，与综合竞争力相关程度较强的依次为对外开放（0.829）、城市管理（0.813）、区位条件（0.769）、科技创新（0.711）。

城市对外开放程度是发展环境的重要反映，较高的对外开放水平，说明经济外向度高，外商投资比较发达，这势必极大地缓解国内资本供给的不足。外资与国内丰富的劳动力相结合，增强了城市创造财富的能力。特别需要指出的是，外资进入，不仅带来资金，而且带来先进的技术、管理，甚至带来制度性创新。对外开放与财富创造能力的相关性达到0.909就充分说明了这一点。

而高水平的城市管理将给城市带来良好的经济社会秩序，使城市高效运转，创造更多的财富。城市管理水平高，更加容易吸引高端生产要素如人才、技术、市场等。因此，城市管理与财富创造能力的相关性达到0.887。

区位条件有一定优势的城市则主要体现在城市是重要的交通枢纽，交通便捷。这样的城市往往表现出强大的集散能力，要素聚集能力和区域辐射能力相对突出。因此，区位条件与要素聚集能力和区域辐射能力的相关系数达到0.896、0.764。

科技创新是城市发展的强大动力。强大的科技创新能力使城市能够迅速获得新知识、新技术，并将其转化为产品和产业，提高城市劳动生产率，增强城市创造财富的能力。所以，科技创新与财富创造能力的相

关系数达到 0.746。

由于相关程度在一定程度上反映指标对综合竞争力的影响程度，因此，在现阶段，对外开放、城市管理、区位条件、科技创新是影响综合竞争力的重要因素。各城市要获得较强的竞争力，必须进一步对外开放，加强城市管理，改善区位条件，增强科技创新能力。

（2）产业结构、企业实力、生态环境与城市竞争力基本不相关，但影响城市竞争潜力

需要说明的是，从实证来看，在当前，产业结构、企业实力和生态环境对 15 个副省级城市竞争力的影响似乎十分有限。这说明产业结构、企业实力和生态环境是影响城市竞争力的长期因素。在计划经济时期长期形成的产业结构在当前还不能根本改变。因而，产业结构表现出与综合竞争力不相关。企业实力则主要反映的是小企业的活力及大企业影响力，这两种能力都不同程度受到城市文化环境的影响，不同的文化环境将影响城市的创业精神，影响企业做大做强。而城市文化环境的改变也是一个长期过程。因此，15 个副省级的企业实力表现出与综合竞争力不相关。由于过去普遍不重视生态的保护，因此，各城市的生态环境差异较小，表现出与综合竞争力不相关。需要说明的是，虽然从短期来看，产业结构、企业实力和生态环境对城市综合竞争力的作用并不明显，但从长期来看，这三个因素对城市竞争力的作用将会日益突出，将影响城市竞争潜力。并且由于这种影响是长期积累的，因而一旦形成优势，则在短期内难以改变，从而成为影响城市竞争力的决定因素。

2. 解释性指标分析

（1）城市管理与对外开放分析

通过分析，可以发现 15 个副省级城市的城市管理与对外开放的相关系数为 0.862，是解释性指标体系中相关度最高的一个。这说明：一是对外开放程度高的城市，越有机会利用外资，以弥补建设资金的不足，也有更多的机会学习与借鉴世界城市在规划、建设与管理及其运营等方面的成功经验与模式，并将先进的理念与技术应用于城市管理中，不断提高城市管理的水平。二是对外开放程度较高的城市，往往能够分享到全球化带来的利益，表现出较强的竞争力，政府的财政较充足，因此，有实力来加强城市管理。三是那些管理有序、规范的城市，不仅城市环境

较好，城市形象较佳，往往能够进一步吸引外资，形成更大程度的开放。

（2）对外开放与科技创新分析

15个副省级城市的对外开放与科技创新的相关系数为0.789，也是解释性指标体系中相关度较高的。这说明对外开放程度高的城市越有机会吸引国际的资金、技术设备、人才，也越有机会参与国际技术协作与攻关，因此，科技创新能力较强。与此同时，科技创新能力突出的城市，必然吸引更多的国际投资，形成更大程度的开放。

（3）科技创新与城市管理分析

15个副省级城市的科技创新与城市管理的相关系数为0.683，也是解释性指标体系中相关度相对较高的。这是因为科技创新能力较强的城市，可以将技术创新的成果应用于城市管理中，促进城市管理水平。另一方面，城市管理有序的城市更容易吸引高素质的人才，带来高端技术，必将增强科技创新能力。

（4）生态环境与城市管理分析

15个副省级城市的生态环境与城市管理的相关系数为0.564，表现出一定的相关性。事实上，生态环境管理是城市管理的重要内容，保持并获得较好的城市生态环境是城市管理的目标之一。本研究之所以将生态环境单独列出，是想突出生态环境的影响。因此，生态环境与城市管理表现出一定的相关性，但由于城市管理不仅包含生态环境的管理，而且还包含经济、社会管理的内容，因此，生态环境与城市管理的相关性并不很高。

（5）企业实力与科技创新分析

15个副省级城市的企业实力与科技创新的相关系数为0.529，表现出一定的相关性。企业实力强的城市一般拥有大的企业集团，这些企业更有能力和实力进行科技创新，并带动其他企业进行科技创新，因此，科技创新较为突出。另一方面，由于企业是科技创新的主体，具有较强的科技创新能力的城市一般拥有具有竞争力的品牌、发达的高新技术产业或拥有强大的技术能力，因此，这些城市往往拥有众多的有品牌、有技术、有规模的高新技术企业，这些企业更有可能在激烈的竞争中获得优势，占领市场，并不断做强做大，形成强大的企业实力。

(6) 产业结构与其他解释性指标分析

从实证来看，15个副省级城市的产业结构与科技创新、城市管理、对外开放、企业实力、生态环境与区位条件等解释性指标均不相关。这是由于产业结构是长期以来国家的产业布局、近期的对外开放、先天的地理优势、后天的城市管理等多种因素共同作用的结果，这些因素交织在一起，很难判断哪种因素起主导作用，因此，产业结构表现相对独立，与其他解释性指标不相关。但需要强调的是，产业结构是各产业长期发展与演化的结果，短期的不相关并不能否认产业结构长期演化的趋势，及其对城市竞争力的影响。

(7) 区位条件与其他解释性指标分析

本研究将区位条件定义为交通区位条件，即一个城市与外界进行人员往来和物质交流的方便程度。从实证来看，15个副省级城市的区位条件与科技创新、产业结构、城市管理、对外开放、企业实力、生态环境等解释性指标均不相关。可见，15个副省级城市的交通区位条件是城市先天的地理位置、后天的城市发展共同作用的结果。因此，区位条件与城市竞争力相关，而与其他解释性指标不相关，这说明区位条件是能够独立解释我国副省级城市的城市竞争力差别的指标，换句话说，我国副省级城市的城市竞争力之所以有差异，其原因之一是交通区位条件存在优劣。

综合来看，对外开放、城市管理、科技创新不仅相互相关性高，而且城市管理与生态环境，科技创新与企业实力都有一定程度相关，可见，对外开放、城市管理、科技创新与其他因素相互影响大，关联度高。而产业结构、区位条件则相对较为独立，与其他因素关联度较低。因此，城市政府在制定相关政策时，必须加以考虑。

四、本章小结

本章主要完成城市竞争力评价研究综述、城市竞争力综合评价、城市竞争力分析三部分内容。具体来看，第一部分城市竞争力评价研究综述主要从评价研究、研究内容、概念与内涵、影响因素、评价模型五个方面对现有竞争力评价研究进行总体评述。第二部分城市竞争力评价主要内容包括城市竞争力评价体系、评价方法、数据来源、评价过程。第三部分主要包括结果分析、特征分析与相关分析三部分，其中结果分析主要从城市综合竞争力、显示性指标、解释性指标三个方面进行评价分析，而特征分析主要从区域视角、人均 GDP、城市规模来考察中国 15 个副省级城市之城市竞争力的主要特征，相关分析则分析城市竞争力与解释性指标相关关系及解释性指标相互关系，从中发现，（1）对外开放、城市管理、区位条件、科技创新与城市综合竞争力的相关性较强，是影响综合竞争力的重要因素。（2）对外开放、城市管理、科技创新两两相关性强，相互影响程度较高。（3）产业结构、区位条件与其他解释指标基本不相关，受其他影响因素较小。

第三章 广东流通产业竞争力综合评价研究*

本章在总结竞争力、产业竞争力及流通产业竞争力评价的基础上，建立了流通产业竞争力评价框架，对广东流通产业竞争力进行综合评价，在动态、国内、国际层面对广东流通产业竞争力进行综合比较，并在空间层面进行详细分析。

一、流通产业竞争力及其评价

（一）竞争力与产业竞争力

以世界经济论坛（WEF）和瑞士洛桑国际管理发展学院（IMD）为代表的研究认为：竞争力是一个国家或公司在世界市场均衡地生产出比其竞争对手更多财富的能力。以熊彼得理论为基础的技术创新理论认为：竞争力在于技术和组织的不断创新。以波特为代表的系统性竞争力优势理论认为：竞争力不仅在于技术创新，更在于国内各方面经济资源和要素分工协作体系化。以道格拉斯·诺思为代表的制度创新竞争力优势理论认为：竞争力在于通过制度创新营造促进技术进步和经济潜能发挥的环境，强调制度安排对竞争力的作用。

---

* 该章是对欧开培、张赛飞、姚一民等完成的《广东省流通产业竞争力总报告》相关部分进行修改而成。

一般认为，竞争力是竞争主体（国家、地区和企业等）在市场竞争中争夺资源或市场而实现竞争目标的能力。这种能力是竞争主体在竞争过程中逐步形成并表现出来的，是竞争主体多方面因素和实力的综合体现。竞争力根据不同的标准可以划分为不同的层次，通常可分为国家竞争力、区域竞争力、产业竞争力、企业竞争力和产品竞争力。

目前关于产业竞争力主要有三种定义：

第一种定义较为强调比较生产力，认为国际竞争的实质就是比较生产力的竞争，国际竞争力的核心就是比较生产力。因此，产业国际竞争力实质可以定义为：在国际间自由贸易条件下（或在排除了贸易壁垒因素的假设条件下），一国特定产业以其相对于他国的更高生产力，向国际市场提供符合消费者（包括生产性消费者）或购买者需求的更多的产品，并持续地获得盈利的能力。

第二种定义强调了产业的有效供给能力。指出产业国际竞争力就是某一产业在区域之间的竞争中，在合理、公正的市场条件下，能够提供有效产品和服务的能力。所谓有效产品和服务必须符合如下条件：首先，这些产品和服务必须能被市场所接受；其次，它与市场对这些产品和服务的需求是有区别的，它还必须是区域内部该产业现有的生产能力所能承担的。因而，产业国际竞争力是产业的供给能力、价格能力和投资盈利能力的综合。

第三种定义侧重于国际竞争力的市场条件。此定义认为"自由和公平的市场条件"是各国比较产业国际竞争力的前提条件，因为现在各国之间的贸易壁垒还没有完全拆除，国家对各产业的扶持力度也不尽相同。如果不排除这些条件，在比较产业国际竞争力时很难做出公正的评判的。因而，产业国际竞争力是指一国特定产业在自由和公平的市场条件下，争夺有利的生产条件和销售条件，在竞争中获得最大利益的能力，它是产业国际竞争优势的表现[①]。

（二）产业竞争力评价

不同学者根据不同的产业国际竞争力定义及分析模型，设计了不同的

---

① 李海英：产业国际竞争力：经济分析范式及评价，新疆农垦经济，2005(12)。

产业国际竞争力评价指标体系,具体来说,既有一般产业的国际竞争力评价指标体系又有特定产业的国际竞争力评价指标体系。比较有代表性的一般产业国际竞争力评价指标体系主要有以下几种:

1. 中国社会科学院裴长洪指出,产业国际竞争力的评价指标可以分成两类:一类是显示性指标,另一类是分析性指标。前者用来说明产业国际竞争力的结果,可通过市场占有率、利润率和价值增加指标或增值率指标来衡量。后者用来解释产业国际竞争力的原因,并可以进一步分为直接原因指标和间接原因指标。

2. 厦门大学的周星和付英根据产业国际竞争力等于竞争力资产与竞争力过程的综合分析模型,从产业素质、产业结构现状及发展趋势、产业发展的环境制度因素、产业国际化四个方面建立了一套产业国际竞争力评价指标体系。其中,竞争力资产是指产业拥有的资源条件,它取决于一国的资源条件或产业发展的有利条件,反映了一国保持目前产业竞争力的能力;竞争力过程是指产业素质变化及产业结构变动,它取决于企业的策略行为和政府的支持力度,反映了一国不断提高产业国际竞争力的能力。

3. 中国社会科学院张金昌认为,出口与国际竞争力呈正相关关系,他设计了一套用进出口数据评价产业国际竞争力的指标体系。该指标体系由三部分构成:其一,反映市场占有率的指标,主要有市场渗透率指标、进口所占比例指标、出口贡献率指标和出口增长优势指数;其二,反映净出口(贸易赢余)的指标,主要有贸易竞争力指数、相对竞争力指数和贸易分工指数;其三,反映出口所占比例的指标,主要有显示性比较优势指数、显示性竞争优势指数和净出口显示性比较优势指数。他还指出,这些指标既可以单独使用,又可以结合起来使用,但在使用中需要注意指标自身的局限性。

4. 国家计委课题组认为,产业国际竞争力主要包括竞争实力、竞争能力、竞争潜力、竞争压力、竞争动力、竞争活力六个方面的内容,并据此设计出一套三级评价指标体系。其中,竞争实力用于反映产业"要素供给"方面的实力,包括人力、财力、技术创新实力三个方面;竞争潜力是指一国产业发展面临的有利条件,包括比较优势和后发优势;竞争能力是把竞争实力、竞争潜力转化为市场占有率、竞争优势的能力,包括市场化能力、资源转化能力、技术创新能力；竞争动力、竞争压力、竞争活力合称为竞争环境，分别用于反映产业在竞争中的能动性、外部推力和灵活性。

5. 陈晓声将产业竞争力指标体系设计为三个层次，六个模块。三个层次分别是指外显竞争力、内在竞争力和制度竞争力，其中外显性竞争力主要是指产业在国际市场上满足需求、争夺市场份额的能力，它包括产业实力和产业效益两个模块；内在竞争力是指支持和实现产业发展目标的各方面的条件和保障，它包括产业资源、产业结构和产业能力三个模块；制度竞争力是指影响产业发展的制度环境、市场体制、创新体制和激励机制等因素，这些因素对产业国际竞争力产生更为持久和更本性的影响，总称为产业动力模块。①

（三）流通产业竞争力内涵

石忆邵等将商贸流通业竞争力定义为"能否扩大本地区对区域的商业辐射力和对产品的集散力，巩固和提升产业在区域的地位，并使本地区企业获得竞争优势的能力"②。

杨亚平等认为流通产业竞争力是指一国或地区流通产业整体的竞争力，即流通产业相对于他国或区域，产业在原有规模实力的基础上占领市场和扩张市场，并取得一定经济效益的能力③。

在综合上述关于产业竞争力与流通产业竞争力内涵的基础上，本研究认为流通产业竞争力是指区域内的流通产业在一定的资源条件和国民经济环境下所表现出来的综合实力及其发展潜力强弱的程度，是各竞争要素相互影响、共同作用的结果。因此，流通产业竞争力系统是一个复杂的系统，包含诸多的子系统，它是一个区域多方面发展要素的综合体现。

---

① 王丽萍：国内产业国际竞争力评价研究综述，天府新论，2006（1）。
② 石忆邵等：商贸流通业竞争力评价初探，财经研究，2004（5）。
③ 杨亚平，王先庆：区域流通产业竞争力指标体系设计及测算初探，商业经济文荟，2005（1）。

(四) 流通产业竞争力评价框架

区域产业的竞争力受四个方面的因素影响（见图 3-1）。

$$競爭基礎 \\ \downarrow \\ 競爭實力 \rightarrow 區域流通產業競爭力 \leftarrow 競爭潛力 \\ \uparrow \\ 競爭環境$$

图 3-1　区域产业竞争力决定要素框图

图 3-1 向我们展示，流通产业竞争力的大小取决于四个方面，即竞争实力、竞争潜力、竞争基础和竞争环境四个方面。其中竞争实力从市场竞争的角度研讨区域产业的现实竞争力；竞争潜力从发展的角度，考察区域产业获得可持续竞争优势的源泉；竞争基础讨论产业区位选择的依据，涵盖资源集聚、交通以及信息水平等方面；竞争环境则将流通产业的发展置于整个区域经济系统之中，考察环境的承载力。

尽管反映流通产业竞争力的许多要素很难量化或者很难准确量化，但流通产业竞争力仍具有可量化性。根据定义，流通产业竞争力评价指标体系的基本框架应包括四方面内容：竞争实力、竞争潜力、竞争基础和竞争环境（见表 3-1）。

1. 竞争实力

竞争实力主要是指流通产业主体在竞争中组织要素，占据市场的能力，主要用流通产业规模指标来反映。

流通规模是衡量流通业规模大小的标准，既反映产业目前的总量规模和达到的水平层次，又为未来扩张提供平台基础。既是区域流通业发展的最终表现，也是促进区域流通业不断发展的决定性因素。因此，产业规模是竞争实力的反映，也是衡量流通产业竞争力的基础。

2. 竞争潜力

对区域产业潜在竞争力的分析,代表一个时间点产业内部影响未来竞争力的隐性指标集。影响流通产业竞争潜力的因素很多,主要包括流通方式、流通效率和流通组织。

流通方式:流通方式主要包括连锁经营、电子商务、第三方物流等现代化流通方式。其中,连锁经营是现代化流通方式的具体体现。电子商务作为近年来新兴重要的交易形式,是在全社会由工业化向信息化方向迈进的过程中流通领域产生的重要标志,其发展程度标志着流通领域的信息化程度,并将成为流通业变革的重要力量。第三方物流等现代物流配送方式将有助于降低全社会物流成本,提高流通效率。因此,流通方式是衡量一个国家或地区流通业竞争潜力强弱的重要指标。流通方式的现代化程度越高,说明其竞争潜力越强,就更有可能将这种竞争潜力转化为竞争实力,形成强大的流通规模。因此,流通方式的现代化与否,是国家或地区流通竞争力强弱的重要体现。

流通效率:从经济发达国家流通业的发展来看,流通业的作用已不单单体现在增加了多少就业机会,提供了多少利税,在 GDP 当中的比重有多大,为经济增长指数"贡献"了多少个百分点,更重要的是从整体上促进了经济循环,优化了资源配置,加快资本周转和经济运速度。因此,流通效率是指流通业的整体运行节奏,是判断流通业竞争潜力强弱的核心指标。

流通组织:从商品经济发展的历史进程来看,随着社会化大生产的发展,流通企业规模和规模结构都表现出从小到大、大规模企业的地位日渐提升的趋势。因此,流通组织化程度不断提高,是流通业竞争潜力的重要标志。通过培育经营规模大、实力雄厚的骨干企业,以提高流通效率,取得规模效益,并最终获得强大的竞争实力。

3. 竞争基础

流通设施是流通产业运行的载体,企业的运转,要素的聚合、传递和流动是通过流通设施进行的。流通设施的规模、类型和水平对流通产业的发展有着直接影响。因此,流通设施是流通业发展的基础,是衡量其产业竞争基础的重要标志。

4. 竞争环境

长期来看，能否将资源变成产业，形成产业竞争力，主要取决于流通产业发展环境，产业发展环境主要包括市场环境、政策环境、产业协调程度、市场需求及国际化程度等。

表 3-1 流通产业竞争力评价体系框架

	一级指标	二级指标
流通产业竞争力	竞争实力	流通规模
	竞争潜力	流通方式、流通效率、流通组织
	竞争基础	流通设施
	竞争环境	流通环境

根据定义，流通产业竞争力具有相对性，即一个地区流通产业竞争力的强弱或者是相对其他区域而言，或者是相对于本地区其他时间而言。因此，本研究将从动态、国内、国际三个层面来研究广东流通产业竞争力。具体来说，动态层面的研究，就是比较2001-2005年广东流通产业竞争力的变化；国内层面的研究，就是将广东与国内其他地区进行比较，探讨广东流通产业竞争力在国内的地位；国际层面的研究，就是将广东与国际其他国家或地区进行比较，探讨广东流通产业竞争力在国际的地位。同时，为了更加清楚了解广东流通产业竞争力的空间结构，本章将在本章上述框架下进行广东各地区流通产业竞争力比较。通过这些分析，为提升广东流通产业竞争力提供决策依据。

二、广东流通业竞争力动态比较

下面将根据流通业竞争力内涵，对2001-2005年广东流通业竞争力进行评价，找出其变化趋势，为提升流通业竞争力提供科学依据。

(一) 竞争实力动态比较

如表3-2所示,"十五"时期反映绝对规模的指标呈现逐年递增走势,但是在全国的份额却不断缩小。具体来看,反映物流规模的货物周转量指标,其占全国比重逐年递减。反映批发零售业规模的全社会消费品零售总额指标,其占全国比重也在波动中逐年递减。按照老口径统计的流通业增加值占全国比重也逐年递减。

竞争实力是指竞争主体抢占市场的能力,因此,在全国市场的占有率反映其竞争实力。可见,虽然"十五"时期流通规模不断增长,但其增长速度低于国内其他地区,因此,其在全国的竞争实力不断减弱。

表3-2 广东"十五"时期流通规模比较

	2005年	2004年	2003年	2002年	2001年
货物周转量(万人)	3860.3	3847.7	3158.0	3118.3	3147.7
全社会消费品零售总额(亿元)	7882.6	6370.4	5606.0	5013.6	4515.3
货物周转量占全国比重(%)	4.8	5.5	5.9	6.2	6.6
全社会消费品零售总额占全国比重(%)	11.7	11.8	12.2	11.9	12.0
流通业增加值占全国比重(%)	-	10.0	10.4	10.8	11.0

注:流通业统计口径为老口径

数据来源:各年份中国统计年鉴。

(二) 竞争潜力动态比较

1. 流通方式日趋先进

如表3-3所示,2005年连锁经营销售总额达到1635.9亿元,是2001年的7.6倍。不仅如此,2005年连锁经营销售比重达到20.8%,比2001年的增加16.4个百分点。可见,"十五"时期广东以连锁经营、特许经营、物流配送、电子商务等新型商品流通方式发展迅速,推动流通业现代化进程不断加快,有力地提升了流通业竞争力。

表3-3 广东"十五"时期流通方式比较

	2005年	2004年	2003年	2002年	2001年
连锁经营销售总额（亿元）	1635.9	736.7	401.6	351.9	215.1
连锁经营销售比重（%）	20.8	10.8	6.7	6.5	4.4

数据来源：各年份广东省统计年鉴。

2. 流通效率总体向好

如表3-4所示，广东"十五"时期库存增加所占比重总体不断降低，批发零售业库存率不断降低，由于两指标是逆向指标，即库存率的降低意味着流动性增加，流通效率提高；广东"十五"时期流通业劳动生产率在波动中上升，2005年达到4.9万元/人，比2001年提高1万元/人。可见，虽然，某些指标在某些年份出现一定波动，如2003年和2004年的流通业劳动生产率低于2002年，2002年的批发零售业库存率略高于2001年。但总体来说，"十五"时期流通效率总体向好。

表3-4 广东"十五"时期流通效率比较

	2005年	2004年	2003年	2002年	2001年
全社会库存增加所占GDP比重（%）	11.6	17.4	15.7	15.5	21.5
批发零售业库存率（%）	5.62	5.74	5.74	5.97	5.94
流通业劳动生产率*（万元/人）	4.95	3.65	3.54	4.20	3.95

注：*流通业统计口径为老口径

数据来源：各年份广东省统计年鉴。

3. 流通组织化程度不断提高，但大型连锁企业发展偏慢

如表3-5所示，2003-2005年广东社会消费品零售总额中限额以上企业所占比重不断上升，2005年达到30.9%，比2003年提高3个百分点。说明限额以上批发、零售和餐饮业快速发展，产业集中度不断提升。从零售业来看，"十五"时期，进入全国百强企业数不断增加，销售规模不断增长，2005年达到1126.7亿元，是2001年的3.9倍；企业的平均规模达到70.4亿元，是2001年的2.7倍；百强企业销售规模占零售业销

售额的比重达到 17.2%，比 2001 年提高 9.3 个百分点。从连锁经营来看，"十五"时期，进入全国百强企业的销售总规模不断增长，2005 年达到 630.8 亿元，企业的平均规模达到 57.3 亿元，是 2001 年的 4.1 倍。与此同时，我们也要看到，2005 广东规模最大零售企业在全国的名次为第 4 名，低于 2001 年；2005 年连锁经营百强企业中广东企业数 11 家，低于 2003 年和 2002 年；2005 年进入连锁百强企业的销售规模占全社会消费品零售总额的比重为 8%，低于 2003 年；2005 广东规模最大连锁企业在全国的名次为第 16 名，低于 2001－2004 年。综上所述，"十五"时期，广东限额以上企业、大型零售企业和连锁企业无论是总体规模，还是相对于其他企业来说，都保持快速发展的势头，流通产业要素不断向大企业集中。但是，也要看到，相对全国来说，龙头连锁企业发展偏慢，进入百强企业的家数和龙头企业的排名都有不同程度的下降。

表 3-5 广东"十五"时期流通组织比较

		2005 年	2004 年	2003 年	2002 年	2001 年
社会消费品零售总额中限额以上企业所占比重（%）		30.9	30	27.9	—	—
零售企业百强	企业数（家）	16	12	12	14	11
	销售规模（亿元）	1126.7	553.7	441	316	287.5
	平均规模（万元/家）	70.4	46.1	36.8	22.6	26.1
	百强企业销售规模占零售业销售额的比重（%）	17.2	9.9	9.1	7.6	7.9
	规模最大企业在全国的名次	4	14	9	7	3
连锁经营百强	企业数（家）	11	11	17	14	11
	销售规模（亿元）	630.8	531	533.5	293.5	154
	平均规模（万元/家）	57.3	48.3	31.4	21.0	14.0
	进入百强企业的销售规模占全社会消费品零售总额的比重（%）	8.0	7.7	8.8	5.4	3.2
	规模最大企业在全国的名次	16	15	10	7	11

（三）竞争基础动态比较

"十五"时期广东建成广州、深圳、湛江、汕头等 4 个公路主枢纽；形成以新白云机场为枢纽、深圳机场、珠海机场、汕头机场、湛江机场、梅县机场等多个地方机场为辅助的民航运输格局；"十五"时期广东加强了港口出海航道和内河航道建设，深枢纽港出海航道，港口码头向大型化、集装箱化、专业化方向发展，港航整体功能得到有效提高。具体来看，如表3-6所示，除铁路里程数、内河航道里程两指标外，其余反映流通设施的指标都有较大提高，尤其是民航航线里程和每万人口互联网用户增长迅速，2005年民航航线里程达到108万公里，是2001年的1.9倍。2005年每万人口互联网用户达到1616户，是2001年的3.2倍。可见，流通设施不断改善，交通运输配套功能到位，流通产业竞争基础不断夯实，有力地推动流通产业竞争力的提高。

表3-6 广东"十五"时期流通设施比较

	2005年	2004年	2003年	2002年	2001年
铁路里程数（公里）	1924	1875	1883	1883	1885
内河航道里程（公里）	13596	13596	13613	13687	13687
公路里程数（公里）	115337	111453	110252	108538	104799
主要海港万吨级码头泊位数（个）	191	175	159	130	127
民航航线里程（公里）	1080706	819626	654409	649229	568846
每百平方公里面积公路里程数（公里）	64.16	62.00	61.33	60.38	58.30
每万人口互联网用户（户）	1616	1293	1294	911	501

数据来源：各年份广东省统计年鉴。

（四）竞争环境动态比较

如表3-7所示，"十五"时期反映发展环境的各项指标都呈快速增长的势头。2005年GDP总量达到22366.5亿元，是2001年的2.1倍（按当年价格计算）。第三产业增加值达到9631.4亿元，是2001年的2.2倍（按当年价格计算）。工业生产总值达到41661.7亿元，是2001年的2.5倍。居民储蓄存款余额达到19051.4亿元，是2001年的1.9倍。城镇居民人均可支配收入达到14769.9元，是2001年的1.4倍。进出口总额达到4280亿美元，是2001年的2.4倍。但第三产业增加值所占比重和最终消费率出现一定波动，尤其是最终消费率波动较大，2005年比2004年下降2.3个百分点，比2003年下降3个百分点。

可见，"十五"时期，广东城乡居民生活水平不断提高，生活质量稳步改善，这不仅产生新的消费需求，扩大消费规模，为流通产业的发展创造了良好的市场需求，而且推进了广东商品消费结构的升级与换代，加速了流通业的现代化进程，提高了行业发展水平。另一方面，制造业的快速发展、全省经济总量的不断提高不仅为流通业的发展提供广阔的需求，而且为流通业信息技术水平的提高，人员素质的提升，实现跨越式发展提供良好的环境，将有力的促进流通产业竞争力的提高。

表3-7 广东"十五"时期竞争环境比较

	2005年	2004年	2003年	2002年	2001年
GDP总额（亿元）	22366.5	18864.6	13625.9	11735.6	10647.7
第三产业增加值（亿元）	9631.4	8364.1	5225.3	4767.2	4301.3
工业生产总值（亿元）	41661.7	34443.5	26720.9	21513.5	16378.6
居民储蓄存款余额（亿元）	19051.4	16193.4	14061.8	11819.1	9930.1
城镇居民人均可支配收入（亿元）	14769.9	13627.7	12380.4	11137.2	10415.2
进出口总额（亿美元）	4280	3571	2835	2211	1765
第三产业增加值所占比重（%）	43.1	44.3	38.3	40.6	40.4
最终消费率（%）	51.6	53.9	54.6	54.0	52.0
市场化指数	10.06	9.36	8.99	8.63	8.18

数据来源：各年份广东省统计年鉴，市场化指数来源于《中国市场化指数》。

综合来看，"十五"时期，以连锁经营为代表的流通方式现代化程度不断提高，流通效率总体向好，流通组织化程度不断提高。因此，总的来看，"十五"时期，广东流通产业竞争潜力不断增强，2005年竞争潜力得分41.09（见图3-2），高于其他年份。但也要看到"十五"时期存在一定不足，主要表现在个别年份流通效率指标出现波动，导致竞争潜力出现一定波动。相对其他地区来说，大型连锁企业发展相对偏慢，在全国的领先地位并不突出。

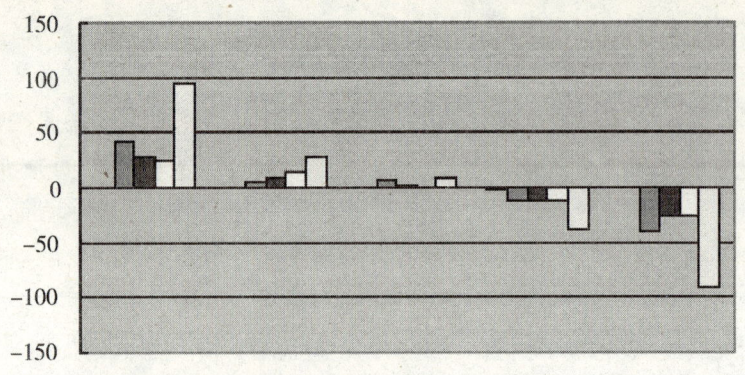

	2005年	2004年	2003年	2002年	2001年
竞争实力	0.16	0.54	0.11	-1.06	0.24
竞争潜力	41.09	5.36	6.53	-12.42	-40.54
竞争设施	27.73	8.45	1.95	-12.53	-25.61
竞争环境	24.39	14.15	-0.59	-12.39	-25.55
综合竞争力	93.38	28.51	8	-38.4	-91.49

■竞争实力　■竞争潜力　■竞争设施　□竞争环境　□综合竞争力

图3-2 "十五"时期广东省动态竞争力指数

三、广东流通业竞争力国内比较

如果说动态比较分析是侧重分析广东流通业竞争力的历程，那么竞争力国内比较则主要从横向比较的角度，来分析广东流通业竞争力地位，这里选择北京、上海、江苏、浙江、山东、辽宁、河北、四川、福建九省市与广东进行比较。

根据前文所述的流通业竞争力内涵、评价框架，构建一个包含竞争实力、竞争潜力、竞争基础和竞争环境四个一级指标，以及流通规模、流通方式、流通效率、流通组织、流通设施和发展环境六个二级指标的区域流通业竞争力评价指标体系，如表3-8所示。

表3-8　流通业竞争力横向比较指标体系

序号	一级指标	二级指标	三级指标
1	竞争实力	流通规模	流通业增加值、流通业企业总资产、流通业企业主营收入、全社会消费品零售总额
2	竞争潜力	流通方式	限额以上连锁零售销售总额、连锁经营销售比重、连锁零售企业统一配送商品比重、连锁零售企业非自有配送商品比重
		流通效率	批发零售业库存率、批零流动资产周转率、餐饮流动资产周转率、物流业总资产周转率，批零业总资产周转率
		流通组织	2005年进入全国服务业500强企业数、2005年进入全国零售业百强企业数、2005年进入全国物流百强企业数、2005年进入全国餐饮百强企业数、2005年进入全国连锁百强企业数、流通企业平均资产、流通企业平均主营业收入、服务业500强企业销售收入、服务业500强企业销售收入占流通业企业主营收入比重
3	竞争基础	流通设施	铁路里程、内河航道里程、公路里程、民用飞机起降架次、连锁零售企业网点数、亿元以上批发市场数量、客房数、餐位数、每百平方公里面积公路里程数、人均道路面积、每万人口互联网上网人数、每万人口连锁零售业网点数
4	竞争环境	发展环境	GDP总额、第三产业增加值所占比重、工业生产总值、居民储蓄存款余额、城镇居民人均可支配收入、进出口总额、城市化水平、消费率、市场化指数、流通业受重视程度

　　与动态比较不同的是，横向比较中各省市的指标各有优劣，很难判断产业竞争力及其一、二级综合指数所处的地位，因此，为了进一步对广东流通产业进行分析，了解广东所处的位置及其优劣势，有必要对十省市的流通产业竞争力进行综合评价。本章采取了主成分分析法和专家评分法来评价分析流通产业竞争力。与第二章采用的方法基本类似，在对流通规模等二级指标进行测算时，由于三级指标的信息重复较大，所以采用主成分分析法，消除大量相关指标的相互影响，从而得到二级指标指数，见表3-9。而在测算一级指标和产业综合指数时，采用专家评分法，希望发挥专家的特长，充分利用经济学学者的经验，让他们来判断流通方式、流通效率、流通组织在竞争潜力中

的作用,判断竞争实力、竞争潜力、竞争基础和竞争环境对流通产业竞争力的贡献,根据对广东省内专家的问卷调查,得到竞争实力、竞争潜力、竞争基础和竞争环境的权重为0.2,0.5,0.1,0.2,而二级指标权重见表3-10所示。这里对指数的测算过程进行省略,评价的结果如表3-11所示。

表3-9 2005年国内10省市流通业竞争力比较

	流通规模二级指数	流通方式二级指数	流通效率二级指数	流通组织二级指数	流通设施二级指数	发展环境二级指数
广东	112	51	21	42	101	95
北京	17	47	-100	154	5	86
上海	93	140	132	57	95	72
江苏	92	41	-6	35	38	-10
浙江	9	-11	28	-17	11	16
山东	-11	2	-69	-57	-22	-47
辽宁	-60	-77	65	-63	-72	-42
河北	-82	-77	-59	-37	-60	-87
四川	-81	-66	-80	-60	-33	-49
福建	-89	-50	68	-55	-61	-34

表3-10 二级指标权重

二级指标	权重
流通规模	0.20
流通效率	0.25
流通方式	0.11
流通组织	0.14
流通设施	0.10
流通环境	0.20

表 3-11 国内 10 省市流通产业竞争力综合指数和一级指数

	竞争实力	竞争潜力	竞争基础	竞争环境	流通产业竞争力综合指数
广东	22.3	21.0	10.1	19.0	72.4
北京	3.5	22.3	0.5	17.2	43.5
上海	18.6	57.5	9.5	14.4	100.0
江苏	18.4	14.5	3.8	-2.0	34.7
浙江	1.7	-2.1	1.1	3.2	4.0
山东	-2.3	-15.1	-2.2	-9.4	-28.9
辽宁	-12.0	-20.9	-7.2	-8.4	-48.5
河北	-16.4	-30.9	-6.0	-17.4	-70.7
四川	-16.1	-33.7	-3.3	-9.8	-62.9
福建	-17.7	-12.8	-6.1	-6.8	-43.4

总的来看，广东流通业综合竞争力在国内 10 省市中得分 72.4，排名第二，低于上海（100），排在三名至五名的分别是北京（43.5）、江苏（34.7）和浙江（4）。具体来看，如表 3-11 所示，广东竞争实力第一，竞争潜力第三，竞争基础第一和竞争环境第一，通过对评价结果进行详细分析。

（一）竞争实力国内比较

如表 3-9 所示，2005 年广东流通规模分指数为 112，排在 10 省市之首。具体来看，如表 3-12 所示，除流通业企业主营收入低于上海外，其他指标均位于 10 省市之首。

表 3-12 国内 10 省市竞争实力比较

	流通业增加值（亿元）	流通业企业主营收入*（亿元）	全社会消费品零售总额（亿元）	流通业企业总资产（亿元）
广东	3733.88	14786.06	7882.64	12858.45
北京	1241.56	10745.56	2902.8	11375.29
上海	1591.8	21495.3	2973	12403.70

续表

	流通业增加值（亿元）	流通业企业主营收入*（亿元）	全社会消费品零售总额（亿元）	流通业企业总资产（亿元）
江苏	2844.77	11283.6	5699.9	16399.45
浙江	1992.42	11412.9	4631.7	6822.36
山东	2797.12	6744.9	6126.4	5199.20
辽宁	1538.54	4950.5	2999	4568.20
河北	1406.78	2943.48	2952.9	3400.91
四川	1076.86	3086.37	2981.4	4087.46
福建	1148.58	3640.76	2345.8	2816.11

数据来源：*表示来源于《2004 中国经济普查年鉴》，其余来源于《2006 年中国统计年鉴》

（二）竞争潜力国内比较

1. 流通方式位居第二，但连锁经营比重相对偏低

如表 3 - 9 所示，2005 年广东流通方式分指数为 51，低于上海（140），排在 10 省市的第二位。具体来看，如表 3 - 13 所示，限额以上连锁零售销售总额为 1635.9 亿元，低于上海（1681.8 亿元），排在 10 省市的第二位；连锁经营销售比重为 20.7%，低于上海（56.6%）、北京（37.6%）、江苏（23.6%），排在第四位；连锁零售企业统一配送商品比重为 80%，低于四川（99%）、上海（94.7%）、浙江（91%）、江苏（82.2%），排在第五位；连锁零售企业自有统一配送商品比重为 71.6%，低于浙江（85.3%）、四川（83%）、山东（73.9%）、江苏（72.4%），排在第五位。

可见，流通方式 4 个二级指标中，广东排在第二位的有 1 个，排在第三位及以后的有 3 个。这说明虽然广东流通方式位于第二位，但连锁经营比重等诸多指标处于中游水平，因此，仍然需要提高连锁经营比重，改善物流配送方式。

表 3-13 国内 10 省市流通方式比较

	限额以上连锁零售销售总额（亿元）	连锁经营销售比重（%）	连锁零售企业统一配送商品比重（%）	连锁零售企业自有统一配送商品比重（%）
广东	1635.9	20.7	80.0	71.6
北京	1090.2	37.6	45.7	20.8
上海	1681.8	56.6	94.7	45.9
江苏	1343.7	23.6	82.2	72.4
浙江	705	15.2	91.0	85.3
山东	984.4	16.1	77.3	73.9
辽宁	259.3	8.6	9.0	8.4
河北	105	3.6	69.2	59.2
四川	112.5	3.8	99.0	83.0
福建	250.4	10.7	79.8	70.5

数据来源：《2006 年中国统计年鉴》

2. 流通效率排名位于中游，存在一定差距

如表 3-9 所示，2005 年广东流通效率分指数为 21，低于上海（132）、福建（68）、辽宁（65）、浙江（28），排在 10 省市的第五位。具体来看，如表 3-14 所示，批发零售业库存率是逆向指标，广东为 5.62%，高于浙江（4.95%）、上海（5.61%），排在第三位；批零流动资产年周转率 3.51 次，低于辽宁（4.17 次）、上海（3.84 次）、江苏（3.73 次）、四川（3.62 次）；餐饮流动资产年周转率 3.63 次，低于福建（4.86 次）；物流业总资产周转率 0.27 次，仅高于江苏（0.26 次）和四川（0.16 次），排在第八位；批零业总资产周转率 2.52 次，低于辽宁（3.05 次）、上海（2.86 次）、江苏（2.56 次）、浙江（2.53）。流通效率 5 个三级指标中，广东排在第二位的有 1 个，排在第三位及以后的有 4 个。这说明即使与国内其他省市相比，广东流通效率还存在一定差距。

表3-14　国内10省市流通效率比较

	广东	北京	上海	江苏	浙江	山东	辽宁	河北	四川	福建
批发零售业库存率（%）	5.62	11.65	5.61	5.67	4.95	8.34	5.77	9.80	7.45	6.30
批零流动资产周转率（次）	3.51	2.28	3.84	3.73	3.35	2.80	4.17	3.50	3.62	3.22
餐饮流动资产周转率（次）	3.63	3.46	3.62	2.62	3.01	1.98	3.21	2.70	2.01	4.86
物流业总资产周转率（次）	0.27	0.32	0.96	0.26	0.45	0.48	0.41	0.29	0.16	0.48
批零业总资产周转率（次）	2.52	1.61	2.86	2.56	2.53	2.00	3.05	2.16	2.09	2.36

数据来源：《2006年中国统计年鉴》

具体来从所有制来看（见表3-15），批发业中高于平均库存率的主要是集体企业、私营企业和港澳台商投资企业，由于集体企业和港澳台商投资企业占批发业的销售比重偏低，分别为1.13%和1.69%，占全部批发的库存比重分别为2.25%和2.18%。而私营企业占全部批发的库存比重为35.25%。因此，减低批发业库存率，主要需要降低私营企业库存。零售业中高于平均库存率的主要是国有企业、有限责任公司、私营企业，其分别占全部零售业的库存比重为9.93%、29.02%、38.47%。因此，综合来看，无论是批发业还是零售业，私营企业的库存率偏高，所占库存份额为批发零售业的36%，对整个流通业的影响较大。因此，需要加强行业管理与规范，尤其是对私营企业为主体的中小企业的管理与规范，大力推广企业信息化水平，提高广东的流通效率。

3. 流通组织排名居于第三，但企业规模相对偏小

如表3-9所示，2005年广东流通组织分指数为42，排在10省市的第三位。具体来看，如表3-16所示，2005年全国服务业500强中广东24家，低于北京（41家）、上海（29家），与河北并列第三位。2005年全国零售业百强企业广东15家，仅低于上海（17家），排在第二；而广东零售业排在首位的华润万家有限公司，销售规模313亿元，低于北京的国美电器有限公司（720.7亿元）和上海的百联（集团）有限公司（498.4亿元）。全国物流百强企业数广东19家，排在第一位。全国餐饮百强企业数广东5家，不及上海（14家）、北京（11家）、浙江（11家），排在第四位；而广东餐饮业排在首位的中山市海港饮食娱乐管理有

限公司，营业额11亿元，少于北京的中国全聚德（集团）股份有限公司（12.4亿元）和上海的中国百胜餐饮集团（133亿元）。全国连锁百强企业中广东12家，低于北京（16家）、上海（16家）；而广东连锁企业中排在首位的好又多商业发展集团，销售规模130亿元，远远低于北京的国美电器有限公司（720.7亿元）和上海的百联（集团）有限公司（498.4亿元）。广东流通企业平均资产达到0.117亿元，低于江苏、北京、四川。广东流通企业平均主营收入0.135亿元，则不及上海（0.139亿元）。广东服务业500强销售收入2332亿元，不及北京（8321亿元）、上海（3645亿元），排在第三位。广东服务业500强销售收入占流通业企业主营收入比重为15.8%，低于北京（77.4%）、上海（17%），排在第三位。

表3-15 广东2005年限额以上批发零售业库存情况

	零售业			批发业		
	库存率（%）	销售比重（%）	库存比重（%）	库存率（%）	销售比重（%）	库存比重（%）
全部企业	8.28			5.06		
内资企业	8.64	83.04	86.63	5.04	95.15	94.85
#国有企业	8.78	9.37	9.93	3.94	21.21	16.53
集体企业	6.13	3.11	2.30	10.04	1.13	2.25
股份合作企业	7.49	0.53	0.48	1.84	1.59	0.58
联营企业	4.96	2.04	1.22	4.90	1.92	1.86
有限责任公司	9.58	25.08	29.02	4.97	27.32	26.86
股份有限公司	3.14	11.93	4.53	3.92	14.76	11.46
私营企业	10.37	30.71	38.47	6.56	27.17	35.25
港澳台商投资企业	6.71	8.32	6.74	6.53	1.69	2.18
外商投资企业	6.36	8.64	6.63	4.76	3.16	2.97

数据来源：《2006年广东省统计年鉴》

表 3-16　国内 10 省市流通组织比较

	2005年全国服务业500强（家）	2005年全国零售业百强企业（家）	2005年全国物流百强企业数（家）	2005年全国餐饮百强企业数（家）	2005年全国连锁百强企业数（家）	流通企业平均资产*（亿元）	流通企业平均主营收入*（亿元）	服务业500强销售收入（亿元）	服务业500强销售收入占流通业企业主营收入比重（%）
广东	24	15	19	5	12	0.117	0.135	2332	15.8
北京	41	13	17	11	16	0.132	0.125	8321	77.4
上海	29	17	6	14	16	0.080	0.139	3645	17.0
江苏	20	10	2	4	6	0.189	0.130	1124	10.0
浙江	21	6	1	11	3		0.134	1025	9.0
山东	22	10	14	3	10	0.058	0.075	623	9.2
辽宁	13	4	2	1	3	0.087	0.094	752	15.2
河北	24	3	3	1	2	0.116	0.100	425	14.4
四川	4	3	3	4	2	0.123	0.093	275	8.9
福建	6	3	9	3	2	0.094	0.122	294	8.1

数据来源：*表示来源于《中国经济普查年鉴2004》，其余来源于中国商务部等网站发布的数据。

总之，广东流通组织居于 10 省市第三，大型物流企业在国内有一定优势，但广东流通企业平均资产相对偏低，大型餐饮企业相对偏少。与北京和上海相比，在流通领域具有一定规模效应、市场竞争力强、市场影响力大的大型龙头企业数量不多，不能发挥流通领域现代化进程的示范和带动作用。具体来看，批发零售行业准入门槛较低，经营零散度偏高，行业管理配套措施滞后，企业经营风险大，导致批发零售企业"做大"、"做强"的动力不足，重组、兼并、集团化发展步伐迟缓，大中型企业开拓外部市场进展缓慢。因此，广东需要进一步加大力度培育流通业名牌，打造一批批零一体化、内外贸一体化的商业集团；需要发挥粤菜的品牌优势，推动餐饮企业做大做强。

综合来看，广东流通方式、流通效率、流通组织各指数分别位于 10 省市的第二位、第五位、第三位。而流通业竞争潜力指数为 21（见表

3-11），位于10省市的第三位，低于上海（57.5）和北京（22.3），主要表现在流通方式不如上海，流通组织不如北京。

（三）竞争基础国内比较

如表3-9所示，2005年广东流通设施分指数为101，排在10省市之首，因此，在国内流通业竞争中，广东具有较好的竞争基础。

具体来看，如表3-17所示，广东的公路与航空设施、客房与餐饮设施在国内领先，其中公路里程115337公里，民用飞机起降架次402694架，餐位数244.1万位，客房数144.5万间，均居于10省市首位，具有一定的优势。但铁路设施、大型批发市场、市政道路密度和连锁零售业网点密度存在不足，其中铁路里程2225.2公里，低于河北、辽宁、山东；亿元以上批发市场268个，低于浙江（520个）、江苏（459个）、山东（378个）；人均道路面积12平方米，不如江苏（16.3平方米）、浙江（16.0平方米）、山东（12.5平方米）、河北（12.2平方米）、福建（12.1平方米）；每万人口连锁零售业网点数0.9个，比不上上海（5.7个）、北京（3.1个）、浙江（1.6个）、江苏（1.3个）。因此，需要进一步加快市政道路建设，增加连锁零售商业网点和大型批发市场的投资。尤其在城镇化过程中，引导增加以提供便利、多功能服务为主的新型商业服务设施的投资。应进一步完善农村批发和零售流通基础设施建设，积极发展农村新型流通合作组织。要鼓励和吸引国内外流通主体向小城镇和新兴城镇延伸经营网络。

表3-17 国内10省市竞争基础比较

	广东	北京	上海	江苏	浙江	山东	辽宁	河北	四川	福建
铁路里程（公里）	2225.2	1125.4	269.1	1615.6	1292.3	3319.3	4171.2	4652	2960.4	1613.1
内河航道里程（公里）	11844	0	2223	24349	9652	1012	413	0	10720	3245
公路里程（公里）	115337	14696	8110	82739	48600	80131	53521	75894	114694	58286
民用飞机起降架次（架）	402694	342125	375003	73037	151203	119517	94507	36563	153261	122312

续表

	广东	北京	上海	江苏	浙江	山东	辽宁	河北	四川	福建
连锁零售企业网点数（个）	8059	4726	10146	9778	8023	6816	2951	2100	3083	1924.0
亿元以上批发市场数量（个）	268	80	51	459	520	378	160	240	54	105
客房数*（万间）	144.5	19	68.6	14.1	19	21.6	18.1	23.5	30.4	10
餐位数*（万位）	244.1	123.1	234.7	116.1	95.9	115.7	104.7	140.6	125.9	48.2
每百平方公里面积公路里程数（公里）	64.2	89.6	127.9	80.6	47.7	51.1	36.2	40.4	23.6	48.0
人均道路面积（平方米）	12.0	10.6	11.8	16.3	16.0	12.5	8.0	12.2	10.9	12.1
每万人口互联网上网人数（人）	1616	2783	2604	1057	1443	1068	881	709	742	1123
每万人口连锁零售业网点数（个）	0.9	3.1	5.7	1.3	1.6	0.7	0.7	0.3	0.4	0.5

数据来源：*表示来源于《2004中国经济普查年鉴》，其余来源于《2006年中国统计年鉴》和各地统计年鉴。

（四）竞争环境国内比较

如表3-9所示，2005年广东流通环境分指数为95，排在10省市之首。具体来看，如表3-18所示，10个三级指标中，有4个指标排在第一。说明广东强大的经济总量、快速发展的制造业、大量的进出口交易、充裕的居民储蓄存款余额为流通业发展提供强大的需求。第三产业增加值比重为42.9%，低于北京和上海，城镇居民人均可支配收入指标低于上海、北京和浙江排在第四位，这说明虽然广东总体消费规模比较大，但人均水平相对偏低,将制约流通产业竞争力的提高。城市化率为60.7%,低于北京和上海;最终消费率为51.6%,低于四川,说明广东总的来说是一种偏消费的支出模式,有助于产生强大的消费需求;市场化指数为10.06,低于上海;说明市场在广东资源配置中的作用强大,有助于降低交易成本。流通业受重视程度指数是用流通业投资和制造业投资之比,在一定程度上反映流通业的地位。该指标广东排在北京、上海、浙江、河北和四川之后,位于10省市的第六位。这说明处于工业化中后期的广东,其资金等要素还在向制造业不断聚集,这不利于流通产业发展。重视流通产业还需要加强政府在市场经济中的政策导向作用。近年来,上海商业经过改制,全市先后涌现出56个大型商业企业集团,1153家有限责任公司,通过连锁经营带动资产重组,通过资产重组促进企业壮大,完成了商业资产的全面整合。这不仅盘活了企业的资产存量,同时还使有效资产向著名品牌、连锁网络和优势企业延伸。可见,政府需要加强政策导向的作用,引导资金等要素流向流通业,鼓励企业做大做强。

表3-18 国内10省市竞争环境比较

	GDP总额(亿元)	第三产业增加值比重(%)	工业生产总值(亿元)	居民储蓄存款余额(亿元)	城镇居民人均可支配收入(元)	进出口总额(亿美元)	城市化率(%)	最终消费率(%)	市场化指数	流通业受重视程度
广东	22366.5	42.9	35942.7	19051.4	14769.9	4280.0	60.7	51.6	10.06	0.34
北京	6886.3	69.1	6946.1	7477.6	17653.0	1255.1	83.62	51.4	8.62	1.12
上海	9154.2	50.5	15767.5	8432.5	18645.0	1863.4	89.09	48.3	10.41	0.56
江苏	18305.7	35.4	32707.1	10581.3	12318.6	2279.2	50.1	41.2	9.07	0.21
浙江	13437.9	40.0	23106.8	8746.0	16293.8	1073.9	56.0	47.4	9.9	0.36
山东	18516.9	32.0	30522.8	9035.1	10744.8	767.4	45.0	43	8.21	0.16
辽宁	8009.0	39.6	10814.5	6950.2	9107.6	410.1	58.7	47.7	7.84	0.30
河北	10096.1	33.3	11008.1	4808.3	9707.1	160.7	37.7	42.7	6.41	0.41
四川	7385.1	38.4	6178.0	5902.7	8386.0	79.0	33	59	6.86	0.40
福建	6568.9	38.5	8136.0	3903.1	12321.3	544.1	47.3	50.2	7.97	0.52

数据来源:《2006年中国统计年鉴》和各地统计年鉴,市场化指数来源于《中国市场化指数》。

如果以排在第二位为广东流通各竞争力指标的平均水平,则排在首位为其优势指标,排在三名及以后为劣势指标,具体优劣势指标如表3-19所示,在44个三级指标中,优势指标12个,劣势指标24个。可见,虽然广东流通产业竞争力在国内排在第二,但多项指标仍然处于劣势,尤其是流通效率、流通组织有待进一步提高,流通业的重视程度需要进一步加强,才能更好地发挥竞争基础和竞争环境优势,不断提升竞争潜力,并将竞争潜力转化为竞争实力。

表3-19 广东流通产业竞争力优劣势指标(与其他九省市相比)

	优势指标	劣势指标
一级指标	竞争实力、竞争基础、竞争环境	竞争潜力
二级指标	流通规模、流通设施、流通环境	流通效率、流通组织
三级指标	流通业增加值、流通业企业主营收入、全社会消费品零售总额、2005年进入全国物流百强企业数、公路里程、民用飞机起降架次、客房数、餐位数、GDP总额、工业生产总值、居民储蓄存款余额、进出口总额、	连锁经营销售比重、连锁零售企业统一配送商品比重、连锁零售企业非自有配送商品比重、批发零售业库存率、批零流动资产周转率、物流业总资产周转率、批零业总资产周转率、2005年进入全国服务业500强企业数、2005年进入全国餐饮百强企业数、2005年进入全国连锁百强企业数、流通企业平均资产、服务业500强企业销售收入、服务业500强企业销售收入占流通业企业主营收入比重、铁路里程、连锁零售企业网点数、亿元以上批发市场数量、每百平方公里面积公路里程数、人均道路面积、每万人口互联网上网人数、每万人口连锁零售业网点数、第三产业增加值所占比重、城镇居民人均可支配收入、城市化水平、流通业受重视程度

四、广东流通业国际竞争力比较

本部分将从流通规模、流通方式、流通效率、流通组织和流通环境等方面，从国际视角来分析广东流通产业的发展状况，为提升产业竞争力提供科学依据。由于世界上各国和地区产业分类和统计方法的不同，因此，本部分的比较是局部的、不全面的。

（一）竞争实力国际比较

2000年各国批发零售业与货运业增加值占GDP的比重，美国为22.7%，日本为21.2%，法国和意大利分别为20.3%和24.9%[①]。2005年广东流通业增加值占GDP的比重为18.7%，这里所指的流通业包含批发零售业、住宿与餐饮服务业、交通运输邮电仓储业。如果剔除住宿与餐饮服务业，2005年广东批发零售与物流业增加值占GDP的比重为14.4%，粗略估算，比2000年的美国低8.3个百分点，比日本低6.8个百分点。可见，与发达国家相比，从增加值的相对规模来看，广东的流通业比重较低，对国民经济的贡献偏小。

（二）竞争潜力国际比较

1. 流通方式比较落后，连锁经营有待进一步拓展

随着新技术、新管理理念在流通业领域中的应用与推广，以连锁经营为代表的商业业态在流通业唱起主角。连锁零售企业在全球各地纷纷出现，从超市、便利店、折扣店，到百货商店、巨型综合超市，甚至餐饮业等商业中也纷纷采用，连锁经营已成为零售行业中最主要的趋势，几乎所有的全球著名大型零售企业都采用连锁经营方式。据有关资料显示，在欧美，连锁业实现的零售额已占到社会商品零售总额的50%至60%。在美国，所有大型零售商都实行连锁经营，连锁经营已占社会商品零售总额的60%以上。在日本，连锁经营的销售额占整个零售业销售额的40%。2005年广东规模以上连锁业销售额占社会商品零售总额比重20.7%，初步估算，广东连锁经营比重比发达国家低20-30个百分点。这从一个方面反映流通方式还比较落后，连锁经营有待进一步拓展。

[①] 朱之鑫：国际统计年鉴2002，中国统计出版社，2002年10月。

2. 流通效率偏低

由于经济运行的节奏加快，发达流动资本处于沉淀状态的份额极小，周转速度普遍较快，从而可以为企业带来巨大的增值空间。1990－1998年，美国、德国和日本制造业库存总额平均只占销售总额的 1.3－1.5%。非制造业（含批发和零售业）库存总额平均只占销售总额的 1.14－1.29%。2005 年广东批发零售业库存占销售总额 5.9%，初步估算，比发达国家高 4.6 个百分点。目前，美国商品周转数为 7.6 次/年，日本为 10.56 次/年。2004 年广东批零企业周转数为 3.5 次/年。可见，与发达国家相比，广东的库存偏高，周转速度偏慢，流通效率偏低。

3. 流通组织化程度差距明显

在 2005 年的财富《全球 500 强》中，以年收入排名的 500 家全球最大的公司涉及 51 个行业，其中从事零售商业零售业的跨国公司有 37 家。2005 年排在财富 500 强第一位的就是从事商品流通业的跨国企业——沃尔玛，其年收入达到 2880 亿美元，利润为 103 亿美元，在全球共有 170 万员工，建立的连锁店接近 2000 个，零售额占美国市场的 6%。2005 年广东零售业排名第一的好又多商业发展集团公司销售收入 132 亿元。2005 年广东 24 家流通企业进入全国服务业 500 强，销售总收入 2332 亿元，其中销售收入最大的广东物资集团公司的销售总收入为 286.8 亿元，占流通业企业主营收入比重为 1.9%。可见，无论从企业的规模，还是从集中度来看，与美国相比，广东都存在明显不足。

（三）竞争环境国际比较

流通业发展与一个国家和地区国民经济社会发展环境息息相关。根据国内外流通业发展经验，流通业的发展与国民经济的发展呈互动式正比例关系，即经济社会的快速稳定发展会对流通业提出更高的要求，带动流通业的迅速发展。反之，流通业的发展全在一定程度上推动国民经济的发展。因此，这里通过比较广东与国外其他国家流通业发展环境，来说明流通业的发展空间。

表3-20 广东与世界主要国家流通业发展环境有关指标比较

国家和地区	GDP 总额（亿美元）	GDP 增长率（%）	人均GDP（美元）	人口（万人）	第三产业增加值占GDP比重（%）	进出口总额（亿美元）	第三产业就业比重（%）	对外依存度（%）
世界	364606.3	3.0	5510	627252.2	66.3	153646.9	–	42.1
发达国家	293405.6	1.7	28600	97205.6	69.5	86489.2	–	29.5
发展中国家	71248.8	4.6	1280	530046.6	53.4	35640.3	–	50.0
东南亚联盟	6858.9	5.0	1266	54223.9	–	8478.9	–	123.6
美国	109485.5	2.2	37870	29081.0	–	20278.2	75.2	18.5
日本	43008.6	−0.3	34180	12757.3	68.3	8547.5	63.9	19.9
加拿大	8565.2	3.3	24470	3163.0	–	5177.6	74.4	60.4
德国	24031.6	0.2	25270	8254.1	69.8	13561.7	64.7	56.4
韩国	6053.3	7.0	12030	4791.2	62.3	3726.4	62.3	61.6
中国	14170.0	8.3	1100	129227.0	33.1	8512.1	27.7	60.1
广东	2795.8	12.5	3054.7	7899.6	44.2	4280	29.8	153.1

数据来源：《国际统计年鉴》（2005年），《广东省统计年鉴》（2006年）

对外依存度 = 进出口总额/GDP * 100

从表3-20可以看出，广东流通业发展环境具有以下特点：

一是有一定的人口规模。广东人口总量与德国相当，超过加拿大、韩国等国家。人口规模较大有利于形成较大的消费市场。

二是经济快速增长。2005年广东经济增长速度达12.5%，比发达国家的平均水平高10.8个百分点，比东南亚联盟高7.5个百分点。快速的经济增长表明广东将在未来一段时期继续推进建设，拉动内需，一定程度上会促进流通业快速发展。

三是第三产业不发达。广东在第三产业增加值比重和就业比重明显偏低。2005年广东第三产业增加值比重为44.2%，比发达国家的平均水平低25.2个百分点，比发展中国家低9.2个百分点。2005年广东第三产业从业人员比重为29.8%，比美国低45.4个百分点，比韩国低32.5个百分点。说明广东第三产业对国民经济和社会发展的贡献偏小，经济发展水平偏低。

四是人均收入偏低。2005年广东人均收入3054.7美元，低于世界的平均水平，但高于发展中国家和东南亚联盟。可见，与发达国家相比，收入水平较低。将在一定程度上限制了消费的增长。

五是外向型经济发达。2005年广东货物进出口总额达4280亿美元，相当于全国的一半。与发达国家相比，并不完全处于劣势，虽低于美国、日本等国家，但比较接近加拿大，超过韩国。对外依存度占GDP的比重为153.1%，超过东南亚联盟及发达国家。这说明广东外向型经济比较发达，对外贸易频繁，货物和服务的辐射范围广，将促进流通产业的发展。

可见，从流通业发展环境看，一方面，与发达国家相比，由于经济发展总体水平有限，人均收入偏低，第三产业不发达等因素，造成流通环境偏差，导致广东流通业规模偏小，对经济社会发展贡献没有发达国家大，国际竞争力偏弱。另一方面，广东经济发展速度快，上升空间大，人口规模大，特别是外向型经济发达，说明广东流通业发展环境也有可喜的优势，将促进国际竞争力提高。

总而言之，从国际来看，在经济全球化背景下，美国、日本等一些发达国家占据着流通国际市场，这些国家和地区掌握着先进的流通技术、顺畅的流通渠道，其流通产业发展的现代化程度和国际化程度都非常高。与国际流通企业向全球扩张步伐不断加快，流通方式不断创新、流通效率不断提高相比，广东省甚至中国的商品流通企业还无法向海外扩张，由于自身的创新能力不足，在流通技术、流通方式、流通组织建设等方面都跟随国际先进流通企业的发展潮流，处于一种被动的被引导状态，这些都说明了广东省流通产业的国际竞争力不强。

五、广东21地区流通业竞争力比较

如果说国内比较主要从横向比较的角度，来评价广东流通业竞争力，那么本部分主要从空间布局，从空间结构的角度来分析广东流通业竞争力比较。根据流通业竞争力内涵、评价框架，构建广东21地区流通业竞争力评价指标体系，如表3-21所示。采取的评价方法、评价过程均与第四部分相同，评价的结果如表3-22所示，21地区流通产业竞争力分布图见图3-3所示，图中颜色越深的区域代表竞争力越强。

表3-21 广东21地区流通业竞争力指标体系

序号	一级指标	二级指标	三级指标
1	竞争实力	流通规模	流通业增加值、流通业企业总资产、流通业企业主营收入、全社会消费品零售总额
2	竞争潜力	流通方式	连锁零售餐饮企业营业收入、连锁零售餐饮企业营业收入占社会消费品零售总额的比重
		流通效率	批发零售业库存率、批零周转速度、住宿与餐饮周转速度
		流通组织	2005年全国服务业500强企业数、2005年全国零售业百强企业数、2005年全国批发市场百强企业数、2005年全国物流百强企业数、2005年全国餐饮百强企业数、2005年全国连锁百强企业数、服务业500强企业销售收入、服务业500强企业销售收入占流通业企业主营收入比重、广东省龙头企业数、限额以上批发零售企业商品销售所占比重
3	竞争基础	流通设施	港口货物吞吐能力、每百平方公里面积公路里程数、民用飞机起降架次、批发业网点指数、每万人口零售业网点指数、每万人口住宿业网点指数、每万人口餐饮业网点指数、邮电业务总量（2000不变价）
4	竞争环境	发展环境	GDP总额、人均GDP、第三产业增加值所占比重、工业生产总值、居民储蓄存款余额、进出口总额、城镇人口占常住人口比重

表3-22 广东21地区流通产业综合竞争力比较

	竞争实力一级指数	竞争潜力一级指数	竞争基础一级指数	竞争环境一级指数	综合竞争力指数
广州	68.7	131.6	17.6	48.6	266.5
深圳	45.9	99.5	14.2	55.6	215.2
佛山	10.4	-5.1	5.5	17.6	28.3
珠海	-3.5	-20.0	15.8	9.8	2.1

续表

	竞争实力一级指数	竞争潜力一级指数	竞争基础一级指数	竞争环境一级指数	综合竞争力指数
汕头	-3.8	-18.7	0.3	-1.4	-23.7
惠州	-5.5	-20.4	-0.3	-4.8	-31.0
中山	-4.5	-15.0	0.5	2.6	-16.4
肇庆	-8.5	-2.1	-4.0	-8.2	-22.8
湛江	-5.7	-16.0	-4.7	-11.6	-38.1
韶关	-8.8	-7.2	-4.1	-8.6	-28.7
河源	-10.6	-12.9	-3.4	-13.4	-40.3
梅州	-9.5	-27.2	-3.2	-13.6	-53.4
汕尾	-9.9	-12.7	-4.4	-12.2	-39.2
东莞	2.0	-11.1	5.0	18.2	14.0
江门	-4.5	-15.8	-4.2	-3.8	-28.3
阳江	-9.0	-20.8	-4.9	-12.2	-46.9
茂名	-4.2	4.7	-4.3	-9.8	-13.5
清远	-9.1	-1.4	-5.7	-12.0	-28.2
潮州	-9.7	-11.9	-4.7	-10.6	-37.0
揭阳	-9.5	-12.3	-4.6	-13.6	-39.9
云浮	-12.8	-4.7	-6.4	-16.8	-40.7

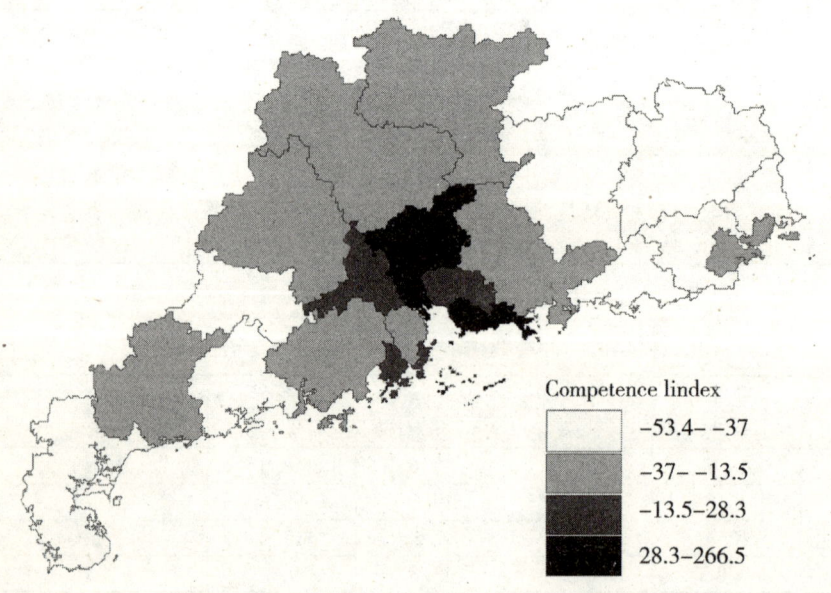

图 3-3：广东 21 地区流通产业综合竞争力比较

如表 3-22 所示，广东 21 地区中，广州流通业竞争力综合指数达到 266.5，排名第一，深圳（215.2）、佛山（28.3）排在二、三位。21 地区流通业竞争力分布不均衡，主要表现在以下方面：一是从竞争力综合指数来看，只有广州、深圳、佛山、东莞和珠海超过平均值，其他 16 地区均为负值。二是从各一级指标来看，竞争实力和竞争潜力都只有 3 个地区超过平均值，竞争基础和竞争环境都只有 6 个地区超过平均值。三是从各二级指标来看，只有流通效率有 12 个地区超过平均值，其余二级指标只有 2-6 个地区超过平均值。这些都说明广东流通产业竞争力极度不均衡，而其中广州和深圳两市的优势十分明显，是广东发展流通业的两大龙头地区。与广州和深圳相比，佛山、珠海和东莞等地区存在较大差距，但同时也说明这些地区具有较大的发展空间，广东可以通过促进广州、深圳快速发展的同时，加快佛山、珠海等地区的发展，进一步改善全省流通产业的空间布局，提高全省流通产业竞争力。

（一）竞争实力比较

2005 年广东 21 地区中，流通规模分指数居前列的分别是广州、深圳、佛山，其余 18 地区流通规模均低于平均水平。具体来看，如表 3-23 所示，流通业增加值、流通业企业总资产、流通业企业主营收入、全社会消费品零售总额四指标中，广州、深圳、佛山均位于前三位，广州都居于首位，说明优势比较明显。不仅如此，广州流通产业增加值占全省的 33.5%，流通业企业总资产占全省的 38.8%，流通业企业主营收入占全省的 36.5%，全社会消费品零售总额占全省的 24.1%，可见，从流通规模来看，全省三分之一的规模集中在广州，广州的竞争实力优势明显。

（二）竞争潜力比较

1. 流通方式发展不均衡，广州优势突出

2005 年广东 10 地区中，流通方式分指数居前列的分别是广州、深圳和中山，除广州和深圳外，其余 19 地区流通质量均低于平均水平。具体来看，如表 3-24 所示，连锁企业营业收入、连锁企业营业收入所占比重位于前三位的是广州、深圳和中山。21 地区中流通方式的差距较大，广州连锁企业营业收入达到1038.8亿元,是深圳的1.9倍;连锁企业营业收入所占比重为54.7%,比第二位的深圳高16.5个百分点。可见,广州遥遥领先于其他地区。

表3-23 广东21地区流通规模比较

	流通业增加值（亿元）	流通业企业总资产*（亿元）	流通业企业主营收入*（亿元）	全社会消费品零售总额（亿元）
广州	1250.9	4983.0	5396.0	1898.7
深圳	827.8	3855.9	3685.6	1437.7
佛山	409.3	802.4	1538.4	634.5
珠海	117.8	567.8	578.3	220.1
汕头	127.7	331.1	327.1	344.8
惠州	131.4	225.8	241.3	251.5
中山	122.7	243.6	456.1	276.6
肇庆	86.3	78.7	118.6	142.3
湛江	105.9	238.9	229.2	269.3
韶关	58.3	110.0	134.8	141.6
河源	26.9	35.3	47.6	72.9
梅州	37.5	71.6	106.8	131.7
汕尾	38.0	33.4	36.7	130.3
东莞	268.7	498.7	631.2	500.0
江门	131.3	247.4	307.4	309.8
阳江	56.5	62.5	85.4	159.1
茂名	153.6	150.3	470.5	287.2
清远	47.6	158.6	76.3	129.8
潮州	52.7	39.4	85.7	103.0
揭阳	24.7	65.2	128.8	143.4
云浮	24.2	81.9	61.5	59.6

数据来源:*表示来源于《2004中国经济普查年鉴》,其余来源于《2006年广东省统计年鉴》

表3-24 广东21地区流通方式比较

	连锁零售、餐饮企业营业收入（亿元）	连锁零售、餐饮企业营业收入所占社会消费品零售总额比重（%）
广州	1038.8	54.7
深圳	549.9	38.2
佛山	0.0	0.0
珠海	9.2	4.2
汕头	0.7	0.2
惠州	0.4	0.2
中山	16.1	5.8
肇庆	0.9	0.6
湛江	2.9	1.1
韶关	2.1	1.5
河源	0.0	0.0
梅州	0.4	0.3
汕尾	0.0	0.0
东莞	8.5	1.7
江门	0.4	0.1
阳江	0.0	0.0
茂名	0.0	0.0
清远	2.7	2.1
潮州	0.0	0.0
揭阳	0.1	0.0
云浮	0.0	0.0

数据来源：广东省统计局。

2. 广州和深圳流通效率不高

2005年广东21地区中，流通效率分指数居前列的分别是茂名、肇庆、和清远。在其他指标领先的广州和深圳，其流通效率则居于第12位和第 7 位。具体来看,如表 3-25 所示,批发零售业库存率是逆向指标,位于前三位的是云浮、肇庆和茂名,广州和深圳位于第 19 位和第 14 位,低于全省的平均水平;批零流动资产年周转率位于前三位的是茂名、清远、河源,广州和深圳位于第 15 位和第 19 位;住宿与餐饮批零流动资产年周转率位于前三位的是佛山、肇庆和深圳,广州位于第 7 位。可见,从数据来看,广州和深圳的流通效率偏低。

表 3-25 广东 21 地区流通效率比较

	批发零售库存率(%)	批发零售周转率	住宿餐饮周转率
广州	6.2	3.5	2.0
深圳	5.5	3.0	2.2
佛山	6.2	3.3	2.3
珠海	6.2	3.0	1.0
汕头	4.5	4.2	1.4
惠州	6.9	4.1	1.4
中山	5.0	4.1	0.8
肇庆	2.5	5.9	2.3
湛江	4.6	2.4	1.6
韶关	5.0	6.2	1.9
河源	3.3	6.9	1.2
梅州	3.1	3.6	0.5
汕尾	3.7	5.7	1.6
东莞	5.7	3.4	1.9
江门	4.1	3.9	1.6
阳江	3.3	2.8	1.4
茂名	3.0	9.9	2.1
清远	3.1	9.1	1.7
潮州	7.8	5.6	1.9
揭阳	4.2	4.5	1.8
云浮	0.6	5.9	1.9

数据来源:《2006 年广东省统计年鉴》

3. 广东流通组织化程度不均衡，深圳和广州领先

2005年广东21地区中，流通组织分指数居前列的分别是深圳、广州和佛山，其余18地区流通组织均低于平均水平，可见，广东流通组织化程度极不均衡。具体来看，如表3-26所示，在反映大型流通企业规模家数的7个三级指标中，有4个指标，即：2005年全国服务业500强企业数、2005年全国零售业百强企业数、2005年全国物流百强企业数、2005年全国连锁百强企业数，深圳领先于广州。有2个指标，两城市持平；广州领先于深圳的只有广东龙头企业数这一指标。反映大型流通企业规模销售收入的指标，即服务业500强企业销售收入广州为1325亿元，领先于深圳。反映流通产业集中度的两指标中，服务业500强企业销售收入占流通业企业主营收入比重，深圳领先于广州；限额以上批发零售企业商品销售所占比重指标，则广州领先于深圳。

综上所述，广东流通方式、流通组织都呈现出发展不平衡的特征，导致广东竞争潜力也出现分布不均衡的现象，主要表现在广州、深圳领先其他地区，除广州、深圳和茂名外，其余18地区均低于全省发展的平均水平。

（三）竞争基础比较

2005年广东21地区中，流通设施分指数居前列的分别是广州、珠海、深圳，具有较好的竞争基础。具体来看，如表3-28所示，港口吞吐能力位于前三位的分别是广州、深圳、湛江；每百平方公里面积公路里程数位于前三位的分别是东莞、佛山、汕头；民用飞机起降架次位于前三位的是广州、深圳、珠海；批发网点指数位于前三位的分别是广州、深圳和佛山；每万人口零售业网点指数位于前三位的分别是珠海、广州、深圳；每万人口住宿业网点指数位于前三位的分别是珠海、广州、深圳；每万人口餐饮业网点指数位于前三位的分别是珠海、深圳、广州；邮电业务总量位于前三位的分别是深圳、广州、东莞。

表 3-26　广东 21 地区流通组织比较

	2005年进入全国服务业500强企业数（家）	2005年进入全国零售百强企业数（家）	2005年进入全国批发市场百强企业数（家）	2005年进入全国物流百强企业数（家）	2005年进入全国餐饮百强企业数（家）	2005年进入全国连锁百强企业数（家）	服务业500强销售收入（亿元）	服务业500强销售收入占流通业企业主营收入比重（%）	广东省龙头企业数（家）	限额以上批发零售业商品销售所占比重（%）
广州	10	7	2	6	2	2	1325	25	23	68
深圳	14	8	2	10	2	9	1007	27	8	60
佛山	0	0	1	1	0	0	0	0	4	75
珠海	0	0	0	2	0	0	0	0	0	48
汕头	0	0	0	0	0	0	0	0	0	23
惠州	0	0	0	0	0	0	0	0	0	30
中山	0	0	0	0	1	0	0	0	1	64
肇庆	0	0	0	0	0	0	0	0	0	40
湛江	0	0	1	0	0	0	0	0	1	33
韶关	0	0	0	0	0	0	0	0	0	32
河源	0	0	0	0	0	0	0	0	0	40
梅州	0	0	0	0	0	0	0	0	0	39
汕尾	0	0	0	0	0	0	0	0	0	17
东莞	0	0	0	0	0	1	0	0	0	69
江门	0	0	0	0	0	0	0	0	0	38
阳江	0	0	0	0	0	0	0	0	0	16
茂名	0	0	0	0	0	0	0	0	0	73
清远	0	0	0	0	0	0	0	0	0	36
潮州	0	0	0	0	0	0	0	0	0	41
揭阳	0	0	0	0	0	0	0	0	0	26
云浮	0	0	0	0	0	0	0	0	0	47

表 3-28 广东 21 地区竞争基础比较

	港口货物吞吐量（万吨）	每百平方公里面积公路里程数（公里）	民用飞机起降架次（架）	批发业网点指数	每万人口零售业网点指数	每万人口住宿业网点指数	每万人口餐饮业网点指数	邮电业务总量（2000不变价）（亿元）
广州	27283	68	211309	24612	16.93	1.01	2.52	452.74
深圳	15351	68	151430	17926	15.91	1.11	1.96	459.17
佛山	3951	102	0	8380	7.86	0.66	1.09	169.48
珠海	3557	64	22742	4537	23.96	2.23	2.53	59.10
汕头	1736	85	11158	2599	7.09	0.40	0.56	74.00
惠州	1515	65	0	1645	8.08	0.64	0.53	81.01
中山	2072	70	0	2484	7.85	0.68	0.61	89.37
肇庆	520	55	0	779	3.20	0.48	0.40	36.36
湛江	6620	60	5061	2052	2.79	0.23	0.11	47.71
韶关	118	50	0	1446	4.05	0.48	0.47	26.39
河源	49	56	0	297	5.14	0.59	0.27	18.18
梅州	306	79	994	849	4.20	0.26	0.20	27.10
汕尾	107	70	0	374	3.07	0.26	0.21	20.78
东莞	2280	104	0	2445	6.46	0.69	0.89	304.76
江门	2438	44	0	1904	4.59	0.38	0.48	65.96
阳江	222	52	0	867	4.55	0.32	0.32	21.39
茂名	1360	76	0	1328	2.39	0.15	0.18	35.28
清远	461	56	0	847	2.00	0.29	0.13	28.97
潮州	80	61	0	598	3.90	0.19	0.35	29.17
揭阳	248	77	0	912	1.93	0.15	0.10	37.67
云浮	654	57	0	396	1.95	0.12	0.15	16.37

数据来源：《2006 年广东省统计年鉴》。

（四）竞争环境比较

2005 年广东 21 地区流通环境分指数居前列的分别是深圳、广州和东莞。具体来看，如表 3-29 所示，在 GDP 总额、居民储蓄存款余额指标，广州、深圳、佛山依次排在前三位。人均 GDP 和城镇人口占常住人口比重指标中,深圳、广州和珠海排在前三位。工业生产总值指标位于前三位的分别是深圳、广州、佛山。第三产业增加值所占比重指标位于前三位的分别是广州、深圳和珠海。进出口总额指标则是深圳、东莞、广州、珠海和佛山位于前列。

表 3-29　广东 21 地区竞争环境比较

	GDP 总额（亿元）	人均 GDP（万元/人）	第三产业增加值所占比重（%）	工业总产值（亿元）	居民储蓄存款余额（亿元）	进出口总额（亿美元）	城镇人口占常住人口比重（%）
广州	5154.2	5.4	57.8	6032.0	5024.7	534.8	91.5
深圳	4950.9	6.0	46.6	9868.0	3229.4	1827.9	100.0
佛山	2383.2	4.1	36.4	4781.0	2358.8	257.1	78.4
珠海	635.0	4.5	43.5	1570.0	513.7	257.3	87.9
汕头	651.4	1.3	42.1	761.0	733.5	49.6	72.3
惠州	803.4	2.2	33.6	1429.0	370.7	190.2	55.0
中山	880.2	3.6	35.2	2221.0	243.2	187.5	74.3
肇庆	450.6	1.2	43.4	321.0	367.6	21.8	39.0
湛江	658.1	1.0	32.9	644.0	669.0	18.3	39.7
韶关	339.9	1.2	40.0	393.0	292.3	9.2	49.8
河源	204.9	0.7	40.0	182.0	49.9	5.3	32.5
梅州	314.5	0.8	35.4	207.0	61.4	3.6	41.6
汕尾	211.0	0.8	36.3	113.0	32.3	12.1	51.9
东莞	2181.6	3.3	42.4	3940.0	1728.3	743.7	73.0
江门	805.4	2.0	38.2	1453.0	293.8	90.5	56.8
阳江	295.3	1.3	35.6	214.0	92.4	10.3	44.1
茂名	808.2	1.4	37.7	702.0	145.5	3.7	39.3
清远	323.0	0.9	38.6	364.0	104.6	17.1	38.5
潮州	287.6	1.1	35.6	294.0	117.7	18.9	53.6
揭阳	420.5	0.8	34.7	299.0	104.9	13.9	41.2
云浮	213.7	0.9	29.8	154.0	47.7	7.3	37.3

数据来源:《2006 年广东省统计年鉴》和各地统计年鉴。

表3-30　广东各经济带流通产业综合竞争力比较

	竞争实力一级指数	竞争潜力一级指数	竞争基础一级指数	竞争环境一级指数	综合竞争力指数
珠江三角洲地区	100.4	141.6	50.1	135.6	427.7
东翼	-32.9	-55.6	-13.4	-37.8	-139.8
西翼	-18.9	-32.1	-13.9	-33.6	-98.5
北部山区	-48.6	-53.4	-22.8	-64.4	-189.2

最后从经济带来看,如表3-30所示,珠江三角洲地区的流通产业具有较好的竞争基础,良好的竞争环境,同时表现出突出的竞争实力和较好的竞争潜力,因而具有较强的综合竞争力。而西翼与东翼及北部山区相比,具有相对较好的竞争环境,同时表现出一定的竞争实力和竞争潜力,因而其综合竞争力领先于东翼及北部山区。东翼与西翼及北部山区相比,有较好的竞争基础,有比北部山区相对较好的竞争环境,表现出对一定的竞争实力,但其竞争潜力不如北部山区。因此,综合来看,未来一段时间内,广东各经济带在提升流通产业竞争力的侧重点有所不同,东翼主要以提升竞争潜力为重点,西翼以改善竞争环境为重点,北部山区则须以提升竞争潜力和改善竞争环境为重点。

六、本章小结

本章主要包括五部分内容,其中第一部分主要总结本研究竞争力、产业竞争力及流通产业竞争力内涵与评价,在此基础上提出我们对流通产业竞争力内涵的理解,并构建了流通产业竞争力评价框架。第二部分则在评价框架的基础上,对2001-2005年广东流通产业竞争力进行动态比较与分析,主要观点是从动态来看,竞争力各指标不断向好,竞争力不断增强。第三部分在构建横向评价指标体系的基础上,对广东、北京等十省市流通产业竞争力进行综合评价,并对广东进行深度分析,总的来看，广东竞争潜力排在第三，与北京、上海有一定差距，成为制约竞争力的主要因素。第四部分在评价框架的基础上，将广东流通产业竞争力与国外先进国家进行比较，具体来看，广东流通业规模偏小，比重偏低，竞争潜力偏弱，发展环境则在收入水平，产业结构等指标明显落后，但在发展速度，人口规模及外向度指标则有一定优势。第五部分在构建评价指标体系的基础上，对广东21市流通产业竞争力进行综合评价，并对广东各经济带的情况进行分析，总的来看，广东流通产业发展空间分布极度不均衡，广州、深圳遥遥领先。

第四章 广东流通企业竞争力综合评价研究

本章在综合国内外关于企业竞争力定义与评价研究的基础上,制定企业竞争力评价指标体系,并以此为依据,对广东流通企业竞争力进行综合评价与分析。

一、企业竞争力定义

对企业竞争力的定义国内外学者大多采用"企业+竞争力"的模式进行定义,但具体的看法见仁见智,各不相同。有的是从企业的市场表现来理解和界定,有的是从顾客需要角度来定义,有的是从综合能力的角度来定义,有的则从企业竞争力的某些影响因素来考虑[①]。

(一)从企业的市场表现来界定企业竞争力

这类定义特别强调企业竞争力的市场表现或市场结果,即企业通过提供优于竞争对手的产品或服务更好地满足市场或消费者的需要所实现的企业市场份额与利润的扩张与增长。主要代表观点有:世界经济论坛

---

① 李卫东:企业竞争力评价理论与方法研究,北京交通大学博士论文,2007年3月。

(WEF) 1985年《关于竞争力的报告》称企业竞争力是"企业在目前和未来,在各自的环境中以比它们国内和国外的竞争者更有价格和质量优势来进行设计、生产并销售货物以及提供服务的能力和机会。"1983年美国总统里根任命的"产业竞争能力总统委员会"将企业竞争力定义为:"在自由良好的市场条件下,企业能够在国际市场上提供好的产品、好的服务,同时又能提高本国人民生活水平的能力"。联合国贸发会议认为,企业竞争力是一个复杂的概念,企业竞争力可以从几个角度来考察,它可以被定义为单独企业在可持续基础上保持或提高其市场份额的能力;它也可以被定义为企业降低成本或提供物美价廉产品的能力;它还可以是来源于利润率的竞争力。金碚(2003)认为,企业竞争力是指在竞争性市场中,一个企业所具有的能够持续地比其他企业更有效地向市场(消费者,包括生产性消费者)提供产品或服务,并获得赢利和自身发展的综合素质。姜青舫(2001)认为,从狭义上讲,企业竞争力应当被解释为企业通过有效手段始终以较低成本生产,并销售能较好满足消费者需求的产品,以使他人市场份额不断向自己转移,并进而实现利润最大化的一种能力。

(二) 从顾客需要角度来界定企业竞争力

这类定义主要有:傅贤治(2001)等从消费者的价值判断角度来理解企业竞争力的价值,从而认为企业竞争力是指企业实力的消费者价值体现。韩中和(2000)从企业如何创造市场和满足顾客需要的角度出发,把企业竞争力定义为企业面向市场和顾客,合理地利用企业内外部的经营资源,提供市场和顾客所需要的产品和服务,在与竞争对手的角逐中建立竞争优势的能力。企业在市场中的兴衰沉浮,就是企业竞争力强弱有无的具体反映。

(三) 强调企业的综合能力

这类定义强调企业的综合能力,主要代表观点有:日本东京大学教授藤本隆宏将企业竞争力归结为企业的能力,并认为可以从三个方面来考察:即静态的能力、改善的能力和进化的能力。静态的能力是指企业实际上已经达到的竞争力水平;改善的能力是指企业维持和不断提高其竞争力的能力；进化的能力是指企业建立前两种能力的能力。同时，这一界定还突出了企业竞争力的动态性或历史演进性。迈克尔·波特（1985）提出竞争力是"一个企业对其行为效益有所贡献的各项活动，例如，创新、具有凝聚力的文化或有条不紊的实施过程等等是否恰如其分"的把握运作能力。罗国勋（1999）在讨论21世纪中国中小企业的发展问题时，将企业竞争力定义为"企业和企业家在适应、协调和驾驭外部环境的过程中，成功地从事经营活动的能力"。张志强、吴健中（1999）等人认为，企业竞争力是指"独立经营的企业在市场经济环境中，相对于其竞争对手所表现出来的生存能力和持续发展能力的综合"。其核心是企业合理使用其生产要素的能力。胡大立（2001）将企业竞争力定义为：作为独立经济实体的企业，在市场竞争过程中，通过自身要素的优化及与外部环境的交互作用，在有限的市场资源配置中占有相对优势，进而处于良性循环的可持续发展状态的能力。范晓屏认为，所谓企业竞争力指的是企业为生存而争夺所需资源时所表现出的一种状态与能力。具体的定义为：企业竞争力是企业在激烈的市场竞争中以特有的竞争方式，在不断有效地争夺市场份额、挑战竞争对手、寻找有利地位、扩张经营领域、实现经营效益等方面所表现出的一种状态与能力。

（四）强调影响企业竞争力的某些深层次因素

这类定义主要有：美国竞争力委员会主席乔治·M.C·菲什认为，企业竞争力是指企业具有比竞争对手更强的获取、创造、应用知识的能力。著名学者维纳·艾莉在其著作《知识的进化》（中文版1998年）一书中指出，竞争就是企业向市场提供新产品或为增强竞争力而调整知识的过程。可见，这些定义将企业竞争力视为一种与知识相关的能力。美国哈佛大学肯尼迪政府学院企业与政府研究中心的史宾斯教授（1988）认为，企业竞争力是指一国企业在国际市场上可贸易的能力。他认为，贸易流向、技术开发管理、一般的产业政策和特殊的产业政策、国内管理政策、垄断竞争等都对企业竞争力有深刻的影响。显然，史宾斯教授的定义着重突出了企业竞争力的相关环境因素。

综上所述，对企业竞争力的认识，大家的看法不同，没有形成统一的认识。这表明，企业竞争力是一个具有层次性、综合性的复杂概念，因此，无论是理解企业竞争力的内涵，还是分析企业竞争力的源泉，抑或是评价企业竞争力的强弱，都应当以整合性的观念来加以把握。

二、企业竞争力评价研究

（一）国外企业竞争力评价研究

目前，世界上很多杂志每年推出最具竞争力企业排行榜，但其评价的体系有所不同。其中最具影响的是美国的三家杂志：《财富》、《商业周刊》和《福布斯》。虽然他们的评价体系不同，但总体而言其评价结果都具有一定客观性[①]。

1. 《财富》评价体系

《财富》杂志分两个评价体系：一是全球 500 强评价；二是最受赞赏公司评价。

（1）500 强评价体系。500 强评价指标主要包括：营业收入、营业利润、资产和雇员。排名以营业收入指标为基准，评价数据选取各公司上年的财务数据。

（2）最受赞赏公司评价。500 强评价体系主要评价公司过去的竞争能力，而对于公司潜在的竞争力却难以评价。为弥补这一缺憾，《财富》杂志从 20 世纪 80 年代每年评价最受赞赏的公司，从创新能力、产品的服务质量、管理质量、长远投资评估、社会责任感、吸引与留住人才的能力、资产整合能力、国及经营运作能力等八个方面进行评价。

2. 《商业周刊》评价体系

《商业周刊》每年以当年 5 月最后一个交易日的全球各大股票交易市场的股票收市价为基准，并全部折算为美元，计算出全球发达国家市场（具有全球可自由交易的证券市场）市值最高的 1000 家上市公司。《商业

---

① 李卫东：企业竞争力评价理论与方法研究，北京交通大学博士论文，2007 年 3 月

周刊》1000家最大公司的排名客观上反映了全球股票市场的风云变幻，也揭示了全球最具成长性的公司的情况。

3.《福布斯》评价体系

《福布斯》杂志综合了《财富》和《商业周刊》的评价体系，每年以被评价公司的营业额、利润、资产额和股票市值作为评价指标，并分别排名。

（二）国内企业竞争力评价研究

1. 胡大立企业竞争力评价指标体系[①]

胡大立设计的指标体系旨在充分评估企业显在竞争力和潜在竞争力，从而对企业竞争力做出尽量全面的衡量如表4-1所示。

表4-1 胡大立企业竞争力评价理论指标体系

评价要素	评价指标
营运能力	存货周转率，应收帐款周转率，流动资产周转率，总资产周转率
技术创新能力	人均技术装备水平，设备先进程度，能源消耗利润率，原材料消耗利润率，技术创新投入率，技术开发人员比率，新产品开发成功率，新产品产值率，新工艺产值率，专利水平
获利能力	销售利润率，总资产报酬率，资本收益率，净资产收益率，每股收益
市场控制能力	市场占有率，市场覆盖率，市场应变能力，市场拓展能力，国际化销售密度，企业社会形象，营销能力，顾客忠诚度
信息技术水平	信息技术拥有率，信息技术无保障率，信息技术使用率，信息技术投资收益率，信息技术投入增长率
经营安全能力	自有资本构成比率，产权比率，流通比率，速动比率，资产负债率，已获利息倍数
组织结构	组织结构的合理性，组织外向拓展能力，均衡率，生产能力有效利用率

---

① 赵涛：企业竞争力综合评价研究，天津大学硕士论文，2004年

续表

评价要素	评价指标
人力资本	企业高级管理人员综合素质质素,员工平均受教育程度,员工的观念素质综合指数,员工的信息技术水平,顾客受教育程度,顾客的信息技术水平,人均利税率,人力资本开发成本率,人力资本开发成本利润率
企业文化	聚合力,企业文化适应性,企业文化建设投资率
资本运营能力	附加经济价值EVA,资本保值增殖率,固定资产使用率,规模单位成本函数,企业融资率,企业资信度,留存盈余比率/股利支付率
知识管理能力	知识管理的环境指数,知识收集能力指数,知识运用能力指数,知识传播能力指数
外界环境关联水平	企业经营权利系数,社会责任成本率,社会贡献率,社会积累率,政府经济政策对企业的影响

2. 张金昌企业竞争力评价指标体系

张金昌所设计的是一种以盈利能力为基础的指标评价体系。张金昌认为,从定量评价来看,显示竞争力高低的最基本指标是盈利能力指标,它可以用资产利润率或利润总额来表示。盈利能力是企业竞争力高低的最终反映,从相互比较角度来看,盈利能力是企业各种竞争优势的综合反映,从竞争结果来看盈利能力是企业最终取得收益水平的反映,从竞争过程来看盈利能力高低反映了企业在竞争过程中对竞争对象的吸引力的大小。从盈利能力角度出发来评价企业竞争力,则企业的竞争力主要由利润、资产、销售收入、销售成本、销售数量、销售价格等因素决定,由此构成企业竞争力评价指标体系。

3. 张晓文等的企业竞争力评价指标体系

张晓文等人认为,评价指标是企业竞争力评价内容的载体,也是企业竞争力评价内容的外在表现。由于影响企业竞争力的因素很多,非常复杂,为了把握企业竞争力的运动规律,把构成企业竞争力的因素分成两部分,即评价因素和分析因素。评价因素是反映企业竞争力外显特征的评价指标,也就是表示企业竞争力得到发挥的那种状态的变数,称为

"外显变数"。企业是否具有竞争力以及竞争力的水平高低可以通过这些评价指标的变化来测量。分析因素是影响企业竞争力水平变化的因素。这些因素可以通过宏观和微观的决策等进行制约。这些分析因素称为"动力因素"。张晓文等人运用层次分析法,把企业竞争力评价内容分成4个层次:(1)基本要素。包括三方面:能力资源、能力制度与机制和能力状态。(2)评价要素。在基本要素的基础上,抽取表示企业竞争力得到发挥的那种状态的变数,用"外显变数"来体现出评价因素功能的要素构成。(3)指标层。把各种评价要素的状态进一步细化,用评价指标来表现出来,从而更加直观、具体地体现了企业竞争力在这一要素方面的外显特征。(4)操作层。其功能是说明定性评价指标的内容及定量指标的计算方法。由此建立的企业竞争力评价指标体系由11个评价要素,30项评价指标组成,其中定性评价指标11项,定量评价指标19项(如表4-2所示)。

表4-2 张晓文等的企业竞争力评价指标体系

基本要素	评价要素	评价指标
能力资源	人力资源	具有中高级职称人员比重,具有大专以上学历人员比重,企业经营班子在职工的威望度
	装备状况	主要装备的技术水平
	财务状况	资产负债率,流动比率,速动比率,年现金净流量
	信息资源	企业信息网络队经营决策的支持作用,企业对同行业发展状况的了解程度,企业对竞争对手的了解程度
	文化资源	品牌知名度,企业文化对自身发展的作用
制度与机制	制度与管理创新	法人治理结构的规范运行程度,法人代表的决策创新能力
	科技创新	近三年技术开发费用占销售收入平均比重,近三年新产品销售额所占比重,研发人员所占比重,企业拥有核心技术的竞争优势
	营销创新	市场占有率,国际市场销售所占比重,企业营销网络建设情况
能力状态	规模能力	资产总额,销售总额,净利润
	生长能力	近三年销售收入平均增长率,近三年净利润平均增长率,近三年净资产平均增长率
	盈利能力	净资产收益率,销售利润率

4. 范晓屏企业竞争力评价指标体系

范晓屏提出企业竞争力评价的基本原则应该既能反映企业竞争力的市场锋芒，又能体现企业长期保持与发展市场锋芒的能力，认为企业竞争力的评估不能只对企业竞争行为业绩进行评估，还必须考虑测度企业竞争的潜力，并分析评估企业管理和战略的作用。提出对企业竞争力的多相测度主要从三个角度对企业竞争力进行分析，首先是反映企业竞争行为业绩的指标，包括利润、市场占有率、消费者综合满意程度、利润与销售变动性等四方面的指标，主要测度企业竞争过程的输出和过去、现在的竞争业绩。其次是反映企业竞争潜在能力的指标，主要是技术潜力、成本潜力、质量潜力、竞争资源的筹筹措和供给能力等方面的指标，主要测度企业竞争过程的输入与竞争力的后续能力。第三是反映企业战略与管理能力的指标，包括企业战略焦点、内部管理关系、市场营销能力等三方面的指标，主要测度企业把竞争潜力转变成竞争行为与市场优势的方式与能力。该指标体系较全面地反映了企业竞争力的各个方面，但由于未给出以此指标体系为依据的实证分析，所以在实际运用时其操作的难易程度不能得到证明。

5. 中国社会科学院工业经济研究所企业竞争力研究

从 2003 年起，以中国社会科学院工业经济研究所专家为主体的中国产业与企业竞争力研究中心，与中国经营报社一起开始进行企业竞争力检测项目，目前已经对中国企业竞争力进行了连续检测，并每年发布中国企业竞争力年度报告。他们认为评价企业竞争力的显示性指标主要有两个，即市场占有率和盈利率。前者反映企业所生产的产品和服务在多大程度上为市场所接受，后者反映企业长期发展的基本条件和经济目标的实现程度。该年度报告关于企业竞争力评价及其权重不断进行调整，2006 年报告的评价体系与权重见表 4-3，权重主要采用专家打分法来确定。

表4-3 2006年深沪两市上市公司竞争力评价指标体系

因素	指标	权重
规模因素	销售收入	19
	净资产	10
	净利润	15
增长因素	近三年销售收入增长率	16
	近三年净利润增长率	13
效率因素	净资产利润率	8
	总资产贡献率	8
	全员劳动效率	6
	出口收入占销售收入比重	5

三、企业竞争力综合评价框架

正确地理解企业竞争力的含义，对企业竞争力的形成机理分析和评价，无疑有着重要的作用。在综合国内外相关研究成果的基础上，本研究认为企业竞争力是指在竞争性市场中，企业依据内外部环境及其变化，高效地利用和配置资源，并最终在市场上持续提供好的产品、好的服务的能力。具体来说，是指企业有效地利用和配置资源，构建竞争优势，进行市场扩张和获得利润，以此为基础实现企业持续发展的能力。上述定义包括如下要点：第一，市场竞争以及企业独立的主体地位是企业竞争力的前提。没有市场竞争，企业没有独立的竞争主体地位，就无所谓企业竞争力。第二，从企业竞争力的表现来看，企业竞争力是企业持续占领市场的能力，体现企业市场扩张能力和获得能力，是企业持续发展能力的体现。第三，从企业竞争力的实质来看，企业竞争力是企业高效配置要素的能力，是整合资源、要素、环境、知识等因素的能力，是企业竞争优势的源泉，是企业持续占领市场的基础。

根据对企业竞争力的表现的理解，即企业竞争力是企业在竞争中占有市场，获得赢利的能力和趋势。本文认为对企业竞争力的评价可以分解为反映市场占有能力的规模竞争力，反映市场趋势的增长竞争力和反映赢利能力的效益竞争力。规模竞争力主要通过企业的主营业务收入指标来反映，增长竞争力主要通过主营业务收入增长率指标反映，效益竞争力主要通过主营业务利润率指标反映，其评价指标体系见表4-4。本研究认为规模竞争力、增长竞争力、效益竞争力对于企业竞争力基本同等重要，即它们有同等的权重，因此，将基础数据进行标准化处理之后，再赋予相等的权重。

表4-4 企业竞争力评价指标体系及权重

一级指标	二级指标	权重
规模竞争力	主营业务收入	1/3
增长竞争力	主营业务收入增长率	1/3
效益竞争力	主营业务利润率	1/3

四、广东流通企业竞争力评价结果与比较分析

为了更加了解广东流通企业竞争力，这里将其与北京、上海、江苏、浙江、辽宁、福建、山东、河北和四川进行比较。需要说明的是流通业主要是指物流业和批发零售业，因此，并不是全口径的流通企业。另外，流通企业在这里是指在深沪两市上市的企业。

（一）广东物流业深沪两市上市企业竞争力比较

2006年十地区32家物流类上市公司中广东9家，上海7家，北京、江苏、浙江、辽宁、福建各3家，山东1家，河北和四川无物流业上市公司。因此，十地区物流业上市公司竞争力比较，其实是八地区的比较。根据企业竞争力评价指标体系，主要从规模竞争力、增长竞争力、效益

竞争力进行评价分析。

1. 规模竞争力

2006年广东物流业深沪两市上市企业主营业务收入总计583.80亿元（见表4-5），低于上海（732.36亿元），高于其他地区，占八地区32家企业的37%，因此，广东规模竞争力位于八地区的第二位。具体来看，表4-6列出了32家企业2006年主营业务收入的排名，广东有2家公司名列前十，其中南方中国南方航空股份有限公司规模达到470.47亿元，名列榜首。上海有4家公司名列前十，分别位于2-4位。可见，虽然广东上市企业的规模竞争力不如上海，但南方航空公司的规模竞争力位于10地区之首。

表4-5 八地区物流业上市企业竞争力主要指标

地区	企业数（家）	06年主营业务收入（亿元）	主营业务增长率（%）	主营业务利润率（%）
北京	3	91.81	21.33	26.00
福建	3	27.94	24.71	46.74
广东	9	583.80	33.21	17.42
江苏	3	54.27	19.13	49.52
辽宁	3	21.43	24.27	42.60
山东	1	41.98	34.54	14.11
上海	7	732.36	29.71	19.32
浙江	3	24.29	29.32	11.50
总计	32	1577.88	29.89	20.59

表4-6 八地区物流业上市企业2006年主营业务收入排名表

排序	企业名称	所在省（市）	2006年主营业务收入（万元）
1	中国南方航空股份有限公司	广东	4704700
2	中国东方航空股份有限公司	上海	3680573.1
3	上海国际港务（集团）股份有限公司（原上海港集装箱股份有限公司）	上海	1248437.1
4	上海航空股份有限公司	上海	993403.9
5	中海发展股份有限公司	上海	977239.2

续表

排序	企业名称	所在省（市）	2006年主营业务收入（万元）
6	中外运空运发展股份有限公司	北京	588526.5
7	山东航空股份有限公司	山东	419815.24
8	江苏宁沪高速公路股份有限公司	江苏	404625.6
9	中远航运股份有限公司	广东	384837.9
10	上海国际机场股份有限公司	上海	295522.1
11	北京巴士股份有限公司	北京	250792.8
12	广州白云国际机场股份有限公司	广东	240979.8
13	福建发展高速公路股份有限公司	福建	143009.4
14	南京水运实业股份有限公司	江苏	121810.3
15	深圳高速公路股份有限公司	广东	119192.6
16	深圳市机场股份有限公司	广东	114209.97
17	广东省高速公路发展股份有限公司	广东	105926.25
18	厦门港务发展股份有限公司	福建	1912.18
19	宁波海运股份有限公司	浙江	90156.32
20	上海浦东路桥建设股份有限公司	上海	87576.29
21	营口港务股份有限公司	辽宁	84728.9
22	中铁铁龙集装箱物流股份有限公司	辽宁	81972.9
23	宁波富邦精业集团股份有限公司	浙江	81563.5
24	华北高速公路股份有限公司	北京	78767.49
25	深圳市盐田港股份有限公司	广东	71703.61
26	浙江海越股份有限公司	浙江	71174
27	中信海洋直升机股份有限公司	广东	48813.76
28	东莞发展控股股份有限公司	广东	47685.5
29	锦州港股份有限公司	辽宁	47559.1
30	福建漳州发展股份有限公司	福建	44520.13
31	上海亚通股份有限公司	上海	40810.8
32	南京港股份有限公司	江苏	16237.1

2. 增长竞争力

如表4-5所示，2003-2006年广东物流业上市企业主营业务收入增长率为 33.21%，低于山东（34.54%），高于上海（29.71%），比八地区 32 家企业的平均增长率高 3.32 个百分点，广东增长竞争力位于八地区的第二位。

表 4-7 列示了 2003-2006 年物流上市公司收入增长率的排名情况，可以看出，八地区物流类上市公司的收入增长速度普遍比较快，绝大多数公司的增长率都超过了国内经济增长率。位于前十位的企业中，广东有三家，其中中远航运股份有限公司增长率达到 67.88%，远远高于其他企业，位列第一。广东物流类上市公司收入增长情况两极分化，既有增长速度非常快的，也有出现负增长、收入下降的企业。

表 4-7 八地区物流业上市企业 2003-2006 年主营业务收入增长率排名表

排序	企业名称	所在省（市）	主营业务增长率（%）
1	中远航运股份有限公司	广东	67.88
2	宁波富邦精业集团股份有限公司	浙江	46.05
3	福建漳州发展股份有限公司	福建	45.85
4	中国南方航空股份有限公司	广东	39.44
5	中国东方航空股份有限公司	上海	38.02
6	营口港务股份有限公司	辽宁	34.76
7	山东航空股份有限公司	山东	34.54
8	广州白云国际机场股份有限公司	广东	31.41
9	中铁铁龙集装箱物流股份有限公司	辽宁	31.14
10	厦门港务发展股份有限公司	福建	30.31
11	上海航空股份有限公司	上海	30.05
12	宁波海运股份有限公司	浙江	26.89
13	深圳高速公路股份有限公司	广东	25.84
14	中外运空运发展股份有限公司	北京	25.14
15	中海发展股份有限公司	上海	23.59
16	上海国际港务（集团）股份有限公司（原上海港集装箱股份有限公司）	上海	22.35
17	南京水运实业股份有限公司	江苏	21.06
18	江苏宁沪高速公路股份有限公司	江苏	19.80
19	浙江海越股份有限公司	浙江	19.22

续表

排序	企业名称	所在省（市）	主营业务增长率（%）
20	上海亚通股份有限公司	上海	19.11
21	上海国际机场股份有限公司	上海	18.47
22	福建发展高速公路股份有限公司	福建	17.49
23	华北高速公路股份有限公司	北京	16.65
24	北京巴士股份有限公司	北京	15.18
25	深圳市机场股份有限公司	广东	15.15
26	上海浦东路桥建设股份有限公司	上海	10.66
27	广东省高速公路发展股份有限公司	广东	9.94
28	中信海洋直升机股份有限公司	广东	8.19
29	深圳市盐田港股份有限公司	广东	6.70
30	锦州港股份有限公司	辽宁	5.35
31	南京港股份有限公司	江苏	-1.51
32	东莞发展控股股份有限公司	广东	-41.27

3. 效益竞争力

如表4-5所示，2003-2006年广东物流业上市企业主营业务利润率为17.42%，低于江苏（49.52%）、福建（46.74%）、辽宁（42.60%）、北京（26.00%）、上海（19.32%），排在第六位，比八地区32家企业的平均水平低3.17个百分点，因此，广东效益竞争力位于八地区的第六位。

表4-8列示了部分物流类上市公司2006年的主营业务利润率排名情况，可以看出，广东物流类上市公司的主营业务利润率较高，排名比较靠前，前10名中广东有3家企业，而深圳高速公路股份有限公司更是位于首位，表现出较强的效益竞争力。总体上效益竞争力之所以排在第6位，主要是南方航空公司的主营业务利润率偏低，而其主营业务收入占全省物流企业的份额较大，达到80.6%，因此，拉低广东的平均水平。

表4-8 八地区物流业上市企业2006年主营业务利润率率排名表

排序	企业名称	所在省（市）	主营业务利润率（%）
1	深圳高速公路股份有限公司	广东	74.02
2	福建发展高速公路股份有限公司	福建	72.31
3	广东省高速公路发展股份有限公司	广东	61.72
4	锦州港股份有限公司	辽宁	58.32
5	东莞发展控股股份有限公司	广东	58.13
6	上海国际机场股份有限公司	上海	57.84
7	江苏宁沪高速公路股份有限公司	江苏	55.87
8	南京港股份有限公司	江苏	52.50
9	华北高速公路股份有限公司	北京	50.89
10	上海国际港务（集团）股份有限公司（原上海港集装箱股份有限公司）	上海	46.92
11	深圳市盐田港股份有限公司	广东	44.56
12	深圳市机场股份有限公司	广东	44.16
13	广州白云国际机场股份有限公司	广东	44.03
14	中铁铁龙集装箱物流股份有限公司	辽宁	40.10
15	中外运空运发展股份有限公司	北京	38.03
16	营口港务股份有限公司	辽宁	36.19
17	中海发展股份有限公司	上海	34.70
18	中信海洋直升机股份有限公司	广东	29.92
19	南京水运实业股份有限公司	江苏	28.01
20	中远航运股份有限公司	广东	26.03
21	厦门港务发展股份有限公司	福建	24.92
22	上海亚通股份有限公司	上海	22.72
23	宁波海运股份有限公司	浙江	22.32
24	山东航空股份有限公司	山东	14.11
25	上海航空股份有限公司	上海	12.04
26	中国南方航空股份有限公司	广东	11.32
27	福建漳州发展股份有限公司	福建	9.64
28	上海浦东路桥建设股份有限公司	上海	9.28
29	宁波富邦精业集团股份有限公司	浙江	6.48
30	中国东方航空股份有限公司	上海	4.95
31	浙江海越股份有限公司	浙江	3.56
32	北京巴士股份有限公司	北京	-10.04

表4-9 八地区物流上市企业竞争力指数与排名

地区	北京	福建	广东	江苏	辽宁	山东	上海	浙江
企业竞争力指数	-1.55	0.18	1.75	-0.56	-0.19	-0.10	1.76	-1.28
企业竞争力排名	8	3	2	6	5	4	1	7

从上述比较中，可以看到广东物流上市企业的规模竞争力、增长竞争力、效益竞争力分别位于八地区的第二、第二和第六位。将基础数据进行标准化处理之后，根据表4-4的权重，得到各地区物流上市企业竞争力指数，见表4-9。综合来看，广东物流业上市企业具有较强的市场占有能力和较好的增长趋势，由于南方航空股份公司的赢利能力相对偏低，而其份额大，造成广东省整体物流上市企业的赢利能力不高，但总体上市企业的竞争力仍然比较强，排在八地区的第二位，略为落后于上海。

（二）广东批发零售业深沪两市上市企业竞争力比较

十地区57家批零业上市企业的分布为：广东5家，上海14家，浙江9家，江苏8家，北京7家，辽宁5家，山东4家，福建3家，四川2家，河北无批零上市公司。因此，十地区批发零售类上市企业竞争力比较，其实是九地区的比较。根据企业竞争力评价指标体系，主要从规模竞争力、增长竞争力、效益竞争力进行评价分析。

1. 规模竞争力

2006年广东批发零售业上市企业主营业务收入总计59.31亿元（见表4-10），占57家企业的1.8%，低于上海（959.77亿元）、北京（958.47亿元）、江苏（522.86亿元）、福建（367.13亿元）、辽宁（215.21亿元）和浙江（192.93亿元），在九地区中排在第七位，只有上海的6.2%，广东规模竞争力位于九地区的第七位。具体来看，表4-11列出了国内57家企业2006年主营业务收入的排名，广东没有企业进入前十名，在广东规模最大的深圳市广聚能源股份有限公司规模仅仅为22.98亿元，在57家企业中位于第28位，只有排名首位的五矿发展股份有限公司的1/33。不仅如此，五矿发展股份有限公司的主营业务收入是广东5家上市企业总体规模的12.9倍，广东5家上市企业的总体规模与排在第13位的北京华联综合超市股份有限公司的主营业务收入相当。可见，广东批发零售上市企业无论是整体的规模竞争力，还是单个企业的规模竞争力都比较弱，反映其市场规模偏小，市场占有率较低。

表4-10 九地区批零业上市企业竞争力主要指标

地区	企业数（家）	2006年主营业务收入（亿元）	2003-2006年主营业务增长率（%）	2006主营业务利润率（%）
北京	7	958.47	13.33	5.37
福建	3	367.13	34.85	5.23
广东	5	59.31	2.22	17.53
江苏	8	522.86	22.10	9.57
辽宁	5	215.21	23.28	14.70
山东	4	47.52	16.41	9.55
上海	14	959.77	24.03	11.15
四川	2	13.04	-5.58	14.49
浙江	9	192.93	9.37	13.93
总计	57	3336.23	19.36	9.08

表4-11 九地区批零业上市企业2006年主营业务收入排名表

排名	上市企业	所在省（市）	2006年主营业务收入（万元）
1	五矿发展股份有限公司	北京市	7647488.19
2	上海物资贸易股份有限公司	上海市	2727693.9
3	苏宁电器股份有限公司	江苏省	2492739.5
4	厦门建发股份有限公司	福建省	2097949.83
5	上海友谊集团股份有限公司	上海市	2088167.83
6	中化国际（控股）股份有限公司	上海市	1542012.39
7	厦门国贸集团股份有限公司	福建省	1489643.06

续表

排名	上市企业	所在省（市）	2006年主营业务收入（万元）
8	大商集团股份有限公司	辽宁省	1066354.95
9	上海百联集团股份有限公司	上海市	847631.46
10	南京纺织品进出口股份有限公司	江苏省	792388.04
11	东方国际创业股份有限公司	上海市	674992.37
12	北京王府井百货（集团）股份有限公司	北京市	638608.97
13	北京华联综合超市股份有限公司	北京市	591188.19
14	辽宁成大股份有限公司	辽宁省	553146.83
15	浙江东方集团股份有限公司	浙江省	519571.06
16	江苏舜天股份有限公司	江苏省	487370.39
17	上海市第一食品股份有限公司	上海市	468494.66
18	上海豫园旅游商城股份有限公司	上海市	437929.53
19	浙江中大集团股份有限公司	浙江省	423422.13
20	江苏开元股份有限公司	江苏省	368197.08
21	无锡商业大厦股份有限公司	江苏省	321067.76
22	南京中央商场股份有限公司	江苏省	304796.09
23	浙江英特集团股份有限公司	浙江省	274213.81
24	中技贸易股份有限公司	北京市	270323.4
25	南京新街口百货商店股份有限公司	江苏省	260511.38
26	中国石化山东泰山石油股份有限公司	山东省	258473.03
27	上海新华传媒股份有限公司	上海市	234537.17
28	深圳市广聚能源股份有限公司	广东省	229787.69
29	中兴—沈阳商业大厦（集团）股份有限公司	辽宁省	208786.31
30	江苏弘业股份有限公司	江苏省	201538.2
31	上海新世界股份有限公司	上海市	192182.97
32	上海兰生股份有限公司	上海市	184714.66
33	浙江中国小商品城集团股份有限公司	浙江省	183744.63

续表

排名	上市企业	所在省（市）	2006年主营业务收入（万元）
34	北京市西单商场股份有限公司	北京市	181069.44
35	三联商社股份有限公司	山东省	178563.4
36	广州友谊商店股份有限公司	广东省	176266.99
37	深圳市农产品股份有限公司	广东省	170046.99
38	沈阳商业城股份有限公司	辽宁省	163891.28
39	大连友谊（集团）股份有限公司	辽宁省	159931.37
40	北京城乡贸易中心股份有限公司	北京市	140114.8
41	百大集团股份有限公司	浙江省	135441.71
42	杭州解百集团股份有限公司	浙江省	118639.62
43	北京华联商厦股份有限公司	北京市	115866.68
44	浙江新湖创业投资股份有限公司	浙江省	109005.84
45	成都人民商场（集团）股份有限公司	四川省	106155.47
46	浙江震元股份有限公司	浙江省	90843.36
47	福建东百集团股份有限公司	福建省	83674.92
48	上海益民百货股份有限公司	上海市	75690.73
49	银泰控股股份有限公司	浙江省	74389.41
50	上海第一医药股份有限公司	上海市	60293.41
51	上海市都市农商社股份有限公司	上海市	39128.38
52	四川大通燃气开发股份有限公司	四川省	24252.1
53	上海九百股份有限公司	上海市	24225.25
54	山东天业恒基股份有限公司	山东省	23122.07
55	烟台园城企业集团股份有限公司	山东省	15024.67
56	深圳市华新股份有限公司	广东省	9863.81
57	深圳市国际企业股份有限公司	广东省	7103.08

2. 增长竞争力

如表 4-10 所示,2003-2006 年广东批零业上市企业主营业务收入增长率为 2.22%,低于福建(34.85%)、上海(24.03%)、辽宁(23.28%)、江苏(22.10%)、山东(16.41%)、北京(13.33%)和浙江(9.37%),低于九地区 57 家企业的平均增长率的平均水平(19.36%),因此,广东增长竞争力位于九地区的第八位,这说明增长趋势不容乐观。

表 4-12 列示了 2003-2006 年物流上市公司收入增长率的排名情况,可以看出,广东 5 家企业中有三家出现负增长,增长最快的企业是广州友谊商店股份有限公司,其增长率为 57 家企业的 18 位。可见无论是整体企业,还是单个企业,广东批零企业的增长竞争力都不强。

表 4-12 九地区批零业上市企业 2003-2006 年主营业务收入增长率排名表

排名	上市企业	所在省(市)	主营业务增长率(%)
1	浙江新湖创业投资股份有限公司	浙江省	109.76
2	山东天业恒基股份有限公司	山东省	92.37
3	苏宁电器股份有限公司	江苏省	60.46
4	上海物资贸易股份有限公司	上海市	58.51
5	上海百联集团股份有限公司	上海市	47.08
6	厦门国贸集团股份有限公司	福建省	40.95
7	上海市都市农商社股份有限公司	上海市	37.86
8	中国石化山东泰山石油股份有限公司	山东省	37.85
9	厦门建发股份有限公司	福建省	31.74
10	大商集团股份有限公司	辽宁省	27.55
11	北京王府井百货(集团)股份有限公司	北京市	26.15
12	辽宁成大股份有限公司	辽宁省	25.30
13	东方国际创业股份有限公司	上海市	25.14
14	大连友谊(集团)股份有限公司	辽宁省	24.43
15	四川大通燃气开发股份有限公司	四川省	23.81

续表

排名	上市企业	所在省（市）	主营业务增长率（%）
16	上海友谊集团股份有限公司	上海市	21.68
17	福建东百集团股份有限公司	福建省	20.68
18	广州友谊商店股份有限公司	广东省	20.55
19	上海益民百货股份有限公司	上海市	18.86
20	浙江英特集团股份有限公司	浙江省	18.77
21	上海豫园旅游商城股份有限公司	上海市	17.79
22	浙江中国小商品城集团股份有限公司	浙江省	17.70
23	北京市西单商场股份有限公司	北京市	16.94
24	南京中央商场股份有限公司	江苏省	16.25
25	江苏开元股份有限公司	江苏省	15.50
26	浙江中大集团股份有限公司	浙江省	14.77
27	上海市第一食品股份有限公司	上海市	13.78
28	五矿发展股份有限公司	北京市	13.63
29	沈阳商业城股份有限公司	辽宁省	12.46
30	浙江震元股份有限公司	浙江省	12.35
31	中化国际（控股）股份有限公司	上海市	11.98
32	深圳市广聚能源股份有限公司	广东省	10.59
33	中兴—沈阳商业大厦（集团）股份有限公司	辽宁省	10.35
34	北京华联综合超市股份有限公司	北京市	10.20
35	上海新世界股份有限公司	上海市	9.97
36	江苏弘业股份有限公司	江苏省	8.35
37	无锡商业大厦股份有限公司	江苏省	6.82
38	百大集团股份有限公司	浙江省	6.62
39	上海第一医药股份有限公司	上海市	5.95
40	江苏舜天股份有限公司	江苏省	5.80
41	北京城乡贸易中心股份有限公司	北京市	4.93

续表

排名	上市企业	所在省（市）	主营业务增长率（%）
42	南京纺织品进出口股份有限公司	江苏省	4.06
43	杭州解百集团股份有限公司	浙江省	3.89
44	北京华联商厦股份有限公司	北京市	1.44
45	浙江东方集团股份有限公司	浙江省	0.47
46	中技贸易股份有限公司	北京市	0.40
47	三联商社股份有限公司	山东省	0.06
48	上海兰生股份有限公司	上海市	-2.00
49	南京新街口百货商店股份有限公司	江苏省	-4.51
50	成都人民商场（集团）股份有限公司	四川省	-9.27
51	烟台园城企业集团股份有限公司	山东省	-10.68
52	深圳市农产品股份有限公司	广东省	-12.06
53	银泰控股股份有限公司	浙江省	-12.86
54	上海九百股份有限公司	上海市	-13.92
55	深圳市国际企业股份有限公司	广东省	-14.75
56	上海新华传媒股份有限公司	上海市	-16.40
57	深圳市华新股份有限公司	广东省	-24.79

3. 效益竞争力

如表4-10所示，2003-2006年广东批零业上市企业主营业务利润率为17.53%，在九地区中排在首位，比57家企业的平均水平高8.45个百分点，因此，广东效益竞争力位于九地区的第一位。

表4-13列出了九地区57家批零上市公司2006年的主营业务利润率排名情况，可以看出，广东批零类上市公司的主营业务利润率较高，排名比较靠前，前10名中广东有2家企业，深圳市华新股份有限公司位于第二位，表现出较强的效益竞争力，具有较强的盈利能力。

表 4-13　九地区批零业上市企业 2006 年主营业务利润率排名表

排名	上市企业	所在省（市）	主营业务利润率（%）
1	上海益民百货股份有限公司	上海市	55.05
2	深圳市华新股份有限公司	广东省	43.28
3	烟台园城企业集团股份有限公司	山东省	42.34
4	浙江中国小商品城集团股份有限公司	浙江省	39.61
5	浙江新湖创业投资股份有限公司	浙江省	37.46
6	山东天业恒基股份有限公司	山东省	35.22
7	上海九百股份有限公司	上海市	31.93
8	深圳市农产品股份有限公司	广东省	31.67
9	四川大通燃气开发股份有限公司	四川省	27.53
10	上海新世界股份有限公司	上海市	27.24
11	大连友谊（集团）股份有限公司	辽宁省	26.61
12	上海百联集团股份有限公司	上海市	20.45
13	北京城乡贸易中心股份有限公司	北京市	20.39
14	上海友谊集团股份有限公司	上海市	19.49
15	广州友谊商店股份有限公司	广东省	18.82
16	上海市第一食品股份有限公司	上海市	17.52
17	中兴—沈阳商业大厦（集团）股份有限公司	辽宁省	17.44
18	北京王府井百货（集团）股份有限公司	北京市	17.35
19	南京中央商场股份有限公司	江苏省	17.08
20	北京华联商厦股份有限公司	北京市	16.83
21	上海第一医药股份有限公司	上海市	16.83
22	上海新华传媒股份有限公司	上海市	16.63
23	福建东百集团股份有限公司	福建省	15.81
24	杭州解百集团股份有限公司	浙江省	15.33
25	上海豫园旅游商城股份有限公司	上海市	15.13
26	大商集团股份有限公司	辽宁省	15.04

续表

排名	上市企业	所在省（市）	主营业务利润率（%）
27	北京市西单商场股份有限公司	北京市	14.79
28	上海市都市农商社股份有限公司	上海市	14.48
29	南京新街口百货商店股份有限公司	江苏省	13.99
30	百大集团股份有限公司	浙江省	13.35
31	浙江震元股份有限公司	浙江省	13.11
32	沈阳商业城股份有限公司	辽宁省	12.28
33	无锡商业大厦股份有限公司	江苏省	11.52
34	成都人民商场（集团）股份有限公司	四川省	11.51
35	北京华联综合超市股份有限公司	北京市	10.97
36	银泰控股股份有限公司	浙江省	10.78
37	辽宁成大股份有限公司	辽宁省	10.29
38	苏宁电器股份有限公司	江苏省	10.24
39	浙江东方集团股份有限公司	浙江省	10.24
40	中国石化山东泰山石油股份有限公司	山东省	9.08
41	中技贸易股份有限公司	北京市	8.6
42	浙江中大集团股份有限公司	浙江省	7.91
43	江苏弘业股份有限公司	江苏省	7.83
44	江苏舜天股份有限公司	江苏省	7.73
45	江苏开元股份有限公司	江苏省	6.82
46	东方国际创业股份有限公司	上海市	6.49
47	深圳市广聚能源股份有限公司	广东省	6.01
48	中化国际（控股）股份有限公司	上海市	5.89
49	上海兰生股份有限公司	上海市	5.57
50	厦门国贸集团股份有限公司	福建省	5.51
51	南京纺织品进出口股份有限公司	江苏省	5.17
52	厦门建发股份有限公司	福建省	4.61
53	浙江英特集团股份有限公司	浙江省	4.49

续表

排名	上市企业	所在省（市）	主营业务利润率（%）
54	三联商社股份有限公司	山东省	4.16
55	五矿发展股份有限公司	北京市	3.15
56	上海物资贸易股份有限公司	上海市	1.47
57	深圳市国际企业股份有限公司	广东省	-16.44

表4-14 九地区批零业上市企业竞争力指数与排名

地区	北京	福建	广东	江苏	辽宁	山东	上海	浙江
企业竞争力指数	0.02	0.14	-0.46	0.54	1.01	-1.21	2.25	-1.93
企业竞争力排名	5	4	7	3	2	9	1	8

从上述比较中，可以看到广东批零上市企业的规模竞争力、增长竞争力、效益竞争力分别位于九地区的第七位、第八位和第一位。将基础数据进行标准化处理之后，按照表4-4分配权重，得到九地区批零业上市企业竞争力指数与排名，见表（4-14）。广东批零业上市企业市场占有能力和增长趋势都不容乐观，但却具有相对较好的赢利能力，这说明广东批零具有扩大规模的潜力，但由于企业领导人的魄力、企业发展战略、竞争环境、激励机制等因素的影响，造成扩大规模的动力不足，导致企业市场占有能力和增长趋势居于九地区的下游位置。综合来看，广东总体上市企业的竞争力不强，排在九地区的第七位，不仅与北京、上海、江苏等经济发达省市差距较大，而且还不如福建、辽宁等省，与广东经济强省的地位很不相称。

（三）89家流通企业竞争力比较

为了更好地分析广东流通企业竞争力，这里将10省市物流业、批发零售业深沪两市上市的89家流通企业进行比较，采用前述的指标体系与评价方法，得到排名前十名的企业见表4-15，以及14家广东企业的排名见表4-16。

表 4-15　10 省市 89 家流通企业之前 10 名企业竞争力比较

排序	企业名称	所在省市	行业	规模指数	增长指数	效益指数	总指数
1	五矿发展股份有限公司	北京	批发零售	6.49	-0.20	-1.04	5.25
2	浙江新湖创业投资股份有限公司	浙江	批发零售	-0.41	4.14	0.82	4.55
3	中国南方航空股份有限公司	广东	物流	3.80	0.96	-0.60	4.17
4	山东天业恒基股份有限公司	山东	批发零售	-0.48	3.35	0.70	3.57
5	苏宁电器股份有限公司	江苏	批发零售	1.78	1.91	-0.66	3.03
6	中国东方航空股份有限公司	上海	物流	2.86	0.90	-0.94	2.82
7	深圳高速公路股份有限公司	广东	物流	-0.40	0.35	2.81	2.76
8	上海物资贸易股份有限公司	上海	批发零售	1.99	1.82	-1.13	2.68
9	福建发展高速公路股份有限公司	福建	物流	-0.37	-0.03	2.71	2.31
10	中远航运股份有限公司	广东	物流	-0.15	2.25	0.20	2.30

从表 4-15 可以看出，排在前十名的企业中，从地域分布来看，分别是北京、浙江、山东、江苏、福建各 1 家，广东 3 家，上海 2 家，10 企业分布在 7 省市中，除广东和上海外，分布比较均衡。从行业来看，前十名企业中，物流业、批发零售业各占一半，物流企业排名相对靠前，但两类企业相比，并没有十分明显的行业特征。从企业来看，五矿发展股份有限公司因为其超大的规模效应，排在第一，但由于其盈利能力这一反映效益的指标并不突出，导致其增长能力有限，因此，从长期来看，该公司企业竞争力将受到较大挑战。89 家企业中只有上海国际港务（集团）股份有限公司、中海发展股份有限公司、中外运空运发展股份有限公司三家企业规模、增长及效益都优于平均水平，保持均衡发展。这说明流通企业要做大做强，还面临诸多挑战。

从广东流通企业来看，14 家企业位于前 10 名的 3 家，11-20 名的 2 家，21-30 名的 1 家，31-40 名 1 家，41-50 名的 2 家，51-60 名的 0 家，61-70 名的 3 家，71-80 名的 1 家，81-89 名的 1 家，可见，除了前十名和 61-70 名的各 3 家外，其余基本均匀分布。而从行业来看，物流企业排名靠前，广州友谊商店股份有限公司作为排名最前的批发零售企业仅排在 47 位，其余企业更是排在 66 名之后，在 89 家企业中排在偏后位置，而且广东 5 家批发零售企业的竞争力指数均为负值，即低于上市企业的平均水平，显示竞争力偏弱。从企业来看，可以发现，广东 14

家上市企业除中国南方航空股份有限公司具有一定规模外，其余企业规模普遍偏小，而盈利能力则相对偏好，14家企业中有10家企业表现出高于平均水平的盈利能力，尤其是物流企业除中国南方航空股份有限公司外，其余8家企业的盈利能力均高于89家企业的平均水平，这说明广东流通企业具有较强的盈利能力，具备扩大规模的基础，政府需要不断引导，鼓励企业进行兼并重组，不断扩大品牌知名度与市场占有率，增强企业竞争力。

表4-16 广东14家流通企业竞争力排名

排序	企业名称	行业	规模指数	增长指数	效益指数	总指数
3	中国南方航空股份有限公司	物流	3.80	0.96	-0.60	4.17
7	深圳高速公路股份有限公司	物流	-0.40	0.35	2.81	2.76
10	中远航运股份有限公司	物流	-0.15	2.25	0.20	2.30
14	广州白云国际机场股份有限公司	物流	-0.28	0.60	1.18	1.49
18	广东省高速公路发展股份有限公司	物流	-0.41	-0.37	2.14	1.36
27	深圳市机场股份有限公司	物流	-0.40	-0.14	1.19	0.65
33	深圳市盐田港股份有限公司	物流	-0.44	-0.52	1.21	0.25
47	广州友谊商店股份有限公司	批发零售	-0.34	0.11	-0.19	-0.42
50	中信海洋直升机股份有限公司	物流	-0.46	-0.45	0.41	-0.50
65	东莞发展控股股份有限公司	物流	-0.46	-2.68	1.94	-1.20
66	深圳市农产品股份有限公司	批发零售	-0.35	-1.36	0.51	-1.21
67	深圳市华新股份有限公司	批发零售	-0.50	-1.94	1.14	-1.30
79	深圳市广聚能源股份有限公司	批发零售	-0.30	-0.34	-0.88	-1.52
89	深圳市国际企业股份有限公司	批发零售	-0.50	-1.49	-2.10	-4.09

五、本章小结

本章主要包括四部分内容：第一部分主要介绍在综合国内外研究成果的基础上，将企业竞争力定义分为四类，即从企业的市场表现来界定企业竞争力、从顾客需要角度来界定企业竞争力、强调企业的综合能力、强调影响企业竞争力的某些深层次因素；第二部分主要介绍国内外关于企业竞争力评价研究；第三部分给出企业竞争力的定义、评价指标体系、权重的确定；第四部分则对十省市流通企业竞争力进行测算，并对广东流通企业竞争力进行评价分析，主要结论有：（1）广东物流业上市企业具有较强的市场占有能力和较好的增长趋势，赢利能力虽然相对偏低，但企业竞争力仍然排在八地区的前列。（2）广东批零业上市企业市场占有能力和增长趋势都不容乐观，但却具有相对较好的赢利能力，企业竞争力不强，排在九地区的第七位，与广东经济强省的地位很不相称。（3）从十省市89家流通企业来看，广东14家上市企业除中国南方航空股份有限公司具有一定规模外，其余企业规模普遍偏小，而盈利能力则相对偏好，这说明广东流通企业具备扩大规模的基础，政府需要不断引导，鼓励企业进行兼并重组，不断扩大品牌知名度与市场占有率，增强企业竞争力。

第五章 广州高新技术产业竞争力综合评价研究[*]

本章阐述了高新技术产业竞争力内涵,构建高新技术产业竞争力评价指标体系,并对广州的高新技术产业竞争力进行综合评价,最后对广州高新技术产业竞争力及其各组成部分进行详细分析。

一、高新技术产业竞争力内涵

竞争力是竞争主体(国家、地区和企业等)在市场竞争中争夺资源或市场而实现竞争目标的能力。这种能力是竞争主体在竞争过程中逐步形成并表现出来的,是竞争主体多方面因素和实力的综合体现。竞争力根据不同的标准可以划分为不同的层次,通常可分为国家竞争力、区域竞争力、产业竞争力、企业竞争力和产品竞争力。

关于各种竞争力,国内外学者进行了卓有成效的研究。美国学者波特教授从产业角度研究竞争力,提出决定一国特定产业是否具有国际竞争力涉及要素条件,需求条件,相关与辅助产业的状况,企业策略、结构与竞争者,机遇以及政府行为等六因素,构成为"国家钻石"模型。国内学者对竞争力也从不同角度进行了研究。原国家体改委改革研究院、中国人民大学、深圳综合开发研究院联合研究组近几年跟踪 WEF 和 IMD 的《世界竞争力报告》而编写的《中国国际竞争力发展报告》全方位介

---

[*] 该章是对彭澎、张赛飞、江彩霞、郭贵民、柳立子等完成的《广洲高新技术产业竞争力研究》相关部分进行修改而成。

绍了中国国际竞争力的世界排名，并据此分析了中国国际竞争力的状况。狄昂照等从国家（地区）层次研究国际竞争力，采用欧洲货币基金组织的指标分析方法和国际市场占有率研究国际竞争力，并应用 WEF 和 IMD "关于国际竞争能力的报告"中所使用的指标分析方法，把一个国家和地区竞争力的主要因素概括为经济活力、人力资源、自然资源、国家干预、对外经济活动能力和创新能力 8 项 190 项指标，以此来进行国际竞争力比较。金碚从产业国际竞争力研究的经济分析范式考虑，提出了工业品国际竞争力的实现指标、因素指标。范晓屏提出测度企业竞争力的三个方面：（1）企业竞争行为能力，测度企业竞争过程的输出和过去与现在的竞争业绩；（2）企业竞争潜在能力，测度企业竞争过程的输入与竞争力的后续能力；（3）企业战略与管理能力，测度企业将竞争潜力转变成为竞争行为与市场优势的能力。

就高新技术产业竞争力来说，江兵等从国家地位、社会经济基础结构、技术结构和生产力四个方面建立高技术产品国际市场竞争力评价指标体系和评价模型，分析计算了近年来 28 个国家的竞争力情况。高长远等针对我国高新技术产业管理的实际，运用系统工程的思想方法建立了高新技术产品评价方法体系，从系统综合评价的角度，运用 AKP 法建立了评价高新技术产品的指标体系。高技术产业国际竞争力评价课题组对高技术产业国际竞争力评价理论和方法作了深入的研究，从竞争实力、竞争潜力、竞争环境和竞争态势四方面用 30 个指标评价了中国高技术产业的国际竞争力。

由于高新技术产业的形成与发展是一个从成果向生产力转移，形成全新产业并推动经济、技术持续发展的复杂的动态系统，在这个系统中，高新技术企业的发展、高新技术产业的形成与发展的固有规律与高新技术产业的外部环境等要素相互联系、相互耦合，共同推动高新技术产业的发展。因此，本章认为高新技术产业竞争力是指区域内的高新技术产业在一定的经济体制和国民经济环境下所表现出来的综合实力及其发展潜力强弱的程度。这种竞争力可以通过一系列的硬指标和软指标进行测度。它具有两个特征：（1）综合性。高新技术产业竞争力是一个具有多角度、多层次的概念，是一个复杂的系统，包含诸多的子系统。它是一个区域多方面发展要素的综合体现，不仅是高新技术产业的体现，也是区位、环境、文化、科技、教育、制度，甚至政治等方面因素的体现。
(2) 相对性。高新技术产业竞争力是一个比较的概念，即一个城市高新技术产业竞争力的强弱总是相对其他城市或区域而言，或者是相对本城市的不同时间而言。并且在一般情况下是一个量化的概念，尽管反映高新技术产业竞争力的许多要素很难量化或者很难准确量化。

二、高新技术产业竞争力综合评价

（一）评价指标体系

本章结合产业竞争力的相关理论及对产业竞争力的评价，下面主要从产业规模、产业效益、产业布局、技术创新、人力资源、技术支持、支撑环境、发展环境八个方面用48项指标进行高新技术产业竞争力评价，具体指标如表5-1所示。

1. 产业规模方面

高新技术产业必须具有一定的规模，才可能在市场竞争中占有一席之地，才可能形成合理的规模经济，并在其自身经济实力发展壮大的过程中带动整个经济的发展，最终也增强本产业的市场竞争力。这里用高新技术产业产值、高新技术产品销售收入、高新技术产品出口额、产值超1亿元的高新技术企业数4个指标来综合反映高新技术产业的规模。

表5-1 高新技术产业竞争力评价指标体系

序号	一级指标	二级指标
1	产业规模	高新技术产业产值；高新技术产品销售收入；高新技术产品出口额；产值超1亿元的高新技术企业数
2	产业效益	高新技术产业增加值；高新技术产品利税；增加值率；销售利税率；
3	产业布局	高新区总收入；高新区企业平均规模；高新区人均产值；行业集中度；

续表

序号	一级指标	二级指标
4	技术创新	R&D 费用；R&D 费用投入率；更新改造投资占全社会投资比重；大中型工业企业 R&D 经费；大中型工业企业 R&D 活动人员；每万人口专利申请量；专利授权量
5	人力资源	每万人口中在校大学生数；每万从业人员中专业技术人员数；科学家工程师数；每万从业人员中中科学家工程师数；每万从业人员中从事科技活动人员数；每万从业人员中 R&D 人员数
6	技术支持	国家重点实验室数；国家工程技术研究中心；科技成果获国家级奖励数；技术市场成交额；
7	支撑环境	境内上市股票数；地方政府科技拨款占地方财政支出比重；地方财政科技拨款总量；孵化面积数；孵化器中在孵企业数；
8	发展环境	人均 GDP；每万人口中服务人员数；人均邮电业务量；每百人移动电话数；职工平均工资逆向指标；每万人口使用互联网户数；人均道路面积；人均年用电量；人均公共图书拥有量；每万人拥有医生数；文化指数；人均公共绿地面积；工业总产值；GDP

2. 产业效益方面

高新技术产业是一种高风险、高投入、高效益的产业，因而其产业效益的高低是决定竞争力强弱的重要因素。这里用高新技术产业增加值、高新技术产品利税、增加值率、销售利税率 4 个指标来反映高新技术产业的效益。

3. 产业布局方面

1951 年，美国诞生了世界上第一个高科技园区（"硅谷"）——加利福尼亚科技工业园区，被誉为"世界高新技术产业的摇篮"、"国际高新技术产业基地之一"。到 90 年代中后期，美国已建立了 180 家科技工业园区，欧洲 300 多家，亚太地区 150 家。可见高新技术产业化过程主要是通过合理的产业布局，发挥高新技术产业区的聚集和扩散效应来实现的。这里用高新区总收入、高新区企业平均收入、高新区人均产值、行业集中度 4 个指标来反映高新技术产业的产业布局。

4. 技术创新方面

以科学技术密集为特征的高新技术产业的成长过程，是一个技术创新能力不断提高的过程。技术创新，是指企业应用创新的知识和新技术、新工艺，采用新的生产方式和经营管理模式，提高产品质量，开发生产新的产品,提供新的服务,占据市场并实现市场价值。企业是技术创新的主体,技术创新是发展高新技术产业的重要前提。这里用 R&D 费用、R&D 费用投入率、更新改造投资占全社会投资比重、大中型工业企业 R&D 经费、大中型工业企业 R&D 人员、每万人口专利申请量、专利授权量 7 个指标来反映高新技术产业的技术创新。

5. 人力资源方面

人力资源既包括受过良好基础和专业技术教育,具有较强的人力资本积累的个体才智,也包括由众多具备相当知识与专业技能的人才所共同组成的教育机构、科研单位、研发部门等智力资源的组织形式。人力资源的密集程度是一个城市科技发展水平的内在决定因素,是该城市科技研究和开发能力的重要基础,对高新技术产业的发展起决定作用。这里用每万人口中在校大学生数、每万从业人员中专业技术人员数、科学家工程师数、每万从业人员中科学家工程师数、每万从业人员中从事科技活动人员数、每万从业人员中 R&D 人员数 6 个指标来反映高新技术产业的人力资源。

6. 技术支持方面

高新技术产业是知识密集、技术密集的产业。一大批以科技研发为专业的高等院校和科研机构,为高新技术产业提供知识信息、高价值的科研成果,从技术上全方位支持高新技术产业的发展,是高新技术产业发展的有机组成部分。这里用国家重点实验室数、国家工程技术研究中心、科技成果获国家级奖励数、技术市场成交金额 4 个指标来反映高新技术产业的技术支持。

7. 支撑环境方面

不论是发达国家还是发展中国家,高新技术产业无不是在政府大力扶持的产业政策的支持下成长起来的。只有在科研资金的投入、税收、信贷、风险资金等政策上给予高新技术产业发展提供优惠的条件,才能够吸引社会各方面资源投入到高新技术产业领域,提高高新技术产业的竞争力,发挥高新技术产业的战略作用。这里用境内上市股票数、地方政府科技拨款占地方财政支出比重、地方财政科技拨款总量、孵化面积数、孵化器中在孵企业数 5 个指标来反映高新技术产业的支撑环境。

8. 发展环境方面

一个经济发达、设施完备、具有开拓创新精神的城市将促进高新技术产业的发展，提高其产业竞争力。因此，发展环境指标是衡量高新技术产业竞争力的重要因素。这里用人均GDP、每万人口中服务人员数、人均邮电业务量、每百人移动电话数、职工平均工资逆向指标、每万人口使用互联网户数、人均道路面积、人均年用电量、人均公共图书拥有量、每万人拥有医生数、文化指数、人均公共绿地面积、工业总产值、GDP共14个指标来反映高新技术产业的发展环境。

（二）评价对象与方法

为了更好地对广州高新技术产业竞争力进行评价，这里将广州与国内的北京、天津、上海、重庆、深圳、西安、武汉、沈阳、南京、杭州、苏州、宁波、青岛、厦门、东莞等15个城市高新技术产业竞争力进行全面比较，因此，本章将建立我国16城市高新技术产业评价模型。

高新技术产业系统是一个复杂的系统，其竞争力的评价过程也是非常复杂的，本章主要采取主成分分析法来进行定量评价。即利用主成分分析法建立数量模型，确定各城市在经处理后若干个综合指标上的得分，取所有的系数进行计算得到各城市的高新技术产业竞争力指数，取相应分指数的系数进行计算，则得到各分指数得分。该方法正如第一章所强调的那样，可以去除各指标中的重复信息，避免人为因素的影响，具有客观、准确、直观的特点，为分析广州高新技术产业的优劣势奠定基础。

（三）数据来源

本章数据主要来源于国家及各城市的统计年鉴、科技统计年鉴、科技信息网的相关信息，部分数据由相关城市科技局提供。有两点情况需要进行说明，一是国内不同的城市和地区采用不同的指标来衡量高新技术产业的发展，而且统计口径与掌握尺度存在差异。二是有关国内城市高新技术产业的权威统计资料比较少，相关数据较为欠缺。由于这些条件的限制，数据收集变得非常困难，增大了综合评价的难度。

三、广州高新技术产业竞争力比较

通过测算（过程略），2003年广州高新技术产业竞争力指数为42.5，低于深圳、上海、北京，排在第四位，五名以后的城市依次为：厦门、南京、东莞、苏州、天津、杭州、宁波、武汉、青岛、西安、沈阳和重庆（见表5-2）。

表5-2 16城市高新技术竞争力各指数及排名

排名	1	2	3	4	5	6	7	8	9	10	11	12	13	14	15	16
产业竞争力指数	深圳	上海	北京	广州	厦门	南京	东莞	苏州	天津	杭州	宁波	武汉	青岛	西安	沈阳	重庆
	98.2	72.2	60.7	42.5	24.2	23.4	10.6	-3.8	-18.8	-18.9	-31.5	-36.3	-39.8	-58.4	-59.9	-64.4
产业规模分指数	深圳	上海	苏州	北京	天津	广州	南京	杭州	宁波	青岛	厦门	沈阳	东莞	武汉	西安	重庆
	10.1	9.6	5.9	1.3	0.2	-1.3	-1.3	-1.4	-1.6	-1.7	-1.7	-3.0	-3.6	-3.7	-3.7	-3.8
产业效益分指数	广州	深圳	上海	南京	武汉	厦门	重庆	苏州	北京	西安	天津	宁波	青岛	杭州	沈阳	东莞
	15.3	12.9	10.6	7.0	2.1	0.7	0.4	-0.9	-1.6	-4.1	-4.1	-4.3	-6.8	-8.0	-8.6	-10.7
产业布局分指数	厦门	南京	深圳	上海	东莞	苏州	青岛	杭州	北京	重庆	天津	宁波	广州	武汉	西安	沈阳
	16.2	15.9	13.2	7.9	6.8	1.6	-1.0	-3.0	-3.3	-4.3	-6.4	-6.8	-6.8	-10.0	-10.0	-16.5
技术创新分指数	上海	深圳	东莞	厦门	北京	广州	杭州	天津	沈阳	宁波	苏州	南京	武汉	青岛	重庆	西安
	7.6	6.0	5.3	5.0	4.4	0.5	-1.5	-1.8	-1.9	-2.0	-2.6	-3.0	-3.6	-4.0	-4.0	-4.5
人力资源分指数	北京	南京	西安	广州	沈阳	杭州	厦门	上海	天津	深圳	青岛	东莞	宁波	苏州	重庆	
	5.9	5.5	2.8	2.8	1.6	1.3	0.5	-0.3	-1.6	-1.8	-2.2	-2.3	-2.7	-3.4	-5.7	
技术支持分指数	北京	上海	南京	武汉	天津	广州	杭州	西安	重庆	沈阳	苏州	厦门	深圳	青岛	宁波	东莞
	6.8	2.0	0.3	0.1	0.0	-0.4	-0.4	-0.4	-0.6	-0.7	-0.9	-0.9	-1.1	-1.2	-1.3	-1.4
支撑环境分指数	北京	深圳	上海	天津	武汉	南京	广州	杭州	东莞	厦门	西安	宁波	沈阳	重庆	苏州	青岛
	13.7	12.7	10.8	1.7	0.5	0.4	0.1	-2.8	-3.0	-3.1	-3.3	-4.7	-4.8	-4.9	-5.2	-8.1
发展环境分指数	深圳	北京	广州	上海	东莞	厦门	苏州	南京	杭州	宁波	天津	青岛	武汉	沈阳	西安	重庆
	46.0	33.3	32.3	24.0	19.5	7.6	1.4	-1.4	-5.2	-8.5	-9.9	-15.7	-19.6	-26.1	-35.2	-42.4

（一）产业规模比较

高新技术产业化不仅要求科技成果转化为产品或服务，还要求形成一定的产业规模，产业化不仅要实现商业化的突破，而且要实现技术的充分扩散。如果不能形成必要的产业规模,则意味着产业体系存在着很大的缺陷,为产业服务的各种活动无法得到必要的专业化分工,会产生各种强制性替代,增加企业的成本,降低企业的效率。所以高新技术产业化过程就是科技成果,实现技术扩散,达到一定产业规模的过程。

2003年广州产业规模分指数排在第6位(见表5-2),得分为负值,略低于于16城市的平均水平,4项二级指标中,没有排在前四位的指标。具体指标如表5-3所示。从高新技术产业规模来看,高新技术产业产值、高新技术产品出口额、高新技术产品销售收入三指标,广州都落后于北京、上海、深圳、苏州与天津。16城市高新技术产业产值、高新技术产品出口、高新技术产品销售收入平均值分别为1187亿元、49亿美元、1081亿元。广州高新技术产业产值、高新技术产品出口两指标比16城市的平均水平还低,而高新技术产品销售收入则略高于16城市的平均水平。从高新技术大企业的数量来看,广州产值超1亿元的高新技术企业数为69家,落后于北京、上海、深圳、苏州与天津。这在一定程度上说明广州的高新技术产业总体规模有待提高,而大企业也相对较少。

表5-3 16城市产业规模二级指标数据及排名

排名	1	2	3	4	5	6	7	8	9	10	11	12	13	14	15	16
高新技术产业产值(亿元)	上海	深圳	苏州	北京	天津	广州	南京	青岛	杭州	宁波	厦门	重庆	沈阳	武汉	西安	东莞
	2982	2482	1860	1455	1236	1121	1039	1017	980	890	830	771	756	556	520	508
高新技术产品出口额(亿美元)	深圳	苏州	上海	厦门	天津	北京	东莞	杭州	广州	宁波	南京	沈阳	青岛	武汉	西安	重庆
	251.55	178.95	74.78	54.00	44.90	39.70	37.40	25.60	20.88	20.80	14.02	12.39	8.29	2.26	1.04	0.43
产值超1亿元的高新技术企业数(家)	上海	深圳	苏州	北京	南京	天津	宁波	青岛	西安	广州	武汉	沈阳	厦门	杭州	重庆	东莞
	377	223	213	150	138	108	106	87	70	69	68	64	61	49	46	23
高新技术产品销售收入(亿元)	上海	深圳	苏州	北京	杭州	天津	广州	青岛	宁波	厦门	南京	沈阳	武汉	西安	东莞	重庆
	2531.2	2329.7	1478.0	1410.6	1317.1	1243.1	1085.9	1005.5	856.9	815.1	695.0	591.1	536.1	514.2	497.2	396.0

与传统产业相比,高新技术产业的最大特点是高度分工同时又高度集成,因此整个产业系统的完善程度是高新技术产业发展的重要因素。产业链是建立在产业内部分工和供需关系基础上的产业生态图谱,产业

链分为垂直的供需链和横向的协作链。产业链的优化对一个地区高科技产业的作用是至关重要的,一方面,由于有了上下游的产业配套、产业链的科学分工,企业才能降低生产成本和经营风险,才能取得较好的效益;另一方面,一个完备的产业链能够产生巨大吸附作用,可以源源不断吸引企业加入到这个良好的环境中寻求最大的商业利益。以上海为龙头的长三角地区把握住 IT 行业全球性的产业链重组浪潮,在招商引资方面以产业链衔接为纽带,将产业的上中下游配套引进,取得了巨大的成效。以昆山为例,台湾 10 大笔记本电脑厂商中的 6 家在此落户,主要原因是昆山在 IT 领域形成了较为完整的产业链条,上下游产业配套较为齐备。

广州已经初步形成了计算机、软件、生物医药、新材料等多条较为完备的产业链。但缺乏实力雄厚的龙头企业,并且多占据技术链条的中低端。因此,加强对广州高新技术产业链和价值链的研究,并以此为基础进行产业规划和产业导向,减少产业内耗;不断完善重点产业的产业链;在进行招商引资时,必须加以选择,重点选择那些能弥补和完善产业链的企业和项目;对重点产业的产业链的变化情况进行预测或预警,既要把握产业链变化所蕴含的重要商业机会,又对产业链可能出现的风险最大限度地规避。通过优化产业链来扩大高新技术产业规模,提升广州高新技术产业竞争力。

(二) 产业效益比较

2003 年广州高新技术产业效益指数排在第 1 位(见表 5-2),4 项二级指标 2003 年都排在前四位,具体数据见表 5-4。高新技术的本质是一种全新的创新活动,采用高新技术的设计、工艺和手段所制成的产品,将能大幅度增加产品的性能,显著地提高劳动生产率、资源利用率和工作效率,从而为创业者带来巨大的社会效益和经济效益。2003 年广州的高新技术产品利税达到 230.85 亿元,是 16 城市平均水平 125 亿元的 1.84 倍。高新技术产业增加值 401.96 亿元,是 16 城市平均水平 282 亿元的 1.4 倍。2003 年广州的增加值率为 35.8%,比 16 城市的平均水平 22.8% 高 13 个百分点。销售利税率为 21.26%,比 16 城市的平均水平 11.75% 高 9.51 个百分点。值得注意的是,广州的高新技术产业产值仅为深圳的 45%,销售收入为深圳的 46%,而利税为深圳的 72%,销售利税率比深圳高 7.53 个百分点。总的来说，广州的高新技术产业效益在国内城市中较为突出，为高新技术产业扩大规模奠定好的基础。

表5-4 16城市产业效益二级指标数据及排名

排名	1	2	3	4	5	6	7	8	9	10	11	12	13	14	15	16
高新技术产品利税（亿元）	深圳 318.93	上海 314.32	广州 230.85	北京 133.80	宁波 119.80	厦门 110.00	苏州 109.00	杭州 102.70	南京 85.90	天津 82.24	武汉 73.56	青岛 66.11	重庆 59.10	西安 57.22	沈阳 45.20	东莞 33.63
高新技术产业增加值（亿元）	深圳 711.98	上海 709.39	苏州 533.58	广州 401.98	天津 345.48	北京 314.30	青岛 232.76	厦门 205.40	武汉 200.68	重庆 196.70	南京 215.00	沈阳 131.80	杭州 111.70	西安 96.23	东莞 75.74	宁波 41.20
增加值率（%）	武汉 36.09	广州 35.80	深圳 32.85	苏州 28.68	天津 27.95	重庆 25.53	厦门 24.75	上海 23.79	青岛 22.89	北京 21.60	西安 18.51	南京 18.09	沈阳 17.43	东莞 14.91	杭州 11.40	宁波 4.63
销售利税率（%）	南京 21.29	广州 21.26	重庆 14.92	宁波 13.98	武汉 13.72	深圳 13.69	厦门 13.50	上海 12.42	西安 11.13	北京 9.49	杭州 7.80	沈阳 7.65	苏州 7.37	东莞 6.76	天津 6.62	青岛 6.50

（三）产业布局比较

表5-5 16城市产业布局二级指标数据及排名

排名	1	2	3	4	5	6	7	8	9	10	11	12	13	14	15	16
高新区总收入（亿元）	北京 2886.42	上海 1610.98	南京 881.50	深圳 833.00	苏州 750.90	西安 626.47	广州 588.20	天津 563.64	青岛 547.71	东莞 516.00	沈阳 500.42	武汉 481.29	杭州 478.30	厦门 352.80	重庆 275.40	宁波 86.23
高新区企业平均收入（万元）	南京 41383	厦门 40091	东莞 34407	青岛 31298	深圳 30513	上海 29291	苏州 18315	杭州 11306	重庆 10952	武汉 8022	广州 6407	天津 3684	沈阳 3224	西安 2469	北京 2399	宁波 843
高新区人均产值（万元）	厦门 123.30	深圳 108.30	上海 107.48	南京 106.30	杭州 73.70	苏州 70.50	东莞 64.30	宁波 53.49	广州 47.40	重庆 45.26	青岛 44.03	天津 38.48	北京 32.91	沈阳 32.62	西安 24.02	武汉 22.14
行业集中度（%）	天津 94.71	深圳 90.70	北京 90.30	重庆 89.00	南京 89.00	东莞 89.00	宁波 87.00	厦门 86.00	苏州 84.20	西安 84.00	杭州 82.50	广州 80.13	武汉 80.00	青岛 76.75	上海 71.60	沈阳 59.52

注：行业集中度：排在前3位的行业的总产值合计占所有行业总产值的比重。

2003年广州产业布局分指数排在第13位（见表5-2），在16城市中处于下游位置，是八个分指数排名最后的一个分指数。4项二级指标中，没有排在前四位的指标。除高新区总收入外，其余指标都排在9位以后。其中，高新区企业平均收入排第11位，高新区人均产值排第9位，行业集中度排第12位，具体数据见表5-5。从高新区的绝对规模来看，广州高新区总收入不及北京、上海和深圳，也低于16城市的平均水平（748亿元）。从高新区企业的平均规模来看，广州高新区企业平均收入为6407万元，低于深圳、上海，但高于北京。从高新区的人均产出来看，广州高新区人均产值为47.4万元，低于深圳、上海，但高于北京。由此看来，广州高新技术产业开发区的总体规模还相对偏小，区内的大企业也相对偏少，反映出广州高新技术开发区的聚集效应还比较有限，滞后于广州高新技术产业发展，与广州在国内的经济地位不太相符，将阻碍高新技术产业做大、做强。

与传统工业企业一样，集聚对高新技术企业仍然是重要的因素。集聚对高新技术企业具有重要的作用：第一，促进高新技术企业间的合作。科学、技术的复杂性、综合性以及技术研究的高投入、高风险，使高新技术企业间的合作创新非常必要。高新技术企业聚集于一起，增进了企业间相互了解，有利于企业间科技人员、管理人员的相互交流，能降低企业合作的交易成本，有助于企业合作交流。第二，有利于信息的传递、获取。信息是高新技术企业的营养，因此信息的及时性、准确性显得相当重要，而信息在长距离传递过程中往往会出现失真、滞后现象，从而影响高新技术企业的发展；高新技术企业的集聚有利于企业人员面对面的接触、信息的详细交流，在一些如咖啡厅、酒吧以及朋友聚会等非正式场合里，往往还可以获取意想不到的信息。第三，有利于构成人才网络。高新技术企业的形成发展是多种专业人才共同促的，不仅需要科技人才，还要有风险投资家，有从事生产的指导人才，有经济、法律、商贸等方面的人才，单个的高新技术企业很难吸引这些人才的集中，只有高新技术企业的集聚，形成规模后才能吸引各方面的人才构成人才网络。第四，高新技术企业的相互接近，易于形成一种竞争的环境，促进了企业的技术创新活动，有利于企业的成长。

因此，必须积极推进高新技术产业开发区的"二次创业"。一是聚集和整合科技资源，建立一批高水平的重点实验室、工程技术研究中心、专业孵化器，提高高新技术产业开发区的技术创新能力。二是吸引国内外大型高新技术企业进驻园区，并不断完善产业链。三是鼓励高新技术产业开发区与科研机构、高等院校开展多种形式的合作，大力推进国内外研发机构进入。四是引导各园区合理分工和优势互补，避免恶性竞争，尽快形成产品错位发展、产业协同发展格局。五是创造宽松的园区发展环境。

（四）技术创新比较

经济学家熊彼特认为，经济的周期性波动过程，即从旧均衡到新均衡的过程，就是经济增长的过程。其中，经济增长的动力是创新，经济增长的过程是创新引起的变动过程。实践也证明了技术创新对经济增长的巨大推动作用，可以说，在这个瞬息万变的世界，谁掌握了最新的技术，谁拥有了最高的创新能力，谁就能取得成功。

2003年广州技术创新分指数为0.5，略高于16城市的平均水平，排在第6位（见表5-2），7项二级指标中，专利授权量排在第4位。排在第9位以后的指标有2项，R&D投入率排在第10位，大中型工业企业R&D人员排第9位，具体数据见表5-6。2003年广州R&D经费55.95亿元，略高于16城市的平均值（52亿元）。R&D费用投入强度为1.6%，低于16城市的平均值（2%），甚至低于天津与沈阳。可见，虽然从绝对量来看，广州R&D投入较大，但相对于GDP来说，广州在国内城市中投入并不算多，R&D投入率应逐步达到2%左右。2003年广州大中型工业企业R&D经费15.25亿元、R&D人员接近1.3万人，均低于16城市的平均值，分别是深圳的25%、50%。2003年大中型工业企业R&D经费占全市的比重，广州为27%，深圳为73%。可见，深圳的大中工业企业是全市R&D经费的主要来源。与深圳相比，广州的大中型工业的R&D经费投入不仅绝对规模小，而且比重也很低。从技术创新的产出来看，2003年广州的专利授权量为5020项，每万人口专利申请量11项，均高于16城市的平均水平。但支柱产业的技术创新产出则落后于北京、上海等城市。截至2004年底，广州汽车、石化、电子等三大支柱产业共申请专利2348件[①]，仅占全市申请公开总量的6.1%，其中汽车产业相关专利

---

① 以知识产权战略引领新型工业化道路，http：//www.gdhb.gov.cn/ztzl/gongye/lilunyantao/2005 10/t20051018_ 17663. html。

申请量占国内同类申请公开量的1.4%，大大低于北京（6.9%）、上海（3.5%）。从衡量自主创新能力的发明专利来看（见表5-7），2000-2003年专利授权量中发明专利的所占比重在3%-6%之间，高于东莞和全省的平均水平，但远远落后于北京。这在一定程度上反映了广州、深圳、东莞及广东的高新技术产业发展主要是以市场为导向，利用信息优势，通过外观设计的创新，实用新型功能的改进，迅速推出产品，占领市场。但是随着经济的发展，中西部地区对外开放水平及信息化水平的不断提高，广州的这种优势将不断弱化，技术创新能力将越来越受制于自主创新的不足。因此，总的来看，提高广州技术创新能力需要加大研发投入，增强自主创新能力，激发支柱产业和大中型工业企业的创新能力。

表5-6　16城市技术创新二级指标数据及排名

排名	1	2	3	4	5	6	7	8	9	10	11	12	13	14	15	16
R&D经费（亿元）	北京	上海	深圳	杭州	广州	青岛	天津	西安	南京	沈阳	苏州	武汉	重庆	宁波	厦门	东莞
	256.48	128.77	84.39	58.58	55.95	42.73	39.38	36.44	29.64	26.29	20.17	20.02	17.33	9.65	9.27	3.79
R&D投入率（%）	北京	西安	深圳	杭州	青岛	上海	南京	天津	沈阳	广州	厦门	武汉	重庆	苏州	宁波	东莞
	7.00	3.87	2.95	2.79	2.40	2.06	1.88	1.65	1.64	1.60	1.22	1.07	0.77	0.72	0.54	0.40
更新改造投资占全社会投资比重（%）	杭州	武汉	沈阳	天津	南京	厦门	上海	广州	西安	东莞	北京	青岛	重庆	苏州	深圳	宁波
	23.40	22.90	21.56	19.93	18.70	16.30	15.82	15.70	14.93	14.00	10.03	9.75	9.61	6.40	5.90	5.20
大中型工业企业R&D经费（亿元）	北京	上海	深圳	青岛	杭州	天津	苏州	广州	西安	重庆	宁波	厦门	南京	武汉	沈阳	东莞
	91.01	61.64	61.54	37.69	29.30	17.12	16.12	15.25	10.85	9.77	9.48	8.90	8.63	7.34	4.36	2.58
大中型工业企业R&D人员（人年）	上海	北京	深圳	苏州	西安	南京	杭州	天津	广州	重庆	沈阳	宁波	青岛	武汉	厦门	东莞
	32872	26996	26047	22518	21164	15665	14462	13830	12934	10393	9896	9093	7161	6809	3196	2864
每万人口专利申请量（项）	东莞	厦门	深圳	上海	北京	广州	宁波	沈阳	天津	杭州	苏州	南京	武汉	青岛	西安	重庆
	24	24	22	17	15	11	8	7	6	6	6	4	4	3	1	1
专利授权量（项）	上海	北京	深圳	广州	宁波	重庆	东莞	苏州	天津	厦门	杭州	沈阳	青岛	武汉	南京	西安
	16671	8248	6652	5020	3415	2883	2858.10	2594.36	2505	2394	2352	2017	1589	1559	1550	1002

注：R&D投入率为R&D费用占全市GDP的比重。

表5-7 近年来主要城市与地区发明专利授权情况

地区	专利指标	2000年	2001年	2002年	2003年
广州①	专利授权量（件）	3128	3337	3656	5020
	#发明专利（件）	97	130	154	295
	发明专利占专利授权量的比重（%）	3.1	3.9	4.2	5.9
北京②	专利授权量（件）	5905	6246	6345	8248
	#发明专利（件）	1074	946	1061	2261
	发明专利占专利授权量的比重（%）	18.2	15.1	16.7	27.4
上海③	专利授权量（件）	4050	5370	6693	16671
	#发明专利（件）	304	242	339	880
	发明专利占专利授权量的比重（%）	7.5	4.5	5.1	5.3
深圳④	专利授权量（件）	3076	3649	4659	6652
	#发明专利（件）	67	81	114	429
	发明专利占专利授权量的比重（%）	2.2	2.2	2.4	6.4
东莞④	专利授权量（件）	1399	1753	2680	2858
	#发明专利（件）	4	5	10	14
	发明专利占专利授权量的比重（%）	0.3	0.3	0.4	0.5
广东④	专利授权量（件）	15799	18259	22761	29235
	#发明专利（件）	261	301	352	953
	发明专利占专利授权量的比重（%）	1.7	1.6	1.5	3.3

数据来源：①来源于《2004广州科技统计要览》；②来源于北京市知识产权局；③来源于上海统计年鉴；④来源于广东省知识产权局；⑤来源于国家知识产权局。

增强广州的技术创新能力还需要注意二个问题：一是企业要注重知识产权保护。在课题立项前应做好专利文献检索和分析论证工作，在研发中对关键性技术应采取措施，进行保密性保护，对取得阶段性成果或已完成的成果，应及时申报专利，原则上不宜发表相关的论文，即使发表论文也不要涉及技术思路和技术秘密。在研发完成进行成果鉴定时，对关键技术应模糊和淡化，不能模糊和淡化的成果也可以不鉴定，作为商业和技术秘密自我保护。二是应该通过政府采购，来扩大高新技术产品需求。市场需求是激励创新的决定性因素。西欧一些研究表明[①]：企业主要从用户那里得到需求信息反馈，作为产品创新的基本依据。其中，全新的新思路100%来自用户；重大革新思路58%来自用户，30%来自企业生产需要，12%源于其他。美国研究结果显示，来自技术推动的占22%，源于市场需求的为47%，企业生产需求占31%。英国一项研究表明，来自技术推动的创新仅占22%，源于市场需求为48%，来自企业生产需求占35%。这些研究结果表明：需求特别是市场有效需求才是技术创新的重要源泉。因此，有必要通过政府有目的的采购、增加对高新技术产业的需求，提高其产品的价格水平，使得企业可以弥补其初期的高成本，降低成长初期的高风险。政府采购应注意几点：一方面，要增加政府采购的额度，创造出充足的需求，拉动技术创新的发展。其次，加大对技术创新产品的倾斜。再次，政府应该有选择地，针对性地扶持。应该在众多的项目中挑选出具有发展前景，对社会可持续性发展影响深远的项目加以支持。最后，政府应该加强法制建设，制定出行之有效的《政府采购法》，使政府采购有法可循，依法办事。

（五）人力资源比较

近年来，广州采取一系列引进人才的政策措施，充实了人才队伍。2003年广州人力资源分指数排在第4位（见表5-2）。6项二级指标中，有3项指标排在前四位。其中，每万人口中在校大学生数排第4位，每万从业人员中专业技术人员数排第3位，每万从业人员中从事科技活动人员数排第4位。没有指标排在第六位以后，具体数据见表5-8。2003年广州每万从业人员中从事科技活动人员数244人，高于上海（185人）、深圳（75人），低于北京（385人）。每万从业人员中科学家工程师150人，高于上海（140人）、深圳（70人），低于北京（321人）。每万从业人员中R&D人员80人，高于上海（69人）、深圳（43人），低于北京（157人）。与上海相比，广州科学家工程师规模较少，但其余衡量人才密

---

① 徐小东：运用政府采购推动技术创新的理论与实践探析，《企业技术开发》，2003（2）。

度的指标，广州均高于上海。与深圳相比，则无论是科学家工程师规模规模，还是反映人才密度的其他5个指标，广州都好于深圳。所以广州人力资源分指数排在国内16城市的第4位，排在上海与深圳之前，但不及北京、杭州、苏州与南京。

高新技术产业属于知识密集型产业，其特点在于，在诸要素中，高素质的人才在高新技术产业发展中起决定作用。因此，要激发科技人员的创新和创业精神，而其中的关键是要建立起"收益与风险相匹配"的政策环境。要建立起技术入股制度、科技人员持股经营制度、技术开发奖励制度等，形成与国际惯例接轨的符合高新技术产业特点的、以保护知识产权为核心的分配制度和经营制度，使技术和成果真正成为生产力要素，并获得应有的价值。

表5-8 16城市人力资源二级指标数据及排名

排名	1	2	3	4	5	6	7	8	9	10	11	12	13	14	15	16
每万人口中在校大学生数（人）	南京	武汉	西安	广州	沈阳	杭州	北京	厦门	上海	天津	青岛	宁波	苏州	重庆	深圳	东莞
	750	628	560	517	509	412	398	337	282	265	234	146	139	81	58	43
每万从业人员中人口专业技术人员数（人）	北京	南京	广州	沈阳	杭州	苏州	深圳	上海	厦门	天津	西安	东莞	宁波	青岛	武汉	重庆
	2090	1437	11363	1302	1082	1062	1032	972	913	910	894	785	692	668	80	31
科学家工程师数（万人）	北京	杭州	上海	苏州	广州	西安	天津	重庆	南京	武汉	沈阳	青岛	深圳	宁波	厦门	东莞
	22.6	14.0	11.4	9.7	7.8	6.7	5.6	4.8	4.4	3.8	3.6	3.5	3.0	2.2	1.5	1.0
每万从业人员中人口中科学家工程师数（人）	北京	杭州	苏州	西安	南京	广州	上海	厦门	天津	沈阳	东莞	青岛	深圳	宁波	重庆	武汉
	321	310	280	165	158	150	140	132	109	101	86	79	70	56	28	22
每万从业人员中从事科技活动人员数（人）	苏州	北京	杭州	广州	西安	南京	上海	厦门	青岛	沈阳	天津	东莞	深圳	宁波	重庆	武汉
	1039	385	385	244	221	220	185	176	164	157	154	107	79	77	38	27
每万从业人员中R&D人员数（人）	北京	西安	南京	杭州	广州	上海	厦门	天津	沈阳	深圳	青岛	东莞	苏州	宁波	武汉	重庆
	157	101	100	90	80	69	60	56	44	43	41	40	34	24	17	10

(六) 技术支持比较

2003年广州技术支持从分指数得分来看，为负值，说明总体水平低于16城市的平均水平，从排名来看，排在第6位，处于16城市的中游（见表5-2）。4项二级指标中，没有排在前四位的指标。排在第9位以后的指标有2项，其中国家重点实验室数广州仅有4家，它们是：依托中山大学的生物防治国家重点实验室、光电材料与技术国家重点实验室、依托中国科学院广州地球化学研究所的有机地球化学国家重点实验室、依托华南理工大学的制浆造纸工程国家重点实验室。广州国家重点实验室数只有北京的8%，上海的17%，南京的三分之一，但比深圳、东莞要多，16城市中排名为第9。国家工程技术研究中心广州仅有3家，它们是：依托广东省医疗器械研究所的国家医疗保健器具工程技术研究中心、依托广州有色金属研究院的国家钛及稀有金属粉末冶金工程技术研究中心、依托广东省农业机械研究所的国家农业机械工程技术研究中心南方分中心。广州的国家工程技术研究中心数，只有北京的7%，上海的43%，南京的二分之一，但多于深圳、东莞，16城市中排第9位，具体数据见表5-9。2003年底广州有重点实验室70家，占广东省的97%以上。2004年底，广州有省级工程中心30家，市级工程中心11家。总的来说，广州的重点实验室和工程技术中心在广东处于领先地位，但在全国来说，顶尖的重点实验室和工程技术中心则相对缺乏，因此，有必要加强对相应的公共技术设施的建设力度，尤其是支持国家重点实验室与工程技术中心的建设，通过加强源头创新与科技成果的转化，来增强创新能力，加速高新技术产业化进程。值得一提的是，在建设公共技术设施的过程中必须注意两点，一是真正做到"公共"，二是建立严格的绩效考核制度，在加大对各类实验室、中心、基地的投入的同时，严格考查其产出，对不合格的进行淘汰。

表5-9 16城市技术支持二级指标数据及排名

排名	1	2	3	4	5	6	7	8	9	10	11	12	13	14	15	16
国家重点实验室数（个）	北京	上海	南京	武汉	西安	天津	杭州	沈阳	广州	重庆	苏州	厦门	青岛	深圳	东莞	宁波
	49	23	12	11	9	7	6	4	4	2	1	1	0	0	0	0
国家工程技术研究中心（个）	北京	南京	上海	武汉	天津	西安	沈阳	杭州	广州	重庆	深圳	青岛	苏州	东莞	宁波	厦门
	43	8	7	7	5	5	4	3	2	2	1	1	0	0	0	0
科技成果获国家级奖励数（个）	北京	上海	天津	南京	武汉	广州	重庆	西安	杭州	厦门	沈阳	青岛	深圳	宁波	东莞	苏州
	65	23	14	13	12	7	7	7	7	4	2	2	1	0	0	0
技术市场成交金额（亿元）	北京	上海	苏州	重庆	广州	杭州	天津	南京	沈阳	武汉	深圳	厦门	西安	青岛	宁波	东莞
	226.60	142.78	68.05	55.50	49.42	42.64	42.00	36.30	30.40	30.31	26.50	8.03	5.30	3.40	2.35	0.08

注：国家重点实验室和国家工程技术研究中心是指经国家科技部认定的重点实验室和工程技术研究中心，不含其他部委认定的重点实验室和工程技术研究中心。

（七）支撑环境比较

到2003年底，全市拥有孵化场地38.2万平方米，在孵企业541家，广州科技企业孵化协会正式挂牌成立。有科技型中介服务机构900多家，技术产权交易所两家（华南技术交易中心和广州技术产权交易所），各类风险投资及其管理机构20多家，各类规划的担保公司40多家，并成立了广州风险投资行业协会—广州风险投资促进会。2003年，各类风险投资机构投资项目约150个，累计投资金额16亿元，带动项目投资资金60亿元。可见，孵化器的建设、中介服务的不断完善、风险投资的不断进入，有力地促进广州高新技术产业的发展，提升了高新技术产业竞争力。

2003年广州支撑环境分指数排在第7位（见表5-2），在16城市中居于中等水平。5项二级指标中，地方财政科技拨款总量排第4位。排在9位以后的指标有2项，其中，境内上市股票数指标居第10位，在孵企业数排第12位，具体数据见表5-10。可以看出，广州对科技投入绝对量居16城市前列，与城市经济实力基本吻合。而投入相对量指标，即地方政府科技拨款占地方财政支出比重达2.94%，低于深圳、东莞、北京，但高于上海，应该说相对于广州的经济实力，还有提高的空间，综合判断，广州的地方政府科技拨款占地方财政支出比重在3%-3.2%比较合

表 5-10　16 城市支撑环境二级指标数据及排名

排名	1	2	3	4	5	6	7	8	9	10	11	12	13	14	15	16
境内上市股票数（个）	上海	北京	深圳	南京	重庆	武汉	天津	杭州	西安	广州	沈阳	厦门	宁波	苏州	青岛	东莞
	134	76	73	28	27	24	23	23	20	20	18	16	13	11	9	3
地方政府科技拨款占地方财政支出比重（%）	深圳	东莞	北京	厦门	宁波	广州	天津	杭州	沈阳	青岛	南京	上海	苏州	西安	重庆	武汉
	4.82	4.2	3.42	3.08	2.99	2.94	2.78	2.48	2.23	2.18	1.82	1.8	1.64	1.35	1.08	1.03
地方财政科技拨款总量（亿元）	北京	上海	深圳	广州	天津	宁波	杭州	苏州	重庆	沈阳	青岛	南京	东莞	厦门	武汉	西安
	25.20	19.80	17.30	10.91	9.70	5.60	4.06	3.82	3.69	3.50	3.22	3.19	3.14	2.71	1.77	1.05
孵化面积数（平方米）	上海	北京	武汉	深圳	南京	广州	西安	天津	重庆	杭州	沈阳	东莞	苏州	厦门	宁波	青岛
	85.45	62.94	60.00	60.00	39.60	38.20	37.06	32.70	26.25	24.30	20.60	20.00	18.00	16.20	11.20	24.65
孵化器中在孵企业数（个）	北京	深圳	南京	武汉	上海	天津	西安	苏州	杭州	重庆	厦门	广州	沈阳	宁波	东莞	青岛
	1846	1461	1141	1100	1058	1052	725	594	566	550	543	541	371	293	200	90

适。而在一定程度上反映融资难易程度的指标境内上市股票数在 16 城市居于中等偏后的位置。2003 年广州大中型工业企业技术开发经费中 80% 来源于企业自筹，专项贷款仅占 14.8%。2002 年科技开发贷款占银行贷款总额的比重仅为 0.14%。科技金融机构对高新技术产业的支持较为有限。这一方面是由高新技术产业的特点决定的。因为高新技术企业把资金主要用于研究开发，风险大，一旦倒闭，资金很难追回，因此传统金融机构都不愿意贷款给处于初创期的高新技术企业。另一方面也说明在现阶段缺乏风险退出机制的情况下，科技中介服务在高新技术项目的推荐等环节显得尤其重要，因此，必须吸引社会的力量，通过培育中介机构，来解决高新技术企业的资金来源问题。2003 年广州在孵企业数排第 12 位，在 16 城市中属下游水平。总之，政府有必要适度加大对科技的拨款，引导社会对科技的重视，引导企业加大对创新的投入；进一步完善各类中介服务法规，规范金融、技术、咨询等中介服务，降低交易费用，提高市场运行效率，更好地发挥中介组织的作用。形成网络化、社会化的产业服务支撑体系。鼓励高新技术产业各主要行业组建、完善行

业协会组织，充分发挥协会的协调、协作、自律、桥梁纽带作用。强化高新技术园区孵化器功能，抓紧建设广州科学城创新基地和广州国际企业孵化器，支持高等院校和大型企业集团创办企业孵化中心，逐步形成覆盖全市、功能互补、资源共享的多层次高科技企业孵化网络。

（八）发展环境比较

人才是可以流动的，资金是可以流动的，而环境是固定的，只能改善不能替代。人才、技术优势是可以利用的资源，但有了这些优势，不一定能发挥作用，没有好的环境条件，人才、资金和技术也会流走，而有了好的环境，可以吸引人才和技术。美国硅谷、台湾新竹的环境好，吸引了人才、技术，促进了高新技术产业的发展。

2003年广州发展环境分指数排在第3位（见表5-2），在16城市中排在前列。14项二级指标中，文化指数、人均GDP、每万人口中服务人员数、人均邮电业务量、每百人移动电话数、每万人口使用互联网户数、每万人拥有医生数、工业总产值、GDP共9项指标排在16城市的前四位。排在9位以后的指标有2项，人均公共图书拥有量排在第10位，职工平均工资逆向指标排在第14位，具体数据见表5-11。广州具有宽松的文化环境、较好的生活环境、便捷的基础设施、完善的法制环境、有利于要素流动的市场环境，这些都提升高新技术产业竞争能力。在评价的八个竞争力分指数中，发展环境分指数对广州的竞争力指数贡献最大，是高新技术产业发展的重要优势。虽然职工年平均工资逆向指标排名靠后，在一定程度上说明广州的人力资本成本相对较高，但与劳动密集型产业不同，发展高新技术产业需要高素质的人才，较高的人力资源资本有利于吸引人才的聚集，将促进竞争能力的提高。

表5-11 16城市发展环境二级指标数据及排名

排名	1	2	3	4	5	6	7	8	9	10	11	12	13	14	15	16
文化指数	深圳	北京	广州	厦门	苏州	上海	重庆	青岛	宁波	南京	西安	天津	武汉	东莞	杭州	沈阳
	92	88	87	81	80	79	75	74	74	73	73	71	70	70	70	62
人均GDP	东莞	深圳	厦门	广州	苏州	上海	杭州	宁波	北京	南京	天津	青岛	沈阳	武汉	西安	重庆
（元/人）	59636	54545	53590	48372	47406	46585	32667	32629	32061	27307	25874	23398	23248	21460	12233	8075

续表

排名	1	2	3	4	5	6	7	8	9	10	11	12	13	14	15	16
每万人口中服务人员数（人）	北京	深圳	上海	广州	东莞	厦门	杭州	沈阳	武汉	天津	南京	青岛	宁波	重庆	苏州	西安
	3611	3180	3147	3103	2739	2717	2581	2450	2362	2249	2240	2152	1816	1711	1619	955
职工年平均工资逆向指标	沈阳	武汉	重庆	西安	青岛	天津	南京	厦门	苏州	上海	东莞	宁波	杭州	北京	广州	深圳
	0.86	0.85	0.80	0.74	0.68	0.54	0.53	0.53	0.51	0.45	0.44	0.42	0.41	0.40	0.35	0.33
人均邮电业务量（元/人）	东莞	广州	深圳	北京	上海	厦门	天津	苏州	杭州	宁波	沈阳	武汉	南京	青岛	西安	重庆
	6613	3943	3553	2463	2179	1668	1230	1213	1147	1067	996	903	804	801	722	388
每百人移动电话数（台）	深圳	广州	北京	上海	厦门	东莞	宁波	苏州	杭州	南京	武汉	天津	沈阳	青岛	西安	重庆
	156.00	146.00	95.40	81.76	78.00	75.00	69.00	65.00	64.00	53.00	45.43	41.50	39.91	39.60	33.66	19.78
每万人口使用互联网户数（户）	广州	深圳	北京	上海	天津	东莞	宁波	南京	沈阳	西安	厦门	武汉	杭州	苏州	青岛	重庆
	4344	4108	3464	3220	2429	2309	1523	1442	1350	1236	1235	1050	1030	782	533	300
人均道路面积（平方米/人）	东莞	青岛	苏州	深圳	上海	南京	广州	北京	天津	杭州	武汉	厦门	宁波	西安	重庆	沈阳
	22.00	15.57	13.60	12.80	12.46	12.13	11.16	9.60	8.80	8.50	8.38	8.15	6.80	6.24	6.00	4.54
人均年用电量（千瓦时/人年）	苏州	深圳	上海	厦门	广州	北京	杭州	宁波	南京	天津	武汉	青岛	东莞	沈阳	西安	重庆
	6185	5804	5559	4855	4178	4070	3777	3442	3377	3301	2289	2049	2024	1904	1423	860
人均公共图书拥有量（册/人）	北京	南京	深圳	上海	杭州	沈阳	厦门	武汉	广州	东莞	天津	苏州	西安	青岛	宁波	重庆
	2.92	1.90	1.62	1.35	1.10	1.06	1.04	1.02	0.95	0.93	0.91	0.50	0.47	0.38	0.29	0.22
每万人拥有医生数（人）	北京	上海	广州	厦门	天津	沈阳	杭州	武汉	东莞	南京	西安	宁波	青岛	苏州	深圳	重庆
	41.61	32.87	32.00	28.20	27.86	26.27	25.70	25.35	24.00	23.80	20.93	19.40	18.67	17.40	16.00	11.86
人均公共绿地面积（平方米/人）	深圳	北京	宁波	南京	广州	青岛	上海	东莞	武汉	厦门	苏州	沈阳	杭州	天津	西安	重庆
	15.10	11.25	10.56	10.02	9.44	9.34	9.16	8.70	8.32	8.12	7.60	6.80	6.73	6.67	5.35	3.10
工业总产值（亿元）	上海	苏州	深圳	广州	天津	北京	杭州	青岛	宁波	沈阳	南京	武汉	重庆	厦门	东莞	西安
	11267	7011	5614	4706	4371	3677	3203	3120	2630	2571	2509	2105	1994	1589	1394	1210
GDP（亿元）	上海	北京	广州	深圳	苏州	天津	重庆	杭州	武汉	宁波	青岛	沈阳	南京	东莞	西安	厦门
	6251	3664	3497	2861	2802	2387	2251	2100	1871	1787	1780	1602	1576	948	942	760

注：职工年平均工资逆向指标＝10000/职工年平均工资，用来反映工资成本。文化指数由价值取向指数、创业精神指数、创新意识指数、交往操守指数构成，价值取向指数等四指数的原始数据来源于《中国城市竞争力报告NO.2》。具体计算过程是取16城市的价值取向指数的原始数据，以16城市中指数最高的为100，同比计算出其他城市的价值取向指数。如此类推，计算出16城市的创业精神指数、创新意识指数、交往操守指数。然后取每个城市四指数的平均值，即为该城市的文化指数。

值得一提的是政府在改善发展环境时,要注意创造有利于高新技术产业发展的文化环境,要包容个性并宽容失败。技术创新的过程就是探索、研究和冒险的过程。不包容个性,就不可能提升创新能力;不宽容失败,谁还敢去冒险搞创新。要给科研工作者一个比较宽松的空间,不要让他们背着"只能成功不能失败"的包袱。尤其应形成一种鼓励创新、宽容失败的创新文化氛围;应在坚持科学态度和科学精神的前提下,支持创新人才大胆提出新设想、新理论、新方法,勇于标新立异;鼓励创新,同时包容个性;宽容失败。对于从事技术创新的失败者,通过独特文化氛围和环境,给予充分的理解、容纳、安慰,而不是指责和歧视,让其从失败中总结经验和教训。调动人的积极性,发挥其主动性,才能不断提高企业技术创新能力,提升城市的高新技术产业竞争力。

综上所述,在全国 16 城市高新技术产业竞争力比较中,广州排在中上游位置,其中产业效益突出,产业发展环境较好,人力资源相对充裕,而产业规模、技术创新、技术支持、支撑环境则居于中游位置,相对较差的是产业布局居于后游位置,究其原因主要是产业集中度不高,高新园区的企业规模与产出效益有待提高。

四、本章小结

本章主要包括三部分内容,第一部分主要阐述高新技术产业竞争力内涵,在总结相关研究的基础上,认为高新技术产业在一定的经济体制和国民经济环境下所表现出来的综合实力及其发展潜力强弱的程度;第二部分主要构建全国 16 城市高新技术产业竞争力综合评价模型,提出了包含三个层次,八个二级指标,48 个三级指标的指标体系;第三部分利用评价模型的计算结果,对广州高新技术产业竞争力进行评价分析,具体从排名来看,在 16 城市中,广州高新技术产业综合指数排在第四位,其中优势方面主要有：产业效益排在第一、发展环境排在第三位、人力资源居第四位，中游位置主要有：产业规模、技术创新、技术支持、支撑环境，分别位于第六或第七位，劣势指标主要是产业布局，排在第十三位。

第六章 广州居民富裕程度综合评价研究

本章在界定富民相关概念的基础上,建立居民富裕程度评价指标体系,并对广州进行综合评价,在此基础上总结分析广州存在的问题及原因,最后提出相关政策建议。

一、富民概念与内涵

(一)富民内涵

"富民"是指人民日益增长的物质文化需要能够不断满足,使大多数居民收入增长、家庭财富增加、生活水平提高,是一个动态的过程。具体来看:

首先,"富民"就是提高居民的货币收入。收入是衡量居民贫富水平最直观的指标,也是"富民"最基本的内涵。居民收入增长是促进消费最重要的前提条件,只有收入增长,富民的根本目的才能实现。

其次,"富民"是财产存量的增加。收入的富余产生储蓄,各种储蓄成为财富,而财富又是人们创业初期的资本积累,蕴藏着进一步富民的无限可能。家庭财产在经济生活中扮演着越来越重要的角色,成为反映居民生活水平的重要指标。财产增加更具有意义的是导致家庭经营性资产的增加，使富民具有了自我累进扩张的路径。

第三，富民是人们生活水平和生活质量的提高。富民，既直接体现在居民货币收入水平的增长上，也涵盖了居民的生活水平和生活质量的提高上。所谓衣、食、住、行、生、老、病、死、安、居、乐、业，就是指居民直接面对的微观生活的林林总总，这些与老百姓的生活息息相关的指标，直接体现着人民的生活水平和生活质量。随着居民的生活水平和生活质量提高，居民的消费活动更多地从家庭转向社会，并会生成对公共产品的大量需求，从而促进基础设施建设和公共服务体系建设。

第四，富民是大多数人的共同富裕。经济发展的基本目标就是要摆脱贫困，富裕人民。过去提允许一部分人先富起来，这在当时是必要的，其主要意义是推动人们解放思想。现在我们提出实施富民优先战略，是把富民作为经济发展的最终目标以及经济增长的原动力来考虑的，因此，富民目标，不是一部分人富，而是大部分人富，要实现的是大多数人的共同富裕。

（二）富民与生活质量

生活质量是一个复杂、内容广泛的概念。我国学者将"生活质量"主客观两个方面结合起来，把生活质量定义为：社会提供国民生活的充分程度和国民需求的满足程度。周长城所作的定义为：生活质量就是环境供给人们生活条件的充分程度以及人们生活需求的满足程度，是在一定的物质基础之上，社会成员对自身及其自身所处的各种环境的感受的评价（周长城，2001）。首先，生活质量是一个综合性的概念，它包括影响人们生活的各个方面的因素，既包括物质方面的因素，也包括精神方面的因素；既包括客观方面的因素，也包括主观方面的因素；既包括社会方面的因素，也包括个人方面的因素。其次，生活质量不仅包括客观物质条件（满足人们的需求水平），而且包括人们对客观物质条件的主观评价。

生活质量与富民的共同点是都包含"环境供给人们生活条件的充分程度"的内容。而生活质量还包含主观方面的因素，即人们对客观物质条件的主观评价，富民则更强调客观因素。因此，生活质量与富民内涵又有所不同。

(三) 富民与全面小康社会

"小康"一词,语出《诗经.大雅》,是一个典型的中国式概念。从狭义理解,它指的是一种生活状况或生活水平,即"富有仍嫌不足,但温饱已经有余"。从广义理解,除经济生活外,还涉及社会、政治、文化、生态环境等诸多领域①。也就是说,小康社会不仅是指人民享有发达的物质生活,还包括人的政治生活、精神生活和社会生活方面的质的变化,全社会走上物质文明、精神文明、政治文明良性互动的全面文明的发展道路。正如十七大报告所提出的那样,使"现代国民教育体系更加完善,终身教育体系基本形成,全民受教育程度和创新人才培养水平明显提高。社会就业更加充分。覆盖城乡居民的社会保障体系基本建立,人人享有基本生活保障。合理有序的收入分配格局基本形成,中等收入者占多数,绝对贫困现象基本消除。人人享有基本医疗卫生服务。社会管理体系更加健全。",同时"社会主义核心价值体系深入人心,良好思想道德风尚进一步弘扬。覆盖全社会的公共文化服务体系基本建立,文化产业占国民经济比重明显提高、国际竞争力显著增强,适应人民需要的文化产品更加丰富。公民政治参与有序扩大。依法治国基本方略深入落实,全社会法制观念进一步增强,法治政府建设取得新成效。基层民主制度更加完善。政府提供基本公共服务能力显著增强"。即全面小康社会是一个适应和促进人的全面发展的社会。

全面小康社会是一种状态,是广州未来几年的奋斗目标,而富民则是一个动态过程,是广州未来几年实施的发展战略之一,是实现全面建成小康社会的重要途径。

(四) 富民与和谐社会

和谐社会就是全体人民各尽其能、各得其所而又和谐相处的社会,用社会学的术语来表达就是良性运行和协调发展的社会。广义的和谐社

---

① 蔡平:"小康社会"与"和谐社会",中学政治教学参考,2005 (10)。

会涵盖整个社会领域，包括经济、政治、文化、社会生活等各个方面，是这些方面的有机统一。到二〇二〇年，我国构建社会主义和谐社会的目标和主要任务是：社会主义民主法制更加完善，依法治国基本方略得到全面落实，人民的权益得到切实尊重和保障；城乡、区域发展差距扩大的趋势逐步扭转，合理有序的收入分配格局基本形成，家庭财产普遍增加，人民过上更加富足的生活；社会就业比较充分，覆盖城乡居民的社会保障体系基本建立；基本公共服务体系更加完备，政府管理和服务水平有较大提高；全民族的思想道德素质、科学文化素质和健康素质明显提高，良好道德风尚、和谐人际关系进一步形成；全社会创造活力显著增强，创新型国家基本建成；社会管理体系更加完善，社会秩序良好；资源利用效率显著提高，生态环境明显好转；实现全面建设惠及十几亿人口的更高水平的小康社会的目标，努力形成全体人民各尽其能、各得其所而又和谐相处的局面。

可见，和谐社会包含的内容更加丰富，不仅涉及经济与社会，还涉及到政治、与生态方面的内容。富民是建设和谐社会的基础和条件，只有富民，才能实现社会和谐。

二、居民富裕程度评价指标体系

根据富民内涵，本章从居民收入、居民储蓄、居民指出、社会保障、人居环境五个方面建立富民指标体系。具体指标见表6-1所示。

表6-1 富民评价指标体系

一级指标	二级指标	三级指标
	居民收入	职工年人均工资，城市居民家庭人均年收入，农村居民家庭人均总收入，城镇居民人均可支配收入，农村居民人均纯收入，城市最低20%收入家庭人均可支配收入
	居民储蓄	城乡居民储蓄余额，居民人均储蓄存款余额，

续表

一级指标	二级指标	三级指标
富民	居民支出	居民家庭人均年支出，人均消费性支出，恩格尔系数，教育文化娱乐消费支出比重
	社会保障	基本养老保险覆盖面，失业保险覆盖面，基本医疗保险覆盖面
	人居环境	工业废水排放达标率，人均道路面积，每万人拥有公交车辆，绿化覆盖率，每位小学教师负担学生数

1. 居民收入

居民收入是指一定时期居民获得的全部收入。居民收入决定居民消费。首先，居民收入水平决定居民消费水平。一般来说，收入与消费支出呈正相关关系；其次，居民收入水平决定居民耐用消费品的拥有量。第三，居民收入水平决定居民消费需求结构。居民收入决定居民储蓄。当居民收入增加，储蓄倾向就会随之提高。因此，居民收入是反映居民富裕程度的重要方面。这里用职工年人均工资，城市居民家庭人均年收入，农村居民家庭人均总收入，城镇居民人均可支配收入，农村居民人均纯收入，城市最低20%可支配收入来反映居民收入。其中职工年人均工资反映职工收入，城市居民家庭人均年收入和城镇居民人均可支配收入反映城市居民收入，农村居民家庭人均总收入与农村居民人均纯收入反映农村居民收入。城市最低20%收入家庭人均可支配收入反映低收入家庭收入。农村居民收入与低收入家庭收入指标的选择体现了富民中共同富裕的内涵，换句话说，只有低收入家庭和农民的收入大幅提高，才能真正实现共同富裕。

2. 居民储蓄

居民为了某一目的，或当收入水平达到了满足基本生活需求后，居民会将收入的一部分用于储蓄。居民储蓄将减少当期消费，并且将影响将来的消费水平和结构。一般而言，居民收入越高，储蓄的水平与倾向越高。由于储蓄存款是居民金融资产的主体，而目前对居民资产的统计几乎难以找到，因此，这里用居民储蓄代替居民资产来反映居民财富的拥有程度。其中，城乡居民储蓄余额反映居民储蓄总量，居民人均储蓄存款余额反映人均水平。

3. 居民支出

居民收入的最终途径是实现居民消费,居民消费是指居民消耗消费品和消费性劳务满足人民生理的、精神的和社会的需要。直接反映居民富裕程度,是衡量富民的重要方面。这里选用居民家庭人均年支出,人均消费性支出,恩格尔系数,教育文化娱乐消费支出比重指标来反映居民的消费与支出。其中,居民家庭人均年支出,人均消费性支出反映居民的消费与支出的总体水平。恩格尔系数,教育文化娱乐消费支出比重指标反映居民的消费结构。

4. 社会保障

社会保障是社会化大生产的产物。在现代市场经济中,社会保障制度是经济社会制度中不可缺少的组成部分,也是市场经济运行所不可缺少的条件。社会保障是拉动消费的重要因素,是居民共同富裕的前提。这里用基本养老保险覆盖面,失业保险覆盖面,基本医疗保险覆盖面来反映社会保障的覆盖程度。

5. 人居环境

人居环境是指居民生活过程中所依存的环境的总和,反映居民生活的方便程度和舒适程度,包括自然环境和人工环境。人居环境是富民的重要组成部分。如果一个地区污水随处、垃圾遍地,即使收入丰厚,其居民的富裕程度也不会很高。人居环境包含诸多方面,这里以工业废水排放达标率,人均道路面积,每万人拥有公交车辆,绿化覆盖率,每位小学教师负担学生数作为其衡量指标。其中工业废水排放达标率与绿化覆盖率反映生态环境质量,人均道路面积反映交通基础设施的完备程度,每万人拥有公交车辆反映城市的便利程度,每位小学教师负担学生数则在一定程度上反映教育资源的稀缺程度。

三、广州居民富裕程度纵向评价与比较

(一) 评价对象与方法

纵向评价主要是从动态角度对广州居民富裕程度进行评价,了解其

历程与变化,这里主要评价1996-2006年广州的进展。根据第一章的介绍,综合评价可采用的方法较多,由于本指标体系由很多指标存在相关性,存在较多重复信息,因此,这里采用主成分分析法来进行测算。

(二) 评价结果及分析

通过测算,得到纵向评价结果(见表6-2),总的来看,1996-2006年广州居民富裕程度逐年稳步提高,1996年-142,到2006年达到157。

表6-2 1996-2006年广州居民富裕程度指数及各项分指数

	富民指数	居民收入指数	居民储蓄指数	居民支出指数	社会保障指数	人居环境指数
1996	-142	-43	-14	-26	-19	-40
1997	-113	-32	-11	-23	-19	-27
1998	-93	-26	-9	-23	-17	-18
1999	-76	-21	-8	-16	-9	-22
2000	-26	-11	-6	-3	2	-8
2001	0	-2	-3	-2	1	6
2002	28	8	1	7	6	7
2003	49	6	6	11	9	18
2004	88	22	10	20	13	24
2005	127	41	16	24	15	32
2006	157	59	20	31	19	29

1. 城乡居民收入稳步增长

1996-2006年广州居民收入逐年增长,指数从1996年的-43,增长到2006年的59,具体来看,居民收入增长具有以下特征:

表6-3 广州城乡居民家庭收入

年份	城镇居民家庭总收入(元)	农村居民总收入(元)
1996	9954.77	6482.42
1997	10495.41	7269.41
1998	11322.4	7120.09
1999	12145.1	7181

续表

年份	城镇居民家庭总收入（元）	农村居民总收入（元）
2000	14193.9	7080.42
2001	14965	7542.65
2002	15332.7	7918.81
2003	17294.16	7032.36
2004	19595.07	7510.31
2005	21299.61	8380.25
2006	23408.87	8982.66

注：数据分别来自于《广州统计年鉴》（1997－2007）。

（1）居民收入总量不断增长

城乡居民家庭总收入稳步增长（见表6－3）。1996年，广州市城镇居民人均总收入只有9954.77元，2001年上升到14965元，2006年进一步增长到23408.87元，按现价计算，1996－2006年年均增长率达到8.95%；1996年广州农村居民人均总收入6482.42元，2006年增长到8982.66元，按现价计算，1996－2006年农村居民总收入年均增长率达到4.47%。1996－2006年，广州城镇居民人均可支配收入实际年均增长8.82%，农村家庭人均纯收入实际增长6.71%。

（2）居民收入结构发生变化

首先，从城镇居民家庭收入的构成来看，1996－2006年，工薪收入占居民总收入的比重下降，经营收入、转移性收入占城镇居民收入的比重上升，广州城镇居民收入多元化趋势明显，但是，工薪收入和转移性收入仍是广州城镇居民收入的主体。2006年，广州城镇居民家庭收入中来自工薪方面的收入全年人均18148.06元，占全年城镇居民总收入比重的77.53%，而2001年和1996年分别为79.95%和83%；2006年，广州市城镇居民转移性收入占全年城镇居民总收入比重的16.28%，而2001年和1996年分别13.61%和13.82%；2006年城镇居民经营净收入占城镇居民总收入比重的4.21%，2001年和1996年分别为1.36%和1.13%（见表6－4）。

表6-4 广州城镇居民家庭年人均总收入结构

	1996年	2001年	2006年
总收入（元）	9954.72	14965	23408.87
工薪收入（元）	7802.28	11965.06	18148.06
经营收入（元）	112.8	203.69	984.9
转移性收入（元）	1375.32	2036.95	3810.55
财产性收入（元）	319.32	620.75	465.36
工薪收入占总收入比重	83%	79.95%	77.53%
经营收入占总收入比重比重	1.13%	1.36%	4.21%
转移性收入占总收入比重比重	13.82%	13.61%	16.28%
财产性收入占总收入比重比重	3.21%	4.15%	1.99%

注：数据分别来自于《广州统计年鉴》（1997，2002，2007）。

从农村居民收入构成来看，1996-2006年，广州农村居民家庭经营收入占农村居民总收入的比重下降，劳动者报酬收入占农村居民总收入的比重明显上升，农村居民收入构成呈现出多元化格局。1996年，农村居民家庭经营收入占农村居民总收入比重的65%，2001年该比重下降到44%，2006年，该比重继续下降为32%；1996年，广州农村居民劳动者报酬收入占农村居民总收入的比重只有28%，2001年该比重达到36%，2006年该比重进一步上升到52%（见表6-5）。

表6-5 广州农村居民家庭年人均总收入结构

	1996年	2001年	2006年
总收入（元）	6482.42	7542.65	8982.66
#劳动者报酬收入（元）	1817.65	2684.34	4681.2
家庭经营收入（元）	4187.8	3326.38	2873.52
转移性收入（元）	313.24	431.95	438.72
财产性收入（元）	163.73	1099.98	989.21
劳动者报酬收入占总收入比重	28%	36%	52%
家庭经营收入占总收入比重	65%	44%	32%
转移性收入占总收入比重	5%	6%	5%
财产性收入占总收入比重	3%	15%	11%

注：数据分别来自于《广州统计年鉴》（1997，2002，2007）。

(3) 低收入家庭收入偏低

城调队入户调查数据显示，2006年城市最低20%低收入户家庭人均可支配收入为7070.76元，仅为城市人均可支配收入的35.62%。从农村人均纯收入来看，2006年最低20%低收入户家庭人均纯收入达到3062.33元，仅为农村人均纯收入的39.3%。可见，无论是城市还是农村，低收入家庭收入都偏低。

(4) 广州职工人均工资保持快速增长

1996年，广州市职工年人均工资只有11813元，2001年达到22141元，而2006年进一步增长到36321元，1996－2006年职工人均工资实际年均增长率达到12.12%，远远高于城镇居民人均可支配收入和农村居民纯收入增长速度（见图6－1）。

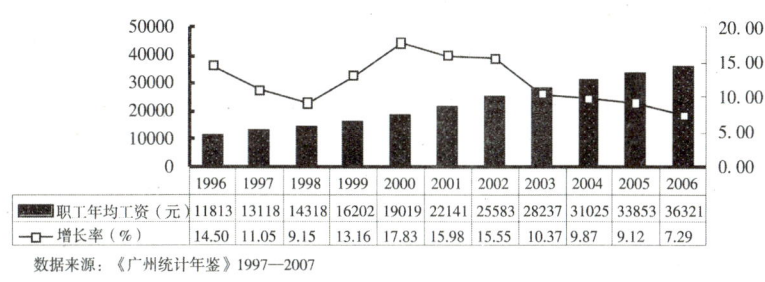

数据来源：《广州统计年鉴》1997—2007
注：增长率是根据现价计算而成。

图6－1　1996－2006年广州职工工资增长趋势

2. 居民储蓄保持快速增长势头

1996－2006年广州居民储蓄逐年增长，指数从1996年的－14，增长到2006年的20。广州市城乡居民实际储蓄在近年来呈现出一种快速增长的趋势。1996年，广州市城乡居民储蓄存款余额1293亿元，2001年达到2600亿元，而2006年则达到5562亿元，1996－2006年广州城乡居民实际储蓄增长率达到17.3%；1996年，广州市城乡居民人均储蓄存款余额19712元，2001年达到36492元，而2006年则达到73119元，按现价计算，1996－2006年广州城乡居民储蓄存款余额平均增长率达到15.58%

(见图6-2)。

3. 居民支出逐年上升

1996-2006年广州居民支出逐年上升,指数从1996年的-26,增长到2006年的31。

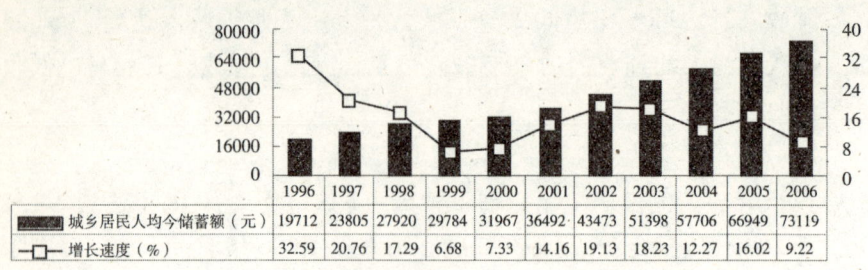

数据来源:《2006年广州统年鉴》,《2007年广州统计年鉴》。
注:增长率是根据现价计算而成。

图6-2　1996-2006年广州居民储蓄

表6-6　广州城乡居民人均总支出

年份	城镇居民家庭人均总支出(元)	农村居民家庭人均总支出(元)	城镇居民人均消费性支出(元)	农村居民人均生活消费支出(元)
1996	8819.6	5154.01	8093	3531
1997	9538.98	5645.2	8768	3602.2
1998	10853.9	5829.06	9422	4144
1999	11217.7	5106.16	9751	3635
2000	12907	5515.7	11350	4453
2001	12919.7	5423.27	11467	4388
2002	13477.2	5506.95	10672	4435
2003	15290.72	5217.68	11571	4116
2004	17872.87	5419.08	13121	4353
2005	19357.9	6741.7	14468	5396
2006	22051.84	7008.43	15444.93	5628.86

注:数据分别来自于《广州统计年鉴》(1997-2007)。

从总量来看，居民消费支出逐年增加，生活质量逐步得到改善。如表6-6所示，1996年，广州城镇居民家庭人均总支出8819.6元，2001年上升到12919.7元，而2006年则达到22051.84元，按现价计算，1996-2006年年均增长率达到9.58%；1996年，农村居民总支出5154.01元，2001年增长到5423.27元，而2006年则达到7008.43元，按现价计算，1996-2006年年均增长率达到3.96%。2006年，城市人均消费性支出为15444.93元，而2001年和1996年仅为11467元和8093元，按现价计算，1996-2006年，广州消费性支出年平均增长率为6.66%；2006年，农村居民生活消费支出5628.86元，而2001年和1996年分别只有4388元和3531元，按现价计算，1996-2006年，农村居民生活消费实际年平均增长率为4.95%。

从消费结构来看，食品、衣着等支出增长相对较为缓慢，而住房、教育、文化娱乐、交通和通讯等项目消费支出明显增长，反映出居民消费结构在不断升级。

（1）食品消费支出缓慢增长，恩格尔系数不断下降

广州食品消费支出增长较为缓慢。2006年，城市食品消费支出是5721.72元，而2001年和1996年分别为4589.72元和4079.64元。1996-2006年，广州城市食品消费年平均增长3.66%。2006年，农村食品消费2397.88元，而2001年和1996年分别为1920.91元和1596.31元。1996-2006年广州农村食品消费年平均增长率为4.10%。

表6-7 广州城乡居民消费结构

	1996年		2001年		2005年		2006年	
	城市	农村	城市	农村	城市	农村	城市	农村
消费性支出（元）	8093	3531	11467	4388	14468	5396	15445	5629
#食品支出（元）	14079.64	1596.31	4589.72	1920.91	5398.18	2331.14	5721.72	2397.88
衣着支出（元）	575.52	105.88	573	107.45	901.7	200.43	956.04	217.6
设备用品及服务支出（元）	634.44	217.99	836.21	221.03	746.44	265.25	789.55	243.25
医疗保健支出（元）	278.28	106.97	557.56	177.08	836.83	336.69	918.15	268.77

续表

	1996年		2001年		2005年		2006年	
	城市	农村	城市	农村	城市	农村	城市	农村
交通与通讯支出（元）	379.56	187.62	1100.27	364.38	2492.04	650.72	2646.58	719.65
娱乐文教与服务支出（元）	976.92	380.31	1515.95	532.78	2328.97	767.34	2530.69	763.84
居住支出（元）	721.56	832.29	1539.97	936.43	1280.26	724.3	1362.96	889.11
杂项支出（元）	446.88	103.25	754.67	128.33	483.82	118.71	519.24	128.74
食品支出占消费支出比重	50.41%	45.21%	40.02%	43.77%	37.31%	43.22%	37.05%	42.60%
衣着支出占消费支出比重	7.11%	3%	5%	2.45%	6.23%	3.71%	6.19%	3.87%
设备用品支出及服务占消费支出比重	7.84%	6.17%	7.29%	5.04%	5.16%	4.92%	5.11%	4.32%
医疗保健支出占消费支出比重	3.44%	3.03%	4.86%	4.04%	5.78%	6.24%	5.94%	4.77%
交通与通讯支出占消费支出比重	4.69%	5.31%	9.59%	8.30%	17.22%	12.06%	17.14%	12.79%
娱乐文教与服务支出占消费支出比重	12.07%	10.77%	13.22%	12.14%	16.10%	14.22%	16.39%	13.57%
居住支出占消费支出比重	8.92%	23.57%	13.43%	21.34%	8.85%	13.42%	8.82%	15.80%
杂项支出占消费支出比重	5.52%	2.92%	6.58%	2.92%	3.34%	2.20%	3.36%	2.29%

注：数据分别来自于《广州统计年鉴》（1997，2002，2006，2007）。

恩格尔系数是反映一个家庭，一个地区，一个国家居民生活状态的重要标志。联合国粮农组织根据恩格尔系数值的大小，将居民生活水平分为以下等级：恩格尔系数在60%以上为绝对贫困，50%~60%为温饱，

40%~49%为小康，30%~39%为富裕，30%为最富裕。1996年，广州城市恩格尔系数50.4%，2001年为40%，而2006年为37.1%。从恩格尔系数来看，广州城市居民的生活已经济达到富裕的标准。2006年，农村恩格尔系数是42.6%，而2001年和1996年分别为43.77%和44.96%。从农村的恩格尔系数来看，广州农村的生活状态相当于广州城市90年代的水平。①

（2）交通和通讯支出迅速增长

随着广州市居民收入不断增加，居民生活水平不断提高，居民消费结构不断升级。城镇居民家庭汽车拥有量、居民移动电话拥有量逐步增加。2003年，广州市城镇居民家庭每百户家庭家用汽车拥有量只有2.3辆，而2006年广州城镇居民家庭每百户家庭家用汽车拥有数量达到10辆。2006年，广州城镇居民每百户移动电话拥有量为241.33台，而2001年和1997年分别为109.4和38台；2000年，农村家庭每百户移动电话拥有量为47台，而2006年为198台；2006年，农村家庭每百户电话机拥有量为100台，而2001年和1996年分别为85和30台。由于居民家庭汽车拥有量、移动电话拥有量逐步增加，带动相关消费快速增长，交通与通讯支出成为广州城乡消费支出增长最快的项目之一。2006年城镇居民交通和通信支出达到2646.58元（其中交通费支出是1637.9元，通信费支出是1008.68元），而2001年和1996年分别为1100.27元和379.56元，按现价计算，1996－2006年年均增长16.87%。2006年城镇居民交通和通信支出占消费支出比重达到17.14%，比1996年提高12.45个百分点。2006年农村居民交通和通信支出达到719.65元，而2001年和1996年分别为364.38元和187.62元，1996－2006年实际年平均增长率为12.01%。2006年农村居民交通和通信支出占消费支出比重达到12.79%（见表6－7），比1996年提高7.48个百分点。

（3）教育文化娱乐服务支出增长较快

广州城镇居民在追求物质生活水平不断提高的同时，对教育文娱等精神生活的需求也明显增加。从家庭教育文化娱乐用品拥有量来看，

---

① 数据来源：《1997年广州统年鉴》，《2001年广州统计年鉴》，《2006年广州统计年鉴》。

2006年，城市家庭每百户家用电脑拥有量为94台，而2001年和1997年分别为60.8和22.6台；2006年，城市家庭每百户钢琴拥有量为6.3台，而2001年和1996年分别为6和2.7台。从消费支出来看，2006年城镇居民教育文化娱乐服务的支出达到2530.69元，占消费支出比重为16.39%，而2001年和1996年分别为1515.95元和976.92元，占消费支出比重分别为12.07%、13.22%（见表6-7）；按现价计算，1996-2006年城镇居民教育文化娱乐服务支出年平均增长率为11.90%。2006年，农村居民教育文化娱乐服务的支出达到763.84元，占消费支出比重为13.57%，而2001年和1996年分别为532.78元和380.31元，占消费支出比重分别为10.77%、12.14%，1996-2006年农村教育文化娱乐服务支出年平均增长率为7.51%。

（4）居住消费不断增长

2006年，广州城镇居民用于居住的消费达到1362.96元，2001年和1996年分别为1539.97元和721.56元（见表6-7），虽然出现一定波动，但1996-2006年实际年均增长6.83%。2006年，广州农村居民消费性支出中用于居住的支出为889.11元，而2001年和1996年分别为936.43元和832.29元。

4. 社会保障工作全面推进

广州市的社会保障事业，作为全面改革试验的一项重要配套改革，以养老社会统筹改革为先导，逐步向多元化、体系化的社会保险、保障制度改革推进。1996-2006年社会保障指数从1996年的-19，增长到2006年的19。

（1）养老保险率先启动

1992年7月起，广州市固定职工开始实施个人每月缴纳平均标准工资的7%作为退休统筹制度，为向社会保险、保障公积金形式过渡打下基础。1993年，广州市政府颁布了《广州市企业职工社会劳动保险规定》，标志着广州市社会保险、保障制度改革进入一个新的发展阶段。此后，广州市社会保险不断完善企业职工基本养老保险计发办法，试行补充养老保险与个人储蓄养老保险办法，养老保险基金实行市、区一体化管理。1996年后，按照《广州市社会保险条例》，理顺了原行政性总公司成建制转为企业，工勤人员和区街机关事业单位非财政拨款人员纳入社会养老保险范围的问题，有力地促进了政府机构改革和人员分流。此后，广州市颁发了《关于广州建立统一的企业职工基本养老保险实施意见的通知》，又相继出台了"非本市城镇户口的劳动者"和"乡镇企业职工"参加基本养老保险的有关政策。1998 年 4 月，市政府又颁发了《广州市私营企业和个体工商户从业人员基本养老保险实施办法》，又对机关事业单位工勤人员和全市事业单位体制改革后参加基本养老保险等问题作出规定。1999 年，广州市参加养老保险的人数为 78.30 万人，对全市户籍人口的覆盖面只有 11.43%，2006 年，广州市参加养老保险的人数增加到 215.02 万人，对全市户籍人口的覆盖面达到 28.27%。

（2）失业保险及时推出

随着市场经济体制改革的深入，企业经营体制转换，富余人员及关闭企业精简的人员日益增多，广州市及时推出失业保险制度，坚持"重新安置为主，失业救济为辅"的原则，失业保险制度不断完善，基本形成了为失业人员提供再就业辅导和职业介绍的一条龙服务系统，为消化和安置企业的富余人员提供了良好的环境。1999 年，广州市参加失业保险的人数为 104 万人，失业保险对全社会从业人员的覆盖面只有 22.86%，2006 年全市参加失业保险的人数达到 241.82 万人，失业保险对全市户籍人口的覆盖面达到 39.71%。

（3）医疗保障制度的改革不断深入

1997 年以来，广州市按照国务院关于职工基本医疗保险制度改革的精神，1999 年上半年草拟出实施方案，1999 年 10 月底向人大专题汇报，至 2000 年，已完成医疗保险制度改革方案的调研、测算、修改和申报工作，并从 2000 年 12 月起，在社会化管理的退休人员中开始了医改试点。2001 年 6 月，经过多年反复论证和修改完善的广州医改方案，得到了省政府的批准。2001 年，广州市成立了医疗保险经办机构——广州市医疗保险服务管理中心。2001 年，市政府颁布了《广州市城镇职工基本医疗保险试行办法》，12 月 1 日，广州医改正式启动实施。2002 年，广州市基本医疗保险的参保人数为 108.64 万人，覆盖面只有 15.08%，2006 年广州基本医疗保险的参保人数增长至 307.27 万人，覆盖面达到 40.39%。

（4）工伤保险和生育保险逐步规范

1993 年，广州市制订了《广州市企业职工社会工伤保险实施细则》，对工伤保险的缴费标准作出规定。为了切实加强社会工伤保险的管理，1999年又制订实施了《广州市社会工伤保险定点医院管理办法》和《广州市社会工伤保险工伤医疗费核销暂行管理办法》，进一步规范了工伤医疗政策、管理措施和医疗费核销手续、费用标准等，提高了工伤残疾人员的生活待遇。据统计，至1999年，工伤保险的参保人数为103.39万人，2006年则增长到214.61万人。1995年，广州制订了《广州市企业职工生育保险实施细则》，并于7月1日在全市范围内实施。1999年，广州市生育保险的参保人数为66.58万人，2006年达到98.25万人。

5. 人居环境建设成效显著

1996–2006年广州人居环境发生巨大变化，指数从1996年的 –40，增长到2006年的29。

（1）环境污染治理工作成效明显

"九五"、"十五"以来，广州市以治理水环境污染为重点，实施"蓝天碧水"工程，全力加快推进环境建设。"九五"、"十五"期间运行的污水处理厂有大坦沙一、二期、大坦沙三期、猎德一期和二期、西朗一期、开发区污水厂等7座污水处理厂，至2006年10月，全市生活污水处理能力达207.4万吨/日，2005年，城市生活污水集中处理率达71.3%，而2001年和1995年生活污水集中处理率分别为28.5%和16.7%。2006年工业废水排放达标率为96.01%，而2001年和1996年分别为88.54%和57.08%（见图6–3）。在固体污染控制方面，建成兴丰填埋场和李坑焚烧厂两个垃圾处理厂。2006年，广州工业固体废物综合利用率为91.13%，而2001年和1996年分别为87.1%和56.23%（见图6–3）。

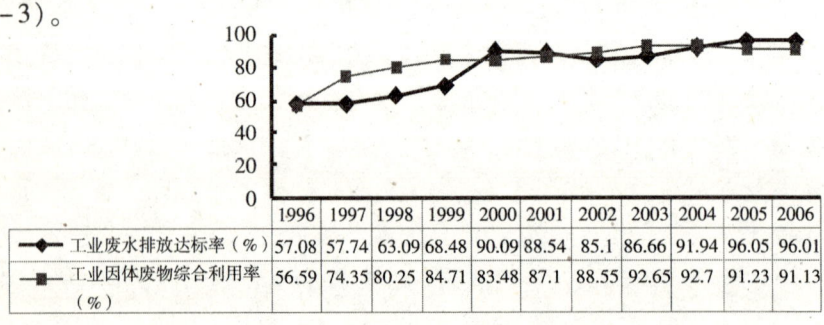

图6–3　1996–2006年广州城市环境指标运行趋势

(2)"青山绿地"工程稳步推进

广州按照"两个适宜"的山水型生态城市的要求，积极实施"青山绿地"工程，全力推进白云山、帽峰山等风景名胜保护区和森林公园、生态公园、城市公园、城市绿化广场、城市道路、河涌沿岸的绿化建设。2006年绿地面积达到115361公顷，而2001年和1996年分别为99144公顷和27248公顷；2006年，建成区绿化覆盖面积达到28688公顷，而2001年和1996年分别为16550公顷和6676公顷；2006年，全市建设成区绿化覆盖率达到36.79%，而2001年和1996年分别为31.44%和25.5%；2006年，城市公园总数达到191个，市区人均公共绿地面积达到12.02平方米，2001年和1996年分别为8.05平方米和3.92平方米（见图6-4）。广州逐步形成了外围生态圈、交通绿化走廊、城市绿化景观和中心城市区绿地系统，城市园林绿化指标已达到国家园林城市的要求，向"城在林中，林在城中"的理想目标大步迈进，荣获"联合国改善人居环境最佳范例奖"和"国际花园城市"等称号。

(3) 城市交通网络建设取得重大进展

"九五"、"十五"期间，广州市城市交通网络建设取得重大进展，地铁一号线、内环路、环城高速路、华南快速干线、广州地铁二号线调整工程、三号线首通段（广州东站至客村）、四号线（万胜围-新造段）等陆续投入运行，广州地铁五号线建设进展顺利，六号线试验工点黄沙站和二/八号线拆解工程试验工点南洲站开工建设，广佛线试验段魁奇路站折返线土建工程完成并通过验收，广珠线正式动工建设。2006年，广州市城市道路总面积达到8663万平方米，而2001年和1996年分别为5899万平方米和2030万平方米；2006年，广州市城市人均道路面积为13.85平方米，而2001年和1996年分别为10.32平方米和5.23平方米（见图6-4）。2006年，按户籍人口计算，广州市每万人拥有公交车11.31辆，而2001年和1996年每万人分别拥有公交车数9.66辆和6.4辆。

(4) 各类教育稳步发展

"九五"、"十五"以来，广州教育取得了较大的成绩，教育改革不断推进，逐步建立起适应社会主义市场经济体制和符合教育内部发展规律的、具有广州特色的教育体制，形成了公办教育与民办教育共同发展的新格局。在基础教育方面，"九五"以来，广州市在1990年普及九年制

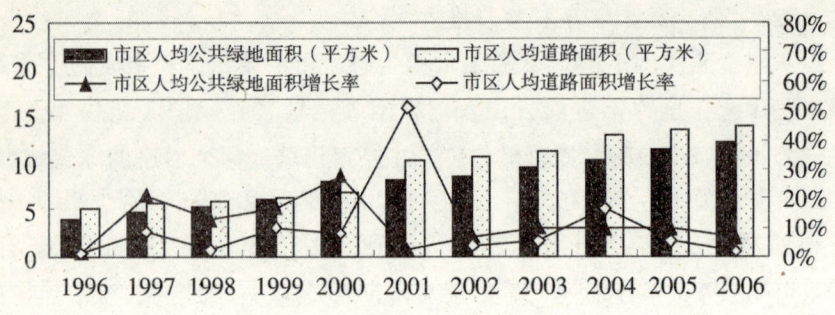

图 6-4 1996-2006 年广州绿化与交通主要指标运行趋势

义务教育的基础上，将农村实行免费义务教育试点提上了日程，全面推进素质教育，切实提高教师队伍的综合素质；在高等教育方面，建成一批新学院，新广州大学实现实质性的合并，大学城新校区建设与搬迁工作顺利推进。教育经费投入显著增长。1996 年广州市地方财政支出中用于教育方面的支出只有 14.59 亿元，2001 年达到 30.55 亿元，2006 年达到 52.39 亿元，根据现价计算，1996-2006 年年均增长率达到 13.85%。据统计，1996 年，广州初中毕业生升学率为 81.41%，2001 年达到 92.74%，2006 年达到 95.93%；1996 年，普通高中毕业生升学率为 69.31%，2001 年为 82.42%，2006 年达到 99.86%。毕业生升学率稳步提升。

综合来看，1996-2006 年广州富民不断增强，居民收入、储蓄、支出、社会保障和人居环境各个方面都不断改善和提高，相比之下，居民收入的提高对居民富裕程度贡献比较大，其次是环境的改善和消费的提升。而居民收入的提高不仅直接促进居民富裕，而且因为收入的提高必将带动居民消费和储蓄的增加，因此，也间接促进富民。

四、广州居民富裕程度横向评价与比较

（一）评价对象与方法

在这里，横向评价就是居民富裕程度指标体系的框架下，对广州、

北京、上海、深圳、南京、苏州、杭州、天津、武汉、济南、青岛、厦门12城市进行综合评价。正如在纵向评价中所考虑的那样，我们首先采用主成分分析法来进行测算，但是运用该方法计算得到的结果并不令人满意，有些指标难以得到合理解释，所以最终选择因子分析法，通过因子旋转使各指标有合理的解释。

（二）评价结果及分析

通过测算，得到12城市居民富裕程度综合评价结果（表6-8），总的来看，广州富民指数为10，排在12城市的第五位，低于深圳（81）、上海（65）、北京（59）和苏州（13）。

表6-8 2006年12城市居民富裕程度比较

	富民指数	居民收入指数	居民储蓄指数	居民支出指数	社会保障指数	人居环境指数
广州	10	3	9	8	-2	-9
北京	59	15	15	9	8	13
上海	65	17	15	13	8	12
深圳	81	51	3	3	4	20
南京	-4	-10	-5	6	-4	9
杭州	-41	3	-2	0	-1	-41
苏州	13	5	-3	-1	2	10
天津	-27	-16	-4	-7	1	-1
武汉	-69	-31	-6	-17	-7	-9
济南	-43	-19	-9	-7	-11	2
青岛	-45	-15	-8	-7	-9	-6
厦门	1	-3	-6	1	11	-1

1. 居民收入

居民收入指数广州为3，与杭州持平，排在第五位，低于深圳（51）、上海（17）、北京（15）和苏州（5）。具体来看，广州市职工人均工资达到36321元，仅低于北京（40117元），在12个城市中居第二位。城镇居民人均总收入23409元，低于上海（29571）和深圳（23678元），排名第三位。城镇居民人均可支配收入19851元，低于北京（19978元），上海（20668元）、深圳（22567元），排名第四位。农村居民总收入为8983元，低于深圳（23678元）、苏州（10861元）、上海（10225元）、杭州（10206元）、北京（10115元）、天津（9798元）、青岛（9464元），排名第八位，低于12城市的平均水平。农村居民人均纯收入7788元，低于深圳（22567元）、苏州（9278元）、上海（9213元）、北京（8620元）、杭州（8515元）、天津（7942元），排名第七位，也低于12城市的平均水平。可见，广州城市居民及职工收入排名靠前，但农村居民收入则排名靠后，甚至低于平均水平。

2. 居民储蓄

居民储蓄指数广州为9，排在第三位，低于上海（15）、北京（15）。其中，城乡居民储蓄款余额为5562亿元，低于北京（8703.29亿元）、上海（9480.28亿元），居第三位。而从人均储蓄额来看，以常住人口计算，2006年广州人均储蓄额为5.70万元，高于北京（5.5万元）、上海（5.22亿元）、深圳（4.42万元）、在12个城市中居首位。

3. 居民支出

居民支出指数广州为8，排在第三位，低于上海（13）、北京（9）。首先，从总支出来看，2006年，广州城镇居民总支出为22052元，低于上海（27634元）和深圳（22310元），在12城市中居第三位。农村居民总支出为7008元，仅高于武汉（5423元）、济南（5281元），处于较低的水平。其次，从消费支出来看，2006年，广州城镇居民人均消费性支出15445元，低于深圳（16628元），居第二位；农村居民人均生活消费支出5629元，低于北京（6061元）、上海（8006元）、深圳（16628元）、杭州（6674元）、苏州（6811元），在12个城市中，排到第6位，处于中游水平。第三，从消费结构来看，广州城镇居民食品消费总额5722元，高于其他11城市，不仅如此，广州的恩格尔系数为37.1，在12个城市中，排到了第2位，只低于武汉（38.81），高于其他10城市（见表6－9），可见，与其他市相比，广州食品消费无论是绝对量，还是相对比重都大，说明广州居民特别注重饮食，而由于恩格尔系数在富民指数中是负向指标,因此,广州恩格尔系数偏高,抑制广州富民指数的提升。广州娱乐文教与服务支出为2531元,高于其他11城市,但其占消费支出的比重为16.39%(见表6-9),在12个城市之中居第四位,低于北京(16.96%)、上海(16.47%)和南京(17.64%)。

表6-9 2006年全国12城市城镇居民消费结构比较

	广州	北京	上海	深圳	南京	杭州	苏州	天津	武汉	济南	青岛	厦门
消费性支出(元)	15445	14825	14762	16628	12234	14472	12472	10548	9182	10713	11945	14162
#食品支出(元)	5722	4561	5249	5530.4	4145	4818	4502	3680	3563.3	3335	4352	5022
娱乐文教与服务支出(元)	2531	2515	2432	2263.8	2158	2011	1927	1452	1125.5	1450	1640	1965
食品支出比重(%)	37.05	30.77	35.56	33.26	33.88	33.29	36.10	34.9	38.81	31.13	36.43	35.46
娱乐文教与服务支出比重(%)	16.39	16.96	16.47	13.61	17.64	13.89	15.45	13.77	12.26	13.53	13.73	13.88

注:数据分别来自于以上各市的2007年统计年鉴。

4. 社会保障

社会保障指数广州为-2,排在第八位,低于厦门(11)、上海(8)、北京(8)、深圳(4)、苏州(2)、天津(1)、杭州(-1),低于12城市的平均水平。首先,从养老保险来看。2006年广州基本养老保险相对于常住人口的覆盖面为22.04%,低于北京(38.21%)、上海

（42.55%）、深圳（50.32%）、杭州（33.25%）、苏州（32.01%）、厦门（45.40%），在12城市中居第八位，并且低于12城市的平均水平。其次，从失业保险来看。广州失业保险相对于全社会从业人员的覆盖面为39.71%，低于北京（52.43%）、上海（53.80%）、南京（40.8%）、苏州（41.87%）、厦门（67.43%），在12城市中居第六位。最后，从基本医疗保险来看，广州基本医疗保险相对于常住人口的覆盖面为31.5%，低于北京（42.98%）、上海（41.19%）、苏州（34.24%）、天津（32.02%）、厦门（41.49%），在12城市中居第六位。

5. 人居环境

人居环境指数广州为 -9，仅高于杭州，与武汉持平，低于12城市的平均水平。从城市生态环境来看，广州工业废水排放达标率为96.01%，低于北京（99.29%）、上海（97.5%）、深圳（96.25%）、苏州（99.88%）、天津（99.77%）、武汉（98.61%）、济南（100%）、青岛（98.74%）、厦门（97.07%），在12个城市中，排名第十位；广州市建成区绿化覆盖率为33.2%，在12个城市之中，排到了最后一位，低于南京（45.2%）12.3个百分点，也低于12城市的平均水平。从城市交通来看。按常住人口计算，广州人均拥有道路面积8.88平米，低于上海（11.84平米）、深圳（14.88平米）、和南京（10.28平米），在12个城市中，排名第四位。按常住人口计算，广州市每万人拥有公交车8.81辆，低于北京（12.96辆）、上海（9.52辆）和苏州（10.8辆）、厦门（11.24辆），12个城市之中，广州交通指标处于中等偏上的水平。从教育事业来看，广州普通小学每位教师负担学生数达到22人，高于北京（10人）、上海（14人）、南京（15人）、杭州（19人）、苏州（17人）、天津（13人）、武汉（16人）、济南（16人）、青岛（15人）、厦门（19人），也高于12城市的平均水平，由于该指标是负向指标，因此，该指标越高反映师资越缺乏，教育的供给相对不足，将在一定程度上影响富裕程度。

如果假定广州与其他11城市相比，排名第一到第三位的为优势指标，排名第四到第七位的为中游指标，排名第八及之后的为劣势指标，那么广州富民指数处于中游位置；5个二级指标中优势指标2个，中游指标1个，劣势指标2个；在20个三级指标指标中，广州的优势指标只有

6个，中游指标7个，劣势指标有7个（见表6-10）；在所有26个指标中有9个差于12城市的平均值见表6-10。

表6-10 广州富民优劣势指标

	优势指标	中游指标	劣势指标
一级指标		富民指数	
二级指标	居民储蓄、居民支出	居民收入	社会保障、人居环境
三级指标	职工年人均工资，城市居民人均总收入，城乡居民储蓄款余额，居民人均储蓄存款余额，城市居民人均总支出，城市人均消费性支出	城镇居民人均可支配收入，农村居民人均纯收入，娱乐文教与服务支出比重，失业保险覆盖面，基本医疗保险覆盖面，人均道路面积，每万人拥有公交车辆	农村居民人均总收入，城市最低20%收入家庭人均可支配收入，城市恩格尔系数，基本养老保险覆盖面，工业废水排放达标率，绿化覆盖率，普通小学每位教师负担学生数

因此，从纵向来看，1996-2006年广州居民富裕程度不断提高；从横向来看，广州城市与职工收入，居民储蓄、居民支出指标居12城市前列，而农村居民收入，社会保障及人居环境相对偏后，需要进一步改进。

五、存在不足及原因分析

（一）存在问题

1. 居民收入增长滞后于经济增长

1996-2006年，城市居民可支配收入年均增长8.82%，农村居民人均纯收入年均增长6.71%，而同期GDP的增长速度为13.58%。也就是说，城市居民可支配收入增长速度落后于GDP增长速度4.76个百分点，农村居民人均纯收入增长速度落后于GDP增长速度6.87个百分点。可见，总的来说，居民收入增长缓慢，应更多分享经济发展成果。

2. 弱势群体收入与消费偏低

广州低收入家庭人均收入及农村居民收入偏低。2006年城市最低20%家庭人均总收入7071元，低于北京（9798元）、上海（8973元）、深圳（10236元），甚至低于杭州（7651元）、苏州（8681元）和厦门（7803元）。2006年农村居民人均总收入8983元，低于北京（10115元）、上海（10225元）、深圳（23678元），甚至低于杭州（10206元）、苏州（10861元）和青岛（9464元）。2006年农村居民人均纯收入7788元，低于北京（8620元）、上海（9213元）、深圳（22567元），甚至低于杭州（8515元）、苏州（9278元）和天津（7942元）。由于低收入家庭人均收入及农村居民收入偏低，导致他们的消费偏低，造成生活水平偏低。2006年广州城市最低20%家庭人均全部支出9921元，低于北京（10815元）、深圳（10647元）。2006年城市最低20%家庭人均消费支出7528元，低于北京（8911元）、上海（8004元）、深圳（9414元）、苏州（7891元）。2006年农村居民人均生活消费支出5629元，低于北京（6061元）、上海（8006元）、杭州（6674元）、苏州（6811元）。而弱势群体收入与消费偏低将制约富民进程，影响共同富裕。

3. 城乡差距偏大，并且存在不断拉大的趋势

从横向来看，广州城乡差距较大。首先，从收入来看，2006年广州城乡总收入之比为2.61∶1，高于北京（2.22∶1）、南京（2.25∶1）、杭州（2.09∶1）、苏州（1.88∶1）、武汉（2∶1）、济南（2.35∶1）、青岛（1.76∶1）、厦门（2.42∶1）。城镇居民人均可支配收入与农村人均纯收入之比，2006年广州为2.55∶1，分别高于北京（2.32∶1）、上海（2.24∶1）、南京（2.49∶1）、杭州（2.23∶1）、苏州（2∶1）、天津（1.8∶1）、青岛（2.34∶1）。其次，从消费水平来看，2006年，广州城镇居民消费性支出与农村居民生活消费支出的之比为2.74∶1，高于北京（2.45∶1）、上海（1.84∶1）、南京（2.22∶1）、杭州（2.17∶1）、苏州（1.83∶1）、厦门（2.72∶1）。其中，教育文化娱乐服务消费支出，广州城乡之比为3.31∶1，高于北京（2.91∶1）、上海（2.64∶1）、南京（2.38∶1）、杭州（2.44∶1）、苏州（1.68∶1）、武汉（2.59∶1）、青岛（3.2∶1）。第三，从消费结构来看，以2006年恩格尔系数为例，广州城镇恩格尔系数比农村低5.6个百分点，高于北京、上海、深圳、南京、苏州、天津、济南、青岛、厦门

等城市。第四，从耐用品的拥有量来看，2006年，广州城市城镇居民每百户家用电脑的拥有量达到94台，而农村居民家用电脑的拥有量只有35台，广州城市比农村多59台，高于北京（56.5台）、上海（53台）、苏州（26台）、天津（47台）、武汉（57台）、济南（56台）。

从纵向来看，存在城乡差距逐步拉大的趋势。首先，从收入来看，1996年广州城乡居民总收入之比为1.54:1，2000年为2:1，2006年为2.61:1；1996年广州城市人均可支配收入与农村人均纯收入之比为1.92:1，2000年为2.29:1，2006年为2.55:1（见图6-6）。其次，从支出水平来看，广州城镇居民人均总支出与农村居民人均总支出之比，1996年为2.29:1，2000年为2.55:1，2006年为3.15:1（见图6-6）。第三，从消费水平来看，广州城镇居民人均消费性支出与农村居民人均生活消费支出之比，1996年为1.71:1，2000年为2.34:1，2006年为2.74:1（见图6-6）。其中，广州城镇居民教育文化娱乐服务消费支出与农村居民之比，1996年为2.57:1，2000年为3.32:1，2006年为3.31:1。

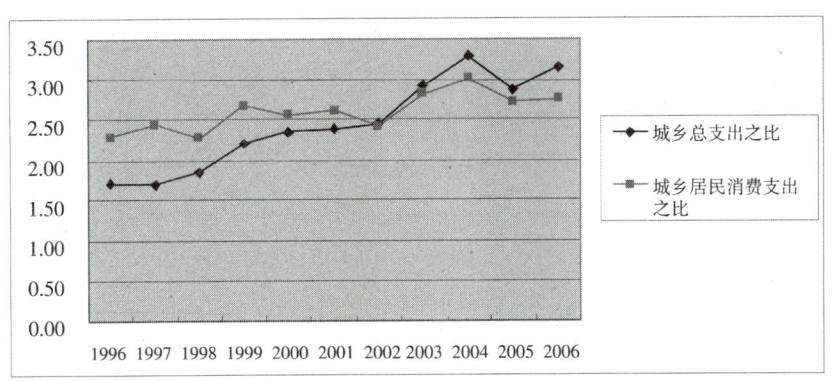

图6-6 1996-2006年广州市城乡居民支出差距

第四，从消费结构来看，广州城镇恩格尔系数比农村恩格尔系数相比（见图6-7），1996年城市比农村高5.44个百分点，2000年城市比农村高4.39个百分点，2006年城市比农村低5.6个百分点。换句话说，1996-2006年，城市恩格尔系数下降13.1个百分点，农村仅下降3.73个百分点。

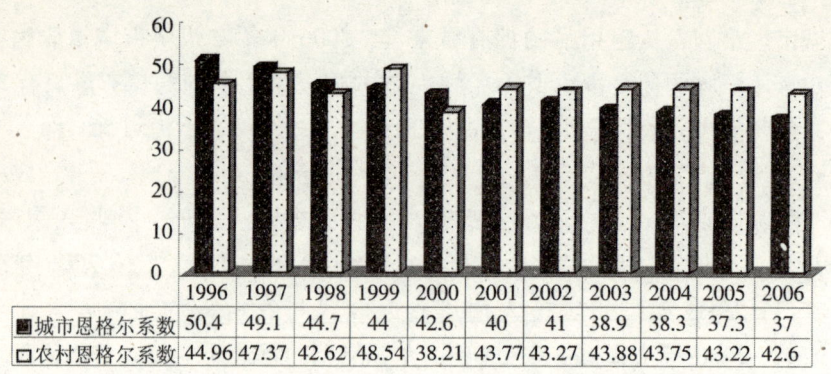

图 6-7 1996—2006 年广州城乡恩格尔系数比较

4. 社会保障覆盖面相对偏低

从前文的分析可以看出，广州市无论是从养老保险、失业保险和基本医疗保险参保人员的绝对数，还是从养老保险、失业保险和基本医疗保险的覆盖率来看，广州社会保障的水平都要相对落后。2006年，广州养老保险的参保人数为215.02万人，低于北京（604.1万人）、上海（772.41万人）、深圳（425.93万人）、杭州（253.34万人）、苏州（250.92万人）、天津（328.2万人）；2006年广州基本养老保险相对于常住人口的覆盖面为22.04%，低于北京（38.21%）、上海（42.55%）、深圳（50.32%）、杭州（33.25%）、苏州（32.01%）、天津（30.53%）、厦门（45.40%）。2006年，广州失业保险的参保人数为241.82万人，低于北京（482.2万人）、上海（476.41万人）；2006年广州失业保险相对于全社会从业人员的覆盖面为39.71%，低于北京（52.43%）、上海（53.80%）、南京（40.8%）、苏州（41.87%）、厦门（67.43%）。2006年，广州基本医疗保险的绝对数为307.27万人，低于北京（679.5万人）、上海（747.64万人）和天津（344.2万人）；2006年广州基本医疗保险相对于常住人口的覆盖面为31.5%，低于北京（42.98%）、上海（41.19%）、苏州（34.24%）、天津（32.02%）、厦门（41.49%）。可见，广州养老保险和基本医疗保险的覆盖面相对较低。而大量人口被排除在社会保险之外，将影响居民的消费及生活质量，无疑将制约广州富民的进程。

5. 生活环境急需改善

从前文的测算可知广州人居环境指数在 12 城市中居于第十位，是富民指标体系中五个二级指标中表现最差的指标，可以说是广州的一个主要劣势所在。具体来看，生活环境偏差主要表现在以下二个方面：

第一，生态环境相对落后。根据前面的分析，2006 年，广州工业废水排放达标率为 96.01%，在 12 个城市中，排名第十位；工业固体废物综合利用率为 91.13%，低于北京、上海、深圳、杭州、苏州、天津、济南、厦门。2006 年，广州市建成区绿化覆盖率为 33.2%，在 12 个城市之中，排到了最后一位，低于南京（45.2%）12.3 个百分点，也低于 12 城市的平均水平（39.6%）。可见，与国内其他城市相比，广州的生态环境相对落后。

第二，教育投入相对偏低，教师资源相对缺乏。教育水平不仅影响当期富民的进程，还将影响未来富民的发展。广州教育投入相对偏低，表现在五个方面：首先，从地方财政用于教育支出的绝对数来看，广州教育经费投入严重不足。2006 年，广州地方财政支出中教育支出为 52.39 亿元，而北京、上海、深圳和天津分别为 175.18 亿元、205.46 亿元、62.07 亿元和 81.58 亿元。其次，从地方财政人均教育支出来看，2006 年，按常住人口计算，广州市地方财政用教育的人均支出为 537.07 元，而北京、上海、深圳、天津、厦门分别为 1108.03 元、1131.95 元、733.32 元、758.88 元和 715.72 元。第三，从教育支出占地方财政支出的比重来看。2006 年广州为 9.37%，低于北京（12.41%）、上海（11.33%）、深圳（10.86%）、天津（12.47%）、济南（9.94%）、厦门（10.3%）。第四，从师生比来看，广州教师相对缺乏。2006 年，广州普通中学每位教师负担学生数为 20.35 人，在 12 个城市中，广州普通中学每位教师负担学生数是最多的。2006 年，广州普通小学每位教师负担学生数达到 22 人，低于深圳（22.4 人），高于北京（10 人）、上海（14 人）、南京（15 人）、杭州（19 人）、苏州（17 人）、天津（13 人）、武汉（16 人）、济南（16 人）、青岛（15 人）、厦门（19 人）。第五，广州相对缺乏的现象并没有明显改善。2006 年广州普通高校每位教师负担学生数增长到 16.22 人，普通中学每位教师负担学生数为 20.35 人，分别高于 1996 年的 8.23 人和 17.28 人。因此，广州的教育投入偏低，教师资源相对缺乏,将影响广州教育事业的发展,难以满足广大人民群众的需求,也将制约居民生活质量的提高。

(二) 原因分析

1. 经济增长质量不高,制约富民进程

广州存在着一些深层次的问题,制约经济发展的质量。首先,市场秩序需要规范。据有关部门对 100 家市内企业所作的调查,企业普遍反映广州的市场秩序有待进一步完善。如假冒伪劣行为屡禁不止,损害正当经营者的合法权益;各类资格证照审批繁杂,政府多头管理;企业申请自办进出口经营权的门槛太高,进出口退税慢;社会公共事业费和行政费用过多过重;各类协会社团职能效应不明显等等[①]。虽然,广州市的政府办事效率明显优于内地城市,但是,这种领先优势正在被后者所赶超,特别是在珠江三角洲地区,如深圳、东莞等市的政府服务意识和办事效率普遍不断提高。其次,创业成本不断攀升。主要表现在:生产要素价格偏高,人才结构性短缺突出。随着广州工业化和城市化的发展,以及结构调整战略步伐的加快,各种生产要素的价格也不断攀升。土地供应紧张成为制约工业发展的重要因素,多年的开发建设加上国家土地政策的变化,广州的可开发用地很少,但用地需求量不断扩大,土地价格偏高。第三,人才结构性短缺突出。虽然,广州已成为华南地区智力最密集的大城市,但按常住人口计算,2006 年每万人拥有专业技术人员数 647 人,低于深圳 (954 人),武汉 (720 人)、南京 (806 人),而且科技人才出现断层现象,科技人才队伍整体状况不容乐观。广州制造业发展所需的高级技工十分紧缺。第四,创新能力有待提高。持续的自主创新需要足够的科技投入来支撑。从现状看,广州科技投入的水平有待提高,全市研发机构数量、科技从业人员、科研人员增幅都有减少的趋势,地方科技财政拨款占地方财政支出比重也长期在3% -4%之间徘徊。研发经费占 GDP 的比重增幅并不明显。同时,自主研发和创新能力不足,在国际分工体系中总体处在产业链低端,绝大多数产在价值链条上缺乏关键环节,价值链发掘不够。和国内其它城市相比,在创造绩效方面并

---

① 王可达:促进广州产业结构优化的对策探析,探求,2006 (2)。

未形成真正优势。上述这些因素制约广州经济增长的质量与水平,影响城市竞争力和地方财政收入的提高,对居民就业水平、教育水平、居民消费、社会保障和人居环境造成不利影响,制约富民进程。

2. 民营经济发展相对滞后,影响居民收入提高

截至2006年底,广州市有个体工商户30.87万户,私营企业达13.04万家,总注册资本为1550.52亿元。按常住人口计算,广州每万人均拥有个体私营企业450家,低于北京(667家)、苏州(458家)和杭州(505家),广州人均拥有私营企业注册资金1.59万元,低于北京(2.34万元)、苏州(2.93万元)和杭州(2.45万元)。可见,广州个体私营企业发展整体水平偏低。其次,广州缺乏大型企业集团,具有较强竞争力的民营企业少。广州民营企业的现状是"满天星星,缺少月亮",缺少具有较强竞争实力的私营企业航空母舰。三是知名度大、产品市场占有率高的民营企业少。广州的民营企业一向不注重宣传自己,怕出名、怕宣传、怕做广告。因此,尽管广州民营经济发展起步较早,但发展步伐、规模水平和企业的市场知名度却不高。一般来讲,国有、集体经济中可转化为居民收入的仅有工资部分,外资经济中同样如此,它们都有利于增加财政收入和利润,但对增加居民收入的作用有限。而民营经济则不同,特别是内生型民营经济,其利润和工资等要素收入均可转化为本市居民收入。对于那些对外跨地区经营型民营经济来说,甚至可以把其他地区的一部分GDP计入本市的GDP,即转化为本市居民收入。广州民营经济发展滞后,特别是内在型及对外跨地区经营型民营经济发展落后,既不利于进一步扩大就业,也难以进一步扩大居民的收入,居民的经营性收入和财产性收入增长将受到限制,将影响广州居民收入。

3. 劳动力市场供过于求,决定居民收入增长缓慢

在市场经济体制下,我国实行按劳分配与按生产要素分配相结合的分配制度。各种要素所有者的收入水平及相互关系,取决于各种要素的稀缺程度、替代率及对企业降低成本、增加收益的作用。从目前我国及广州市情况看,劳动要素供过于求,劳动者在分配中自然处于不利地位,工资水平很难提高;资本及与此相关的管理要素相对短缺,其所有者企业主及高级管理人员在分配中自然处于有利地位,利润水平高;土地虽属于高度稀缺要素,但因为在农业领域中的低收益及向非农用途转变中

农民对其所有权与收益权的丧失,不能为农民带来高收入;科技成果要素也属于稀缺要素,其所有者科技工作者可以获取一份高收入。在上述分配格局的大背景下,从居民所拥有的生产要素种类与数量来看,主要是劳动要素,虽然也有较大余额的储蓄,但由于缺乏转化为产业资本必需的管理要素,因此只能得到很低的利息收入而不能得到高得多的利润收入。在上述各种要素稀缺程度所决定的收入分配结构下,居民的这种收入构成很不利于提高收入水平,由此决定了居民收入水平并未与GDP等社会财富同步增长。因此,1996-2006年,广州GDP构成中劳动报酬增速为14%(现价),低于GDP增长速度15.5%(现价),劳动报酬占GDP比重从1995年的41.9%,下降到2006年的36.3%。

4. 现行财政体制制约广州地方财政收入的提高,影响居民富裕程度

由于中央政府与地方政府采取分税制,大部分税收被国家拿走,以2006年为例,广州地方财政收入仅为476.72亿元,占生产税净额的53.77%,其他超过40%被中央拿走。2006年广州地方财政收入占GDP的比重为7.85%,低于北京(15.7%)、上海(15.44%)、深圳(8.74%)、南京(8.88%)、杭州(8.76%)、苏州(10.42%)、天津(12.13%)、武汉(8.95%)、厦门(23.56%),低于12城市的平均水平(11.5%)。也就是说,创造100元的GDP,广州地方政府只能拿到7.85元,低于深圳,明显低于厦门、北京、上海、天津、苏州。由于在财政收入中,上缴中央及省级财政部分过多,留给本市财政部分过小。因此,给广州本地居民带来的公共福利也相应减少。

5. 行政管理费用偏高,对其他支出形成挤出效应

2006年广州行政管理费41.3亿元,占地方财政支出比重7.38%,高于北京(5.95%)、上海(4.45%)、南京(6.36%)、济南(3.81%)、厦门(5.76%)。2006年广州公检法司支出58.8亿元,占地方财政支出比重10.51%,高于北京(7.19%)、深圳(8.9%)、南京(5.8%)、杭州(7.92%)、苏州(7.42%)、济南(2.15%)、厦门(6.09%)。由于地方财政收入的限制,广州地方财政支出水平有限。再加上政府行政体制改革滞后,财政支出中行政管理费用偏高,对教育、住房、社会保障、生态环境等其他支出形成挤出效应。

6. 调节收入分配力度不够,造成收入差距扩大

目前我国的税制改革正稳步推进，但仍滞后于经济社会发展的需要，对收入的调节作用不明显。一方面，对企业税收的征管主要集中于生产环节，税率设置不尽合理，企业负担偏重。另一方面，现行个人所得税税制单一，尚未形成综合与分类相结合的体系，工薪阶层在个人所得税缴纳中占主体，税收的逆向调节作用较为明显，严重制约了财税政策对收入的调节作用。第三，体制障碍影响收入流动性。发达国家的经验表明，即使在初次分配不平等状况相对较为严重的情况下，只要保持不同收入阶层之间较高的收入流动性，也能逐渐扩大中等收入人群的比重，缓解由于分配不公产生的社会压力和冲突。但从目前的情况看，一是部分低收入家庭子女受教育机会不均等，影响了其发展和获得较高收入岗位的机会；二是经济领域中垄断性因素特别是行政性垄断，影响了其他企业获得公平发展的机会，在一定程度上也阻碍了劳动力的合理流动；三是对少数高收入人群缺乏有效的收入调节手段，使得财富在家族间代际转移的成本远低于成熟的市场经济国家，同样也不利于收入的良性流动。

六、政策建议

经过上述分析，建议广州大力实施一个重点、二大动力、六大任务的富民惠民战略，具体来看：

1. 一个重点

根据前面的分析，广州城市低收入家庭收入及农村居民收入偏低，因此，实施富民惠民战略，必须以提高城乡低收入家庭的收入为重点，解决好困难群众生产生活问题，切实保障他们的基本权益和基本消费，才能实现共同富裕，达到富民目标。具体来看，提高城乡低收入家庭的收入，首先要解决低收入家庭就业问题。其次，确保贫困家庭子女享有平等接受教育的机会。

2. 二大动力

（1）动力之一：自主创新

要坚持自主创新、重点跨越、支撑发展、引领未来的方针，加快建立以企业为主体、市场为导向、产学研相结合的技术创新体系，大力提高原始创新、集成创新和引进消化吸收再创新能力，逐步形成以知识创新为基础、技术创新为重点、制度创新为保障、科技中介服务为纽带的城市创新体系。以重点领域和关键技术为突破口，着力提高区域自主创新能力，努力培育全社会创新精神，充分激发全社会创新活力，成为区域自主创新中心。

（2）动力之二：体制改革

改革是社会主义发展的动力，也是广州实施"富民"战略的强大动力，为此，首先，要进一步深化行政管理体制改革。要着力转变职能、理顺关系、优化结构、提高效能，形成权责一致、分工合理、决策科学、执行顺畅、监督有力的行政管理体制。健全政府职责体系，完善公共服务体系，强化社会管理和公共服务。减少和规范行政审批，减少政府对微观经济运行的干预。健全部门间协调配合机制。着力解决机构重叠、职责交叉、政出多门问题。要推进城市医疗卫生体制改革。其次，深化财税、金融等体制改革，完善宏观调控体系。围绕推进基本公共服务均等化，完善公共财政体系。深化预算制度改革，强化预算管理和监督。建立健全资源有偿使用制度和生态环境补偿机制。深化投资体制改革，健全和严格市场准入制度。要改革和完善教育投融资体制。健全以政府投入为主的教育经费保障体制，依法扩大教育投入，确保政府对义务教育经费的全额支付。第三，加快社会领域体制改革。如：完善医疗机构按非营利性和营利性进行分类管理，探索公立医疗机构改制。大力发展社区卫生服务，加大政府对社区卫生的投入。鼓励社会力量创办社区卫生服务机构。

3. 六大任务

（1）任务之一：结构调整

加快经济结构调整和增长方式转变，走高端产业发展之路。在做大做强先进制造业的同时，加速发展现代服务业和现代都市农业，使全市形成以高新技术为导向、先进制造业为根本、现代服务业为支撑、现代都市农业为特色的产业体系。要不断提高产业层次和技术水平、提高规模效应和集聚效应，成为区域的先进制造业中心和现代服务业中心。

要做强做大民营经济,推进"中小企业成长工程",使更多的市民进行创业,在自主创业中增加收入。促进民营经济大发展。努力为民营经济营造良好创业发展环境,扶持、促进民营经济在整体上做强做大。进一步放宽民间资本市场准入领域,鼓励民营企业参与国有企业股份制改造,大力发展混合所有制经济。建立中小企业创业投资引导基金,拓宽中小企业融资渠道,培育创业辅导、人才培训等社会化服务体系。积极引导民营企业家提高自身素质,不断激发民营经济的生机与活力。

(2) 任务之二:文化强市

实施文化强市战略,要把握文化自身发展规律。首先,统筹历史文化与现代文化的关系。深厚的历史文化底蕴是继承、创新和弘扬现代文化的重要基础,更是推动经济发展和社会进步的内在动力。其次,统筹精神文化与精品文化的关系。精神文化与精品文化是展示地域文化特色和成就的重要标志,要坚持两者共同发展,共同繁荣。第三,统筹产业文化与文化产业的关系。产业文化与文化产业的建设,是发挥文化在经济发展中的动力作用和经济在文化发展中的支撑作用和重要手段,是内强区域竞争力、外增国际竞争力的重要举措,要坚持两者相互结合,共同进步。第四,统筹国办文化和民营文化的关系。国办文化与民营文化是文化所有制的两种形式,正确统筹国办文化与民营文化的关系,鼓励两者互促互励,协调共进,也是解放和发展文化生产力,着力提升区域文化竞争力的重要手段。

(3) 任务之三:收入调节

广州可以决策操作和掌握的调节收入分配手段与工具并不多(这些调节手段与工具主要集中于中央),但仍有一定的操作空间和余地。这大体可区分为两类办法:一类是间接的调节或引导办法。前已述及的许多发展经济的措施,如加快培育和发展民营经济、调整产业结构,促进自主创新等等,均可以不同的方式在不同的程度上增加居民收入,增强消费动力,缓解和协调积累与消费的矛盾及关系,实现国民经济的良性循环和持续强劲的发展。另一类是直接的调节办法。如:深化收入分配制度改革,加强对垄断性行业分配制度的改革和监管;积极发挥税收、捐助等制度对社会收入和财富的调节功能;加强收入分配政策调节,逐步提高最低生活保障、最低工资和基本养老金标准,提高低收入者收入水平；推进企业工资集体协商制度，形成企业普通职工正常的工资增长机制；进一步改进和推行农村税费改革；清理和规范城市的各种行政事业单位的收费以及垄断部门的收费。

(4) 任务之四：教育优先

坚持教育优先发展，深化教育体制改革，巩固提高基础教育，大力发展职业教育，提高高等教育质量，全面推进素质教育，促进各级各类教育协调发展，创建教育强市。健全公共财政体制，加大财政对社会事业的投入，保证财政性教育经费增长幅度高于财政经常性收入增长幅度。促进教育公平，落实农村义务教育保障机制，逐步在城市免除义务教育杂费，完善助学体系，促进城乡教育协调发展。

(5) 任务之五：保障全面

在当前居民收入不高、消费不强、家底不厚的情势下，社会保障体制改革步伐不宜过快。社会保障改革的主要内容不应该是逼迫居民多掏钱，而应是扩大社会保障覆盖面，统一社会保障的管理与政策，完善对社会保障资金的监控。这是需要政府加以谨慎把握的。其二，政府在改革保障体制、重建保障体系中的职能作用还表现在，借助各级政府财政收入多年持续大幅度增长的有利条件，积极调整公共财政支出中的生产、生活与保障基金比例，加大公共财政对社会保障体系中的公共保障部分的资金支持力度，包括增加社会福利基金，提高在民最低生活保障线和下岗、失业职工的基本生活保障线，增加对国家机关和国有企事业单位职工包括离退休人员和在职职工的公共保障基金等，逐年提高城镇居民社会保障的程度与水平。其三，探索开展农村居民社会保障。把广大农村居民纳入现代文明社会的保障体系，实现社会保障面前的全体居民机会均等。

(6) 任务之六：环境宜居

加快建设和完善以空港、海港、公路、铁路主枢纽和高（快）速道路网络、城市轨道交通系统为主体的现代交通基础设施体系，着力完善城区道路交通网络，优先发展公共交通，加快实现各种交通方式的便捷接驳。高标准推进水、电、气等公用设施配套建设。推进生态城市建设。以治理珠江水系为重点，大力推进水、大气、固体废物、土壤、噪声等污染综合整治，加强生态体系建设，进一步推进"青山绿地、碧水蓝天"

工程，不断完善城市洁净水系、园林绿地体系和绿色生态屏障，使生态城市建设达到全国同类城市先进水平。建立健全公共医疗卫生服务体系，切实保障公共医疗卫生的公益性质，逐步完善城乡医疗服务体系，城区实现三级医疗网络向二级医疗网络转变，建立起以大型综合医院和专科医院为依托、社区卫生服务机构为基础的医疗服务网络，逐步解决居民"看病难，看病贵"问题。

4. 路径选择：政府引导下的诱致性变迁

制度经济学将制度变迁分为强制性制度变迁和诱致性制度变迁。前者的主体是国家，借助法律和政府政策自上而下来实现。后者是个人或团体受到潜在利益和机会的激励，自发组织和实行。二者各有优劣。强制性制度变迁的进展速度较快，但受到政府偏好、政策制定者有限理性、官僚政治、利益集团冲突等方面的制约，也违背了一致性同意原则，因此常出现"上有政策，下有对策"的现象，可操作性较差，执行效果不理想。诱致性制度变迁符合一致性同意原则和经济原则，缺点是易导致外部性和搭便车的问题，同时由于它是一个自下而上、从局部到整体的过程，因此具有渐进性，推进速度较慢。由于实施富民惠民涉及到的不是单一的改革，因此，应该具体问题具体分析，不能一概而论，但是，总的趋势应为政府引导下的诱致性改革。政府要为改革做好引导，要培育出具有创新性的制度需求的主体，真正使制度创新变为经济发展的内生动力，使富民惠民落到实处。

七、本章小结

本章主要包括六部分内容：第一部分阐述富民有关概念，论述富民内涵，富民与生活质量，与全面小康社会，与和谐社会的关系；第二部分从居民收入、居民储蓄、居民支出、社会保障、人居环境五个方面建立构建富民指标体系；第三部分以富民指标体系为框架，对广州1996－2006年进行纵向评价，发现无论是富民指数，还是各项分指数均呈现出逐年稳步提高的特征；第四部分同样以富民指标体系为框架，对包括广州在内的国内 12 城市进行综合评价，主要结果是：广州富民指数居 12 城市之五，五大分指数中，居民储蓄、居民支出居第三位，位于上游位置，居民收入位于第五，居于中游位置，而社会保障、人居环境则分别排在第八和十位，居于下游位置；第五部分主要在综合评价的基础上，总结分析广州存在的不足与原因，综合来看，广州的不足主要有：居民收入增长滞后于经济增长、弱势群体收入与消费偏低、城乡差距偏大、社会保障覆盖面相对偏低、生活环境急需改善等，而导致这些问题的主要成因是经济增长质量不高、民营经济发展相对滞后、劳动力市场供过于求、现行财政体制制约、行政管理费用的挤出效应、调节收入分配力度不够；第六部分提出广州推进富民的思路与政策建议，建议实施以提高城乡低收入家庭的收入为重点，以自主创新与体制改革为动力，采取政府引导下的诱致性变迁模式，推进结构调整、文化强市、收入调节、教育优先、保障全面、环境宜居六大任务的富民惠民战略。

第七章 广州构建和谐社会评价指标体系研究

本章主要应用综合评价理论，根据广州的实际情况，建立广州和谐社会评价指标体系。

一、和谐社会有关概念

党的十六届四中全会《中共中央关于加强党的执政能力建设的决定》指出，"和谐社会"就是全体人民各尽其能，各得其所而又和谐相处的社会。在2005年2月19日中共中央举办的省部级主要领导干部提高构建社会主义和谐社会能力专题研讨班上，胡锦涛同志明确指出，我们所要建设的社会主义和谐社会，应该是民主法治、公平正义、诚信友爱、充满活力、安定有序、人与自然和谐相处的社会。

对和谐社会的内涵，学者们也做了广泛探讨。朱力从社会学的角度对和谐社会做了界定，认为，"和谐社会"就是说社会系统中的各个部分、各种要素处于一种相互协调的状态。"和谐社会"实际上是一种整体性思考问题的观点，要求我们把工作视野拓展到政治、经济、社会、文化等各个方面，运用政策、法律、经济、行政等多种手段，统筹各种社会资源，综合解决社会协调发展问题。郑杭生从理论与实践两个纬度对和谐社会做了解释：从理论上，用社会学的术语来表达和谐社会就是良性运行和协调发展的社会；从实践上说，构建和谐社会，需要从人际关系、资源配置、社会结构，即个人、群体、社会等方面来研究具体的条件和机制。党国英认为，和谐社会是依赖法律和道德调节社会利益冲突的社会；法律制度是通过民主政治建立的，道德是建立在民族优秀文化长期积淀基础上的。高尚全认为，和谐社会是一个系统的概念。从理论上说，是社会各个阶层和睦相处，社会各级成员各尽所能，使人民的聪明才智得到全面发挥；是经济社会协调发展的社会，是人与人、人与自然协调的社会。王仕国认为，和谐社会包括人与人的和谐、人与社会的和谐、人与自然的和谐以及中华民族与国际社会的和谐四个维度。荣长海认为，和谐社会应包括五个方面：一是个人自身的和谐；二是人与人之间的和谐；三是社会各系统、各阶层之间的和谐；四是个人、社会与自然之间的和谐；五是整个国家与外部世界的和谐。在这五个方面中，最重要的应是人与人之间的和谐相处。俞可平指出，和谐社会实质是一个民主与善治的社会、秩序与法治的社会、公平与正义的社会、宽容与友善的社会、诚实与信任的社会。邓伟志认为，和谐社会包括四个方面的内容：是社会资源兼容共生的社会；是社会结构合理的社会；是行为规范的社会；是社会运筹得当的社会。汪玉凯把和谐社会划分为三个层次，即：第一，和谐社会以人为中心，是以人为本的社会；第二，和谐社会是通过一定的制度安排和道德约束来实现的；第三，和谐社会的实现程度在一定程度上反映着一定时期公共治理的实现。一个真正的和谐社会必须满足以上三个层次的条件。洪大用提出了理解和谐社会的三个角度：第一，贫富差距的利益分配角度；第二，社会公众的社会共识角度；第三，可持续发展角度，即积极的和谐社会应该是可持续发展的社会。丁元竹认为，一个和谐社会必须要有三个要素，即：机会、责任、社会组织。首先，一个和谐社会应该给这个社会的成员提供参与、分享的平等机会、公正的机会。其次，一个和谐社会是一个有责任的社会。最后，构建和谐社会必须充分发挥社会组织在社会责任方面的积极作用。孙立平认为，构成和谐社会的要素主要有三个，即结构多元化、职能多元化和价值多元化。他指出，一个和谐的社会必须有多元化的结构，分化的结构履行不同的职能，不同的职能体现不同的价值。在各个结构不同的分工与合作之下，形成一个稳定的、和谐的社会①。

由于划分标准不同，研究的角度不同，上述学者对和谐社会内涵的理解有些差别。本章认为：追求和谐、向往和谐是人类社会的永恒主题，由于社会主义和谐社会是"以人为本"的社会，因此，社会主义和谐社会是人人各尽其能、各得其所而又和谐相处的社会。

二、构建社会主义和谐社会的目标任务

十六届六中全会以前主要提出和谐社会内涵，在理论层面进行讨论。十六届六中全会则是讨论如何建设和谐社会，提出建设和谐的目标任务和保障措施。

（一）全国构建社会主义和谐社会的目标任务

十六届六中全会研究构建社会主义和谐社会问题，通过《中共中央关于构建社会主义和谐社会若干重大问题的决定》。《决定》提出到2020年，构建社会主义和谐社会的目标和主要任务是：社会主义民主法制更加完善，依法治国基本方略得到全面落实，人民的权益得到切实尊重和保障；城乡、区域发展差距扩大的趋势逐步扭转，合理有序的收入分配格局基本形成，家庭财产普遍增加，人民过上更加富足的生活；社会就业比较充分，覆盖城乡居民的社会保障体系基本建立；基本公共服务体系更加完备，政府管理和服务水平有较大提高；全民族的思想道德素质、科学文化素质和健康素质明显提高，良好道德风尚、和谐人际关系进一步形成；全社会创造活力显著增强，创新型国家基本建成；社会管理体系更加完善，社会秩序良好；资源利用效率显著提高，生态环境明显好转；实现全面建设惠及十几亿人口的更高水平的小康社会的目标，努力

---

① 杨安华：和谐社会何以可能——构建和谐社会研究述评，吉首大学学报（社会科学版）2005（3）。

形成全体人民各尽其能、各得其所而又和谐相处的局面。

(二) 广州构建社会主义和谐社会的目标要求

广州市构建和谐社会的目标要求是：到 2020 年，经济社会发展更加协调，经济结构得到优化，城乡一体化程度进一步提高，经济建设与人口、资源、环境相协调，社会事业全面发展；民主法制更加完善，依法治市得到落实，人民的政治、经济、文化、社会权益得到尊重和保障；收入分配更加合理，城乡和阶层收入差距扩大的趋势初步得到扭转，家庭财产普遍增加，人民过上更加富足的生活；社会保障更加健全，社会就业比较充分，覆盖城乡居民的社会保障体系进一步完善；文化建设更加繁荣，城市文明程度和文化品位进一步提升；社会活力更加增强，创新型城市率先建成；社会管理更加科学，社会安定有序；生态环境更加优良，人与自然和谐的生态城市基本建成。实现适宜创业发展和适宜生活居住的城市发展目标，努力形成全市人民各尽其能、各得其所而又和谐相处的局面。

综合来看，全国和广州都把民主法治、共同富裕、社会保障、社会活力、社会秩序、生态环境作为建设和谐社会的目标。不同的是，广州构建和谐社会的目标要求更加强调经济结构的优化，社会事业全面发展，更加强调文化建设和城市品位。而全国目标更加强调政府管理，更加强调思想道德素质和人际关系。因此，本研究将在国家和广州市构建和谐社会的目标要求的指导下，综合对和谐社会的理解与认识，构建广州和谐社会评价指标体系。

三、广州和谐社会建设存在的主要问题

与广州和谐社会建设的目标要求相比，广州社会主义和谐社会建设还存在一些问题，主要表现在：

1. 居民收入增长相对缓慢

2005年广州城市居民人均可支配收入和农村居民人均纯收入分别达到18287元和7080元,"十五"时期年均分别增长约为5.5%和3.1%(不考虑价格因素),而同期全市生产总值年均增长13.8%。不仅如此,2005年上海城市居民人均可支配收入和农村居民人均纯收入分别达到18645元、8342元。深圳城市居民人均可支配收入达到21494元。两城市的居民收入都高于广州。可见,广州居民收入增长相对缓慢,在一定程度上制约居民生活水平的快速提高,影响和谐社会的建设。

2. 公共教育资源设施总量相对落后

从公共图书馆的数量、公共图书馆总藏量、博物馆的数量等3个指标来看,广州市在公共教育资源方面与北京、上海存在较大差距:2005年广州市有公共图书馆13间,比北京、上海分别少13间和15间;公共图书馆总藏量1204万册(件),远少于北京、上海公共图书馆的总藏量;在博物馆的数量上,2005年广州市有15个,北京的博物馆达34个,上海有100个,远高于广州市(见表7-1)。从这些数字可以看出,广州市有必要进一步加大对公共图书馆、博物馆等的投入,为市民的学习提供更多的渠道。

表7-1 2005年三城市公共图书馆、博物馆数量比较

城市	公共图书馆(间)	公共图书馆总藏量(万册,件)	博物馆(个)
广州	13	1204	15
北京	26	3626	34
上海	28	6049.4	100

3. 医疗服务存在忧虑

每万人口医生数和病床数可反映出社会为居民提供的医疗资源。2005年,广州每万人口医生数34.4人,根据有关国家和地区1999年、2000年资料,此指标数据高于香港、日本、韩国、英国、法国和美国;广州每万人口病床数49张,高于美国和英国、低于日本、法国和韩国。由表7-2可以看出,广州市的医疗资源已接近或达到发达国家或地区的

水平，但是，市民看病难、看病贵的问题仍未得到较好的解决，这需要从医疗体制、资源分配等方面进行深层次的研究和解决。2005年4月的民意调查显示市民认为广州在医疗卫生服务存在优势的比例较低，只有16.5%；认为存在不足的市民则超过了四成。该项调查还显示，89.0%的市民认为广州市的医疗保健服务的价格高①。可见，市民对医疗卫生服务仍存在较大的忧虑。

表7-2 每万人口医生数和病床数比较

国家和地区	年份	每万人口医生数（人）	每万人口病床数（张）
广州	2005	34.4	52.4
香港	1999	13	—
美国	1999	28	36
日本	2000	19	165
韩国	2000	13	61
英国	2000	18	41
法国	1999	30	84

4. 生态环境仍需改善

据广州市社情民意中心的调查，1998年"创模"之前，广州市民对环境状况的满意率仅44%。2006年在省"创模"预验收时的民意调查显示，市民对环境的满意率为95.7%，而至国家技术评估时，民意调查已达96.64%，比1998年前高出50多个百分点。但是，与国外一些城市相比，广州的生态环境仍需努力改善。1992年，纽约人均公共绿地面积19.6平方米，伦敦、巴黎均在20平方米以上，莫斯科、平壤均在40平方米以上，华沙已达到90平方米。香港万元GDP能耗0.5吨标煤/万元。而2005年广州的人均公共绿地为11.8平方米，万元GDP能耗0.78吨标煤/万元。可见，广州的生态环境和发达国家的城市相比，还是有一定差距。

---

① 国家统计局广东调查总队：广州城市居民消费行为与生活质量研究，http://www.stats.gov.cn/tjfx/dfxx/t20061009_402356207.htm.

5. 社会治安管理任重而道远

社会治安形势的好坏直接影响着群众的人身安全以及生活安全感。近年来，广州各级党委政府高度重视治安问题，加大治安管理工作的力度，取得了一定成效。2006年第一季度，全市发生的驾驶摩托车抢夺案同比下降了21.1%，2006年春运期间广州火车站地区发生的刑事案件同比下降了60%。据中山大学一课题组2006年2月开展的"广州市公众安全感与治安满意度调查"结果显示：群众的安全感有所提升，八成六市民对广州目前的治安状况基本满意。虽然如此，但市民仍然对治安问题有所担忧，在广州市民群众最关注的社会问题中，社会治安问题排在第一位。而且从横向比较来看，2005年按户籍人口计算的每万人刑事案件立案率广州140件，而北京只有91件，上海为94件，说明治安方面的管理工作任重而道远。值得一提的是外来流动人口犯罪比例逐年上升，且刑事大案、要案不断增多，严重扰乱了社会治安，危害城市的社会安全，因此，外来流通人口的治安防范成为影响广州社会安全的重要因素。

6. 就业环境和社会保障有待进一步改善

市民对广州市就业环境的感受和评价在一定程度上反映了居民的职业安全感。2005年4月的一次民意调查结果显示，47.9%受访市民认为广州市的"就业环境"有不足，认为有优势的只占9.4%；对于广州市的"就业机会"和"就业收入水平"，表示"满意"的分别有18.1%和24.7%（见表7-3）。民意调查显示市民认为广州在社会保障存在优势的比例较低，为15.4%；认为存在不足的市民为47%[①]。可见，市民对社会保障、就业仍存在较大的忧虑，对就业机会和收入水平方面，市民有更高的期望。可见，广州就业环境和社会保障离和谐社会的要求还有一定差距。

表7-3 市民对广州就业环境的评价

单位：%

项目	满意	一般	不满意
就业机会	18.1	55.9	26.0
就业收入水平	24.7	48.3	27.0

① 国家统计局广东调查总队：广州城市居民消费行为与生活质量研究，http://www.stats.gov.cn/tjfx/dfxx/t20061009_402356207.htm.

7. 食品安全一体化管理尚未建立，居民担忧饮食安全问题

近年来，广州市政府致力于食品安全系统的建设，先后投入了4亿多元，初步建立了具有广州特色的食品放心工程五大体系，加强了食品从源头到终端各环节的监管，收到了一定成效。但是，食品安全整体上还未形成一体化管理，与食物安全相关的法律体系还不够完善，食品的危险性评估技术和控制技术未能全面与国际接轨，用于食品安全监管的现代化技术设备和技术队伍的培训方面还较薄弱。2004年8月和2005年10月进行的"广州市食品安全问题民意调查"和"广州市食品放心工程消费者满意度评价调查"结果显示，绝大部分市民肯定广州市的食品安全监管工作，仅有2.6%的受访消费者对此方面持不满意态度。但与此同时，分别有36.7%和43.0%的市民表示"非常担心"或"比较担心"会食用到有安全问题的食品。还有近些年时有发现的瘦肉精、污水菜、问题鱼、硫磺姜等，令到市民对食品安全比较担忧。

8. 贫富差距有逐步扩大的趋势

初步估算，2005年广州市的基尼系数为0.32，2000年为0.25。可见，广州市的基尼系数呈现上升态势，收入差距有逐步扩大的趋势。据广州市社情民意研究中心于2005年4月进行"收入差距问题公众评价"追踪电话抽样调查发现，半数以上的受访市民关注收入差距问题，五成五的人认为近两年收入差距呈扩大趋势，六成市民认为目前居民收入差距过大，其中，二成二的人认为"差距悬殊"，三成八的人认为"差距较大"，8%的人认为差距属"正常水平"①。也就是说，大部分市民认为收入差距呈扩大趋势。

9. 行业收入差距较大

2005年，电信业职工人均收入达7.23万元，是各行业中收入最高的，其次分别是烟草制造业、房地产业、航空客货运输业。行业收入最高的电信业是最低的餐饮业收入的4.7倍。而2000年最高收入的航空运输业是最低收入的餐饮业的3.3倍。因此，垄断性行业与其他行业的收入差距拉大，成为社会不公的现象之一。

---

① 国家统计局广东调查总队：广州城市居民消费行为与生活质量研究，http://www.stats.gov.cn/tjfx/dfxx/t20061009_402356207.htm。

10. 城乡居民收入差距偏高

1990年，广州市年人均可支配收入城市居民为2749元，农村居民为1539元，两者的收入比为1.79∶1；到了2005年，城市居民的年人均可支配收入上升到18287元，而农民年人均纯收入为7080元，这一差距扩大为2.5∶1。如果再将城市居民享受的医疗、教育、交通以及公共服务计算在内，城乡居民真实的收入差距会更大。而据世界银行对全球36个国家的分析，城乡居民的收入比率一般低于1.5∶1，极少超过2∶1。可见，广州的城乡收入差距偏大。

11. 市民的社会责任感日渐缺失

有关问卷调查显示，市民在社会生活中无视各种规章制度及缺乏文明举止的行为十分常见，由此对城市生活带来的各种冲击也使得广大市民颇有怨言。由表7-4可知，超过半数的市民认为广州市民在整体上缺乏文明举止；接近四成的市民认为广州市民在违反交通法规方面较为严重；认为广州市民在破坏公共财物、扰乱公共秩序方面问题较为严重的，也占有相当比例。由表7-5可知，从市民面对上述现象的态度中可以看出，虽然认为"无所谓"的仅为12.78%，但能够坚决制止的也仅为24.52%，更多的市民则采取的是一种漠然的态度；由表7-6可知，在检视自身行为时，更有近六成的市民承认自己"偶尔"为之。这些数据充分表明了广州市民在日益拥挤的城市生活中社会责任感的日渐缺失。

表7-4 广州市民对不文明现象的看法

	违反交通法规	缺乏文明举止	扰乱公共秩序	破坏公共财物	拒绝排队	其他
您认为下列哪些现象在广州表现得较为严重,%	38.99	50.73	16.43	15.83	11.72	8.06

注：表中第一、二项为多选，故各项总和并不是100%。

数据来源：夏丽丽：转型时期广州城市社会问题探析，《城市问题》2005年第1期。

表7-5 广州市民对不文明现象的态度

	坚决制止	口头劝说	无所谓	心理无法接受，但也听之任之	其他
您面对上述现象时的态度是,%	24.52	24.85	12.78	36.35	1.5

注：表中第一、二项为多选，故各项总和并不是100%。

数据来源：夏丽丽：转型时期广州城市社会问题探析，《城市问题》2005年第1期。

表7-6 广州市民不文明行为调查

	偶尔	从无	经常
您自己是否有过上述行为,%	58.32	39.05	2.63

注：表中第一、二项为多选，故各项总和并不是100%。

数据来源：夏丽丽：转型时期广州城市社会问题探析，《城市问题》2005年第1期。

12. 市民的科技文化素质偏低

据2005年度广州市公众科技素养调查结果显示，在1120个18-69岁调查样本中，达到科学素养标准的比例为2.9%，且呈现年龄越大，其科学素养水平越低的走势。不仅如此，城市居民对与本地文化密切相关的科普活动场所的接触情况令人担忧，其中从未去过的场馆比例：自然博物馆为80.4%、科技馆等科技类场所为78.3%、美术馆或展览馆为71.4%。而没有接触这些场馆的主要原因是"不感兴趣"（占32.7%以上），而并非是门票、交通等其他客观因素。不少市民家庭带小孩去饮茶吃饭的多，而带去参观博物馆和自费看文艺演出的甚少[①]。据2003年广州市800个样本的文艺演出市场调查结果显示，广州市居民在过去3年内到过剧场看文艺演出的比例为44.6%，其中只有20.2%是自费买票去看

---

① 国家统计局广东调查总队：广州城市居民消费行为与生活质量研究，http://www.stats.gov.cn/tjfx/dfxx/t20061009_402356207.htm。

的,有 24.4% 非自费去看的;另有 55.4% 的人没有到剧场看文艺演出①。可见,大部分市民对高雅艺术、传统历史与文化、科学知识、本地人文景观等兴趣度不高,这些都在一定程度上说明广州市民的科技文化素质偏低,将制约城市文化品位的提高。

13. 一些领域的腐败现象仍然比较严重

2003 年广州市纪检监察机关全年共立案查处违法违纪案件 318 件 389 人,涉及市属局级领导干部 21 件 23 人;全年处分党员、监察对象 366 人;通过查办案件为国家、集体挽回损失 1 亿 3 千多万元②。1998 年至 2002 年 6 月,广州市纪委、市监察局查处局级党政"一把手"违纪违法案 30 件 30 人③。2003 年广州全市纪检监察机关共受理群众来信来访和电话举报 7992 件(次),在查处案件中大案要案 179 件 199 人,受到处分的党员和监察对象中有正局级干部 9 人,处级干部 59 人④。可见,广州各级干部的腐败现象还比较严重,成为影响和谐社会建设的重要制约因素。

14. 社会民主有待加强

对民主选举的认同和期望,反映市民对区域政治发展的一致性要求。保证每一个公民都拥有平等的机会参与选举和被选举,是不可忽视的政治公理。观测广州市民对地方选举的认识和态度,发现广大市民对人大代表选举并不满意。从总体情况看,只有 30% 的市民肯定了地方人大选举做得比较好,70% 的人对此并不满意。尽管如此,但他们仍愿意积极参加人大代表的选举活动,从而表现出对民主政治追求的一致性。不仅如此,广州的民主管理,民主监督的制度化、规范化也有待加强。有的基层单位实行政务公开制度、财务公开制度,实行民主选举、民主决策、民主管理、民主监督为主要内容的民主制度建设,但在实际执行中还缺

---

① 国家统计局广东调查总队:广州城市居民消费行为与生活质量研究,http://www.stats.gov.cn/tjfx/dfxx/t20061009_ 402356207.htm.

② 魏晓航:广州市去年立案查处 300 多件腐败案件,http://www.gd.xinhuanet.com/newscenter/2004 - 02/06/content_ 1581802.htm.

③ 瞭望撰文:当前腐败现象又滋生七大新特点(1),http://news.china.com/zh_ cn/liaowang/news/11010344/20030825/11529449.html。

④ 魏晓航:广州市去年立案查处 300 多件腐败案件,http://www.gd.xinhuanet.com/newscenter/2004 - 02/06/content_ 1581802.htm.

15. 创新型社会建设仍需努力

2005年广州专利申请量11012项，是2000年的2.45倍。专利授权量5724项，是2000年的1.8倍；其中发明专利授权量604项，是2000年的6.23倍。可见，"十五"时期，广州的自主创新能力迅速提高。但不容忽视的是，与北京、上海和深圳相比，广州创新能力依然存在不足，主要表现在四个方面：一是专利授权量总量偏小。2005年广州专利授权量达5724项，同期北京、上海、深圳专利授权量总量分别达到1.01万项、1.26万项、8983项，分别是广州的1.76倍、2.2倍和1.57倍。而北京、上海、深圳GDP分别是广州的1.33倍、1.79倍和0.96倍。可见，无论是绝对量，还是相对于GDP，广州专利授权量总量都偏小。二是专利授权量增长偏慢。2005年广州专利授权量比上年增长3.41%，与北京、上海、深圳相比，分别落后8.7个百分点、15.2个百分点、12.7个百分点。三是发明专利授权量偏小。2005年广州发明专利授权量604项，同期北京、上海、深圳发明专利授权量分别达到3476项、1997项、918项，是广州的5.75倍、3.31倍和1.52倍。四是企业的创新能力偏弱。据对广州市254家大型企业统计，只有34%的企业有专利申请，平均每家企业专利申请量仅5.5件，而且发明专利仅占专利申请总数的6%，更令人担忧的是，大中型企业的专利申请主要集中在传统工业领域，90%的专利不涉及核心技术。此外，据对573家高新技术企业统计，仅有24%的企业有专利申请，平均每家高新技术企业专利申请量仅有1.6件[①]。可见，广州创新能力还有待提高。

四、国内关于和谐社会指标体系的研究

（一）国家层面的指标体系

关于如何评价和谐社会，国内学者作了大量研究。湖北省统计局提

---

① 广东省委政策研究室社会发展处：广州：走自主创新之路，建区域科技中心，广东科技，2005（10）。

出的指标体系涉及社会结构、社会环境和社会关系三个方面。胥传广从经济发展指数、生活质量指数、社会公平指数、生存环境指数、享受发展指数等14方面提出了我国和谐社会建设的指标和指标的数值水平，并提出了相应的评价权数。欧阳建国从民主法治、公平正义、诚信友爱、充满活力、安定有序、人与自然和谐相处等方面，确立了由六大因子35个基本指标所构成的社会主义和谐社会综合评价指标体系。周春喜等从社会发展、生活质量、社会进步、社会安全、人与自然等五个方面选取了具有代表性的34项指标来评价和谐社会。朱孔来建立物质文明、精神文明、政治文明、社会文明、生态文明五个子目标系统，45个具体指标构成的统计监测指标体系。梅松等从社会结构、社会公平、社会稳定、社会活力、社会意识、社会治理、人与自然的和谐七个方面来构建和谐社会指标体系。张德存构建的和谐社会指标体系将民主法治、公平正义、充满活力、安定有序、人与自然和谐相处作为个一级指标，并选取29个二级指标。

国家统计局课题组完成的"和谐社会统计监测指标体系研究"报告，初步勾画出构建和谐社会量化考评体系的雏形。和谐社会统计监测评价指标体系从6个基点搭建起相应的构架。第一层次以"社会和谐指数"为总目标。第二层次将总目标向下分解为民主法治、公平正义、诚信友爱、充满活力、安定有序、人与自然和谐6个子目标。第三层次为每个子目标设置3至6个具体指标，共有25个单项指标。具体来看，主要有：在"民主法治"方面，用"公民自身民主权利满意度"、"廉政指数"和"社会安全指数"指标来反映。在"公平正义"方面，用"基尼系数"、"城乡居民收入比"、"地区经济发展差异系数"、"高中阶段毕业生性别比"指标来反映。在"诚信友爱"方面，用"合同违约率"、"银行业主要金融机构不良贷款率"、"消费者投诉率"、"慈善捐款占GDP比重"指标来反映。在"充满活力"方面，用"基层选举投票率"、"人口流动率"、"制造业新产品销售收入比重"、"企业注册率"、"万人专利数"和"万人注册商标数"指标来反映。在"安定有序"方面，用"5岁以下儿童性别比"、"城镇调查失业率"、"基本社会保障覆盖率"、"居民生活满意度"指标来反映。在"人与自然和谐"方面，用"万元GDP综合能耗"、"森林覆盖率"、"常用耕地面积指数"、"环境质量指数"指标来反映。

(二) 城市层面的指标体系

1. 北京和谐社会评价指标体系

北京和谐社会评价将采用的指标体系分三个大类，包括两个客观指标和一个主观指标。其中，第一类是反映社会冲突客观现状的指标，包括贫富差距、社会安定和环境资源三个亚类10个指标。其中贫富差距细化为国民经济各行业平均工资的标准差、城乡人均可支配收入之比、城市高低收入户人均可支配收入之比三个指标。社会安定细化为刑事案件立案数、食品安全监测抽查合格率、生产安全死亡人数和城镇登记失业率四个指标。环境资源细化为空气二级和好于二级的天数占全年比例、万元GDP能耗和环保投资指数三个指标。第二类是反映社会主体主观诉求的指标，该类指标是主观指标，以问卷调查的方法取得数据。第三类是反映社会冲突协调机制效果的指标。包括社会保障、舆情反映、民主法治、社会应急、社区控制五个亚类10个指标。其中，社会保障包括医疗保险参保人数、养老保险参保人数、享受低保人群占社会救济对象比重、外来流动人口的子女在本市借读人数四个指标。舆情反映则是信访部门接待集体访批次一个指标。民主法治细分为村委会选举选民参选率、万人拥有警察数二个指标。社会应急细分为应急避难场所面积、交通拥堵报警数量二个指标。社区控制具体为万人拥有专职社区工作者一个指标。

2. 深圳和谐社会评价指标体系

深圳和谐社会指标体系由社会发展、社会公平、社会保障、社会关爱、社会安全和生态文明等6个一级指标，共35项二级指标构成。其中，社会发展包括人均可支配收入、住房面积、恩格尔系数、教育支出占GDP比例、每万人拥有医生、律师、专利申请数、每十万人批准登记民间组织数8指标。社会公平包括基尼系数、收入差距、性别平等指数、政府民主决策率、重复上访率5指标。社会保障包括登记失业率、社会保险综合参保率、劳动合同签订率、最低工资标准等4指标。社会关爱包括每万人注册志愿者人数、法律援助案件数、劳务工医疗保险覆盖率等指标。社会安全包括传染病发生率、每万人治安案件数、每十万人安全事故死亡人数、每万人刑事案件立案数、人民调解案件数等8指标。生态文明包括万元GDP综合能耗增幅等指标。

3. 台州和谐社会指标体系

台州和谐社会指标体系重在反映社会的和谐、稳定、文明程度，包括民主法治、诚信友爱、社会公平、社会活力、安定有序、生态环境等六大子系统19项分指标和一个综合指标。其中，民主法治子系统主要反映民主法制建设进程和依法行政水平，设置了普法教育面、民主法治村创建面、败诉撤销的行政案件追究率3项指标。诚信友爱子系统主要反映人际关系、信用状况、文明道德水平，设置了省市级文明社区建成率、万元GDP社会慈善捐款额、企业信用度3项指标。社会公平子系统主要反映社会各方利益关系的公平公正状况，设置了城乡收入差距系数、社会保障覆盖率、新型农村合作医疗人口覆盖率3项指标。社会活力子系统主要反映人才、技术、管理和资本的活力情况，设置了每万人口人才资源数、万人专利申请量、文化娱乐支出占消费支出比重3项指标。安定有序子系统主要反映社会治安、公共安全、社会秩序、社会稳定状况，设置了各类基层平安创建合格率、每10万人各类事故死亡数、万人刑事发案数、越级上访年下降率4项指标。生态环境子系统主要反映生态建设环境保护水平，设置了环境质量综合指数、城镇生活污水/生活垃圾处理率、工业三废治理率3项指标。最后一个指标是综合指标，即公众满意指数，是指人民群众对社会治安、公众服务、廉政建设所表示出来的满意程度，采用群众安全感满意度、公众服务满意度、廉政建设满意度的算术平均数，采用问卷调查的方式取得。

综合来看，国内相关研究由于对和谐社会的内涵有不同理解，因此指标体系从不同的角度来进行评价；出现将民主法治与安定秩序、安定秩序与社会公平相混淆的现象；在评价指标的选择上过多地选择"过程"指标；建立指标体系时，往往忽视评价方法。

五、广州和谐社会评价指标体系的构建

（一）基本思路

构建社会主义和谐社会的历史命题，是我们党根据新时期我国经济

社会发展的新要求提出的。这在客观上决定了和谐社会指标体系的构建思路,首先必须紧紧围绕至2020年和谐社会目标来构建广州和谐社会评价指标体系;其次,社会主义和谐社会是以人为本的社会,因此,人民群众的需求是否得到满足是评价社会和谐程度的出发点和落脚点;第三,构建广州和谐社会指标体系应该从广州的实际出发,围绕广州存在的问题进行构建;第四,和谐社会评价指标体系尽可能选取"绩效"指标,而不是"投入过程"性质或"保障措施"性质的指标。有些指标主要反映的是社会和谐的基础或先决条件,这类指标尽量不纳入指标体系;第五,实现和谐是我们追求的目标,建设和谐社会是一个动态过程,因此,和谐社会的评价是没有目标值的,即我们不能说完成哪个指标,就实现和谐。换句话说,和谐社会的评价具有相对性,和谐指数是跟其他地区相比,或跟过去相比的一个综合指数。

(二)评价指标体系

马斯洛理论把人的需求分成基本需求、安全需求、社交需求、尊重需求和自我实现需求五类。具体来看,第一类是生理上的需要,是人们最原始、最基本的需要,如吃饭、穿衣、住宅、医疗等等。若不满足,则有生命危险。这就是说,它是最强烈的不可避免的最底层需要,也是推动人们行动的强大动力。第二类是人的安全需求,包括劳动安全、职业安全、生活稳定、希望免于灾难、希望未来有保障等,首先表现在物质上安全和经济安全,即操作安全、劳动保护和保健待遇、失业保障、意外保障、养老保障等;除了物质上的安全外,还表现在心理上安全,希望能够解除严酷监督的威胁、希望免受不公正待遇。第三类是社交的需要,也叫归属与爱的需要,指个人渴望得到家庭、团体、朋友、同事的关怀爱护理解,是对友情、信任、温暖、爱情的需要。广义的社交的需要体现在互相信任、深深理解和相互给予上。第四类是人的尊重的需要,可分为自尊、他尊和权力欲三类,包括自我尊重、自我评价以及尊重别人。第五类是自我实现的需求,这是人的最高等级的需要。满足这种需要就要求完成与自己能力相称的工作,最充分地发挥自己的潜在能力,成为所期望的人物,是对实现自己潜力的需求,对自己人生大志的需求,以及对敢想敢做,勇与发明创造的需求。

由于社会主义和谐社会是人人各尽其能、各得其所而又和谐相处的社会。构建和谐社会必须坚持以人为本，始终把广大人民的根本利益作为出发点和落脚点。因此，广州和谐社会建设的最终目标就是使广大市民的生活需求、安全需求、交往需求、尊重需求和创新需求得到满足。因此，综合来看，这里从生活水平、社会安全、社会文明、社会民主和创新型城市五个方面用36个二级指标来构建广州和谐社会评价指标体系，见表7-7所示。

表7-7 广州和谐社会评价指标体系

一级指标	一级指标解释	二级指标
生活水平	体现广大市民的生活需求	城市居民人均可支配收入，农村居民人均纯收入，恩格尔系数，居民家庭自有房拥有率，每百户家庭拥有私人汽车数，每万人口医生数，平均受教育年限，每万人拥有公共藏书数，消费中文化娱乐消费所占比重，居民生活污水处理率，人均绿地面积
社会安全	体现广大市民的安全需求	每万人刑事案件立案率，每万人治安案件发案率，每万人交通事故死亡人数，流动人口犯罪人口比重，城市居民消费物价指数，食品安全监测抽查合格率，登记失业率，居民社会保障覆盖率，基尼系数，居民最低生活保障标准，城乡居民收入比，行业工资收入之比，城乡教育差别指数，城乡医疗差别指数
社会文明	体现广大市民的交往需求	见义勇为事件数，政府部门的廉政指数，每万人口中消费者投诉率，慈善捐款占GDP比重，注册自愿者占总人口的比重，文明社区建成率
社会民主	体现广大市民的尊重需求	基层群众对自身民主实现的满意度，基层选举的投票率
创新型社会	体现广大市民的创新需求	万人拥有专利授权数，万人发明专利授权数，万人个人专利授权数

1. 和谐广州具有较高的生活水平，能满足广大市民的生活需求。

生活水平在这里主要包括三个方面的内容，首先是家庭财产普遍增加，市民过上富足的生活。收入增加，生活富裕，市民的基本生活需求才能有保障。其次是医疗卫生、教育、文化等事业全面发展。只有社会事业全面发展，市民的教育与健康需求才能得到实现，各项其他生活需求才能持续地得到保障。第三是生态环境更加优良，人与自然和谐相处。只有生态环境优良，市民的健康需求才能得以实现；只有人与自然和谐相处，子孙后代的各种需求才能得以保证，因此，和谐广州要具有较高的生活水平，使市民现在与将来的生活需求都能得以满足。这里用以下11个二级指标来细化生活水平指标：

（1）城市居民人均可支配收入：衡量广州城市居民生活水平高低。指城市居民家庭人均可用于最终消费支出和其它非义务性支出以及储蓄的总和，即居民家庭可以用来自由支配的收入。它是家庭总收入扣除交纳的所得税、个人交纳的社会保障费以及调查户的记账补贴后的收入。计算公式为：可支配收入＝"家庭总收入－"交纳的所得税－个人交纳的社会保障支出－记帐补贴。该指标数据可以通过统计年鉴得到。

（2）农民人均纯收入：反映广州农村居民收入水平。指的是按农村人口平均的"农民纯收入"，"纯收入"指的是农村居民当年从各个来源渠道得到的总收入，相应地扣除获得收入所发生的费用后的收入总和。该指标数据可以通过统计年鉴得到。

（3）恩格尔系数：反映市民基本生存情况。指家庭的食物消费支出在全部生活消费支出中所占的比例。该指标数据可以通过统计年鉴得到。

（4）居民家庭自有房拥有率：在国际上，"住房自有率"是个基本的通用名词，指居住在拥有自己产权住房的家庭户数占整个社会住房家庭户数的比例。用来衡量评价居住问题解决的好坏，反映市民财产拥有情况。该指标数据可以从统计年鉴有关数据计算得到。

（5）每百户家庭拥有私人汽车：反映市民汽车拥有情况。该指标数据可以从统计年鉴有关数据计算得到。

（6）每万人口医生数：反映市民医疗卫生发展情况。该指标数据可以通过统计年鉴得到。

（7）平均受教育年限：反映市民受教育的情况，是社会发展的重要标志之一。提高人口平均受教育年限是我们努力的方向。随着经济的发展，人民生活水平的提高，居民对自身的要求逐步升高，提高自身的文化素质已成为自身的内在动力。该指标通过人口普查及抽样调查报告得到。

（8）每人拥有公共藏书数：反映文化事业发展情况。该指标数据可以从统计年鉴中得到。

（9）教育文化娱乐消费所占比重：反映市民文化娱乐质量。该指标数据可以从统计年鉴中得到。

（10）居民生活污水处理率：反映居民生态环境的质量。指城市处理的生活污水量占城市生活污水总量的百分比。该指标数据可以从统计年鉴中得到。

（11）人均公共绿地面积：反映居民生态环境的质量。指城市中每个居民平均占有公共绿地的面积。该指标数据可以从统计年鉴中得到。

2. 和谐广州是安全城市，能满足广大市民的安全需求。

社会安全包含社会治安、社会保障、失业救助和社会公平等内容。和谐广州就是依法治市得到实施，社会治安得到根本好转；社会保障更加健全，社会就业比较充分，覆盖城乡居民的社会保障体系进一步完善；收入分配更加合理，城乡和阶层收入差距扩大的趋势初步得到扭转，社会各方面的利益关系得到妥善协调，人民内部矛盾和其他社会矛盾得到正确处理。这里用14个二级指标来细化社会安全指标，它们是：

（1）每万人刑事案件立案率：指每年度依法侦查或确认的符合刑事案件构成标准的案件数与年度常住人口的万分比。目前在国际上发达国家和地区都普遍使用这一方法来衡量社会治安状况。该指标数据可以通过统计年鉴计算得到。

（2）每万人治安案件发案率：用来衡量社会治安状况。指每年度治安案件受理数与年度常住人口的万分比。该指标数据可以通过统计年鉴计算得到。

（3）每万人口交通、火灾事故死亡率：反映了公共安全的基本情况。指每年度交通和火灾人数与年度常住人口的万分比。该指标数据可以通过统计年鉴计算得到。

（4）流动人口犯罪比重：随着改革开放和城市化进程的加快，越来越多的流动人口涌入城市，混迹其间的违法犯罪分子也不断增多，成为绝大多数经济较发达地区影响社会治安的主要隐患。外来人口的犯罪比重也成为衡量一个地区社会治安形势好坏以及流动人口管理、控制水平的主要依据,用来衡量社会治安状况。该数据可从公安局得到。

(5) 城市居民消费物价指数:通货膨胀和通货紧缩超过一定程度都会对经济产生不利影响。因此这个指标太高或太低都不好。该指标主要反映社会的安全程度。该指标数据可以通过统计年鉴得到。

(6) 食品安全监测抽查合格率:反映食品安全程度。指年度食品安全监测抽查合格率。数据由广州市食品药品监督管理局提供。

(7) 基尼系数:这是国际上通行的反映居民收入差异程度的最主要指标,当然也是反映社会公平的重要指标。基尼系数越大,收入分配越不公平,越小,收入分配越公平。虽然,理论上的基尼系数可以达到1,但这在实际社会中是不可能达到的。除个别地区外,20世纪90年代世界上其它国家的基尼系数都介于0.2－0.6之间(联合国开发计划署,2003)。鉴于目前世界各国基尼系数的实际状况,将基尼系数的最大值确定为0.60。该指标可以利用统计年鉴数据,通过计算得到。

(8) 登记失业率:就业是劳动者的基本权利之一,也是取得收入和社会地位的前提。各地的统计资料都表明,一个失业率很高的地区也会是社会安全较差的地区。这项指标的国际可比性也很强。但是,目前我国该指标与国际并没有可比性,但随着各项改革的深入,相信该指标将成为衡量社会安全的重要指标。

(9) 居民社会保障覆盖率:指基本养老保险覆盖面、失业保险覆盖面、基本医疗保险覆盖面的平均值。其中,基本养老保险覆盖面是指参加基本养老保险人数与全市常住人口之比。失业保险覆盖面是指参加失业保险人数与全市常住人口之比。基本医疗保险覆盖面是指参加基本医疗保险人数与全市常住人口之比。社会保障是一个安全"网",劳动者进入这个"网",就能老有所养,病有所医,安全感当然就强。显然,社会保障的"网"织得越大,有安全感的人就越多,社会安全性就会越强。但保障项目各国大同小异,保障水平受经济发展水平的制约,覆盖率应是最能体现社会保障基本功能的指标。该指标可以通过统计年鉴计算得到。

(10) 居民最低生活保障标准:又称为城市居民最低生活保障线,是城乡最低生活保障金是社会保障制度中的"最后一道保护线"。城市居民最低生活保障对象,属于城市中的贫困人口群体,这部分人由于没有劳动能力或失去工作机会等原因，发生收入中断或者完全没有收入，或者虽有收入但收入微薄，以至于不能够维持最起码的生活水平。因此，该指标反映对弱势群体的救助程度，其数据可以通过民政局调查得到。

（11）城乡居民收入之比：指城市居民人均可支配收入与农村居民人均纯收入之比。反映城乡居民收入差距，该指标可以利用统计年鉴数据，通过计算得到。

（12）行业工资收入之比：指各行业中工资最高行业的人均收入与工资最低的行业的人均收入之比。该指标反映行业收入差距，可以利用统计年鉴数据，通过计算得到。

（13）城乡教育差别指数：城市生均教育事业费与农村生均教育事业费之比。其中城市以市区数据代替，农村取从化和增城两地的平均值。该指标反映城乡教育设施的差距，可以利用统计年鉴数据，通过计算得到。

（14）城乡医疗差别指数：指城市平均每千人口拥有医生与农村平均每千人口拥有医生之比。该指标反映城乡医疗卫生条件的差距，可以利用统计年鉴数据，通过计算得到。

3. 和谐广州是文明城市，能够满足广大市民的交往需求。

社会风气，是对在一定时期和一定范围内，大量社会成员的相近或相同的思想意识、价值判断、行为意向、行为方式等的一种总称，或者说是社会成员的共同的行为模式。文明城市就是具有良好的社会风气，是全体市民互帮互助，诚实守信，全体市民平等友爱，融洽相处，社会正气得到弘扬的城市。这里主要用以下6个二级指标来衡量广州的社会文明程度。

（1）见义勇为事件数：反映社会正义程度，指年度见义勇为事件数，由市公安局负责统计。

（2）政府部门的廉政指数：用检察机关直接立案的贪污贿赂和渎职案件数与国家机关、政党机关和社会团体就业人数之比。作为反映廉政状况的指标。

（3）每万人口中消费者投诉率：年度消费者的咨询投诉举报数与广州常住人口的万人之比。数据来源由广州市工商局12315申诉投诉举报中心。该指标反映社会的诚信程度，反映生产厂家、经销商和消费者之间的信誉。

（4）慈善捐款占GDP比重：慈善事业是扶贫济困的事业，是社会保险、社会救助、社会福利的重要补充，反映社会成员之间互助友爱的状况。发达市场经济国家的慈善事业都有相当规模和比较规范，如美国2003年的慈善捐款占全美当年GDP的9%。该指标可以通过广州市慈善会、广州市红十字会和民政部门的统计得到。

（5）每万人注册自愿者数：指注册自愿者与广州常住人口的万人之比。义工活动是社会互助体系的一项必不可少的重要内容。它是一种双重的创造，既创造了物质财富——在一定程度上补充政府资源的不足，为维护社会安定团结作出贡献；同时创造了精神财富——大力弘扬中华民族互助互爱的传统美德，营造和谐、文明的社会氛围，陶冶人们的思想情操，是广州人素质提高和社会文明的一种体现，也是和谐社会的重要标志。该指标数据由广州市慈善会、广州市红十字会和民政部门统计得到。从广州市民政局获悉，2005年广州市62万义工，在全市组建起了治安、敬老、环保、科普、帮困助残、医疗卫生、劝丐返乡、心理辅导、义教、帮教等多支专业义工队。

（6）文明社区建成率：指文明社区占全市社区的比重，该指标数据可以通过广州市文明委调研得到。社区和谐是社会和谐的基础。只有每一个基层社区都是和谐的，都按和谐社会的要求做了，整个社会的和谐才能实现。因此，社区和谐在构建和谐社会的工作中十分重要，应当把构建社会主义和谐社区作为构建社会主义和谐社会的重要切入点。

4. 和谐广州是民主社会，能够满足广大市民的尊重需求。

民主社会就是人人相互尊重，公民的政治、经济、文化、社会权益得到尊重和保障，各方面积极因素得到广泛调动。社会主义民主是全体人民当家作主、享有管理国家和社会事务权利的一种国家制度，是全体人民共同享有的历史上最广泛的和最高类型的民主。建立高度的社会主义民主，是社会主义的本质要求，也是和谐社会的基本特征和重要保证。民主是和谐社会得以长期维持与维护的根本保证，是和谐社会的努力方向与理想目标。我们正处于并将长期处于社会主义初级阶段，只有充分发挥民主，才能使社会关系的各个领域和部分之间的利益处在相对稳定、相对协调的和谐状态。这里用以下2个二级指标来细化社会民主指标：

（1）基层群众对自身民主实现的满意度：民主是有层次的，有在中央一级组织中的民主问题，也有在基层的民主问题。广大群众亲身感受到的，就是自己身边的民主。因此，设置这项指标，就能反映基层民主的实现程度。在整个民主体系中，基层民主是基础，基层民主做好了，整个国家的民主程度也一定就增强了。该指标数据通过问卷调查获取。

（2）基层选举的投票率：政治活力的主要表现应是基层群众对政治的关心程度，基层群众对政治的关心很大程度上应体现在对基层政权的关心。因此积极参加基层政权的选举，应是政治活力的重要体现。此项指标在国际上也很受重视。

5. 和谐广州是创新型城市，能够满足广大市民自我实现的需求。

创新型城市能激发每个人的创造能力，满足每个人的自我实现的需求。创新型城市能发挥人民群众的首创精神和伟大创造力，使全社会的创造能量充分释放、创新成果不断涌现。创新型城市是一切有利于社会进步的愿望和创造得到尊重，创新得到支持，才能得到发挥，成果得到肯定。因此，创新型城市支持人们通过理论创新激发思想活力，通过制度创新激发体制活力，通过科技创新激发经济活力。创新型城市大力营造鼓励人们干事创业、支持人们干成事业、帮助人们干好事业的社会环境。主要用以下3个二级指标来细化创新型城市指标：

（1）万人拥有专利授权数是指广州拥有的专利授权数与常住人口的万分之比。该数据根据国家知识产权网站资料计算得出。

（2）万人发明专利授权数指广州年度发明专利授权数与常住人口的万分之比。根据统计年鉴数据，计算得出。

（3）万人个人专利授权数指广州年度个人专利授权数与常住人口的万分之比。根据统计年鉴数据，计算得出。

（三）评价方法

在构建广州和谐社会评价指标体系时，除了建立一套完整的指标体系外，还将采用科学的评价方法。在第一章中已经详细的介绍各方法的优缺点，在此不再重复，值得一提的是，方法的选择与评价对象的选择也有一定的关系，换句话说，评价对象不同，意味着选择不同的方法来进行综合评价。

六、本章小结

本章主要包含五个方面的内容：第一部分介绍和谐社会相关概念，并认为社会主义和谐社会是人人各尽其能、各得其所而又和谐相处的社会；第二部分主要从全国和广州的角度阐述和谐社会的目标任务与要求，找出其中的异同，来指导广州和谐社会指标体系的建设；第三部分论述当前广州建设和谐存在的主要问题，主要体现在十五个方面，这些方面内容将成为广州构建指标体系的方向；第四部分是综合国内关于和谐社会指标的相关研究，主要有国家层面的指标体系和城市层面的指标体系；第五部分在提出基本思路的基础上，构建包含生活水平、社会安全、社会文明、社会民主、创新型社会五个方面的指标体系。

参考文献

1. 郭亚军：综合评价理论、方法及应用，科学出版社，2007年5月。
2. 郭亚军：综合评价理论与方法，科学出版社，2002年8月。
3. 杜栋、庞庆华、吴炎编：现代综合评价方法与案例精选，清华大学出版社，2008年6月。
4. 苗润生：中国地区综合经济实力评价方法研究，中国人民大学出版社，2006年3月。
5. 世界银行：2008世界发展指标，中国财政经济出版社，2008年8月。
6. 世界银行：2004世界发展指标，中国财政经济出版社，2005年6月。
7. 中国科技发展战略研究小组：中国区域创新能力报告2004-2005，知识产权出版社，2005年6月。
8. 中国科技发展战略研究小组：中国区域创新能力报告2003，经济管理出版社，2004年4月。
9. 中国科学院可持续发展研究组：2000中国可持续发展战略报告，科学出版社，2000年3月。
10. 中国科学院可持续发展研究组：2003中国可持续发展战略报告，科学出版社，2003年2月。
11. 倪鹏飞：中国城市竞争力理论研究与实证分析[M]，中国经济出版社，2001。

12. 倪鹏飞：中国城市竞争力报告（No1.）[M]，社会科学文献出版社，2003。

13. 倪鹏飞：中国城市竞争力报告（No2.）[M]，社会科学文献出版社，2004。

14. [美]迈克尔·波特著：竞争战略：分析产业和竞争者的技术，三联书店，1988。

15. [美]迈克尔·波特著：高登第、李明轩译：竞争论[M]，中信出版社，2003。

16. [美]迈克尔·波特著：李明轩等译：国家竞争竞争优势[M]，华夏出版社，2002。

17. [日]藤田昌久、[美]保罗·克鲁格曼、[英]安东尼·J·维纳布尔斯著，梁琦主译：空间经济学——城市、区域与国际贸易[M]，中国人民大学出版社，2005。

18. [美]乔尔.科特金著，王旭等译：全球城市史[M]，社会科学文献出版社，2006。

19. [美]丝奇雅·沙森著，周振华等译校：全球城市——纽约、伦敦、东京[M]，上海社会科学院出版社，2006。

20. [美]刘易斯·芒福德著，宋俊岭、倪文彦译：城市发展史——起源、演变和前景[M]，中国建筑工业出版社，2005。

21. 李廉水、[美]Roger R·Stough等：都市圈发展——理论演化·国际经验·中国特色[M]，科学出版社2006。

22. 于方涛：城市竞争与竞争力[M]，东南大学出版社，2004。

23. 周亚著：产业竞争力：理论创新与上海实践，上海社会科学院出版社，2007。

24. 谢文惠、邓卫著：城市经济学（第二版）[M]，清华大学出版社，2008。

25. 饶会林等：现代城市经济学概论[M]，上海交通大学出版社，2008。

26. 安虎森主编：空间经济学原理[M]，经济科学出版社，2005。

27. 周振华：崛起中的全球城市——理论框架及中国模式研究[M]，上海人民出版社，2008。

28. 周振华等：世界城市——国际经验与上海发展 [M]，上海社会科学院出版社，2004。

29. 魏后凯主编：现代区域经济学 [M]，经济管理出版社，2006。

30. 陈劲松主编：新城模式——国际大都市发展实证案例 [M]，机械工业出版社，2006。

31. 郑长德、钟海燕主编：现代西方城市经济理论 [M]，经济日报出版社，2007。

32. 王旭：美国城市发展模式—从城市化到大都市区化 [M]，清华大学出版社，2006。

33. 王旭：美国城市化的历史解读 [M]，岳麓书社，2003。

34. 冯云廷：城市聚集经济 [M]，东北财经大学出版社，2001。

35. 赵旭，陆莹莹：都市圈产业生态集聚模式 [M]，上海三联书店，2006。

36. 李培祥：城市与区域相互作用的理论与实践 [M]，经济管理出版社，2006。

37. 张琦：区域经济发展比较研究 [M]，经济日报出版社，2007。

38. 世界银行：中国120个城市竞争力的提升 [M]，中国财政经济出版社，2007。

39. 广东省社科院：广东区域综合竞争力蓝皮书 [M]，广东经济出版社，2006。

40. 赵彦云：国际竞争力统计模型及应用研究 [M]，中国标准出版社，2005。

41. 薛薇：统计分析与SPSS的应用 [M]，中国人民大学出版社，2001。

42. 郭志刚：社会统计分析方法—SPSS软件应用 [M]，中国人民大学出版社，1999。

43. 乔云霞：区域国际竞争力理论研究与实证分析 [M]，经济科学出版社，2005。

44. 张金昌：国际竞争力评价的理论与方法 [M]，经济科学出版社，2002。

45. 权衡、左学金：科学发展与城市国际竞争力 [M]，上海社会科

学院出版社，2006

46. 中国人民大学竞争力与评价中心研究组：中国国际竞争力发展报告（2001）[M]，中国人民大学出版社，2001。

47. 周振华等：国内若干大城市综合竞争力比较研究 [J]，上海经济研究，2001（1）。

48. 尹继佐：以国际标准提升上海城市综合竞争力 [J]，上海经济研究，2001（1）。

49. 白庆华，陈群民，诸大建，宗传宏：上海城市综合竞争力薄弱环节研究 [J]，城市规划汇刊，2002（5）。

50. 张为付、张二震：提高城市综合竞争力探析——南京与部分城市综合竞争力比较研究 [J]，江苏社会科学，2002（3）。

51. 李萍：北京城市竞争力研究（R），北京市统计局。

52. 中国人民大学竞争力与评价研究中心：深圳城市国际竞争力评价和发展对策研究（R）。

53. Andy Thornley、于泓：面向城市竞争的战略规划 [J]，国外城市规划，2004（2）。

54. 姜杰，孙晓红，迟小华：城市竞争力理论评介 [J]，山东社会科学，2004（10）。

55. 周宏山，吴诣民，路维春：城市竞争力评价指标与方法研究 [J]，经济问题，2003（12）。

56. 王洪涛：城市竞争力研究的国内外动态 [J]，广西财经学院学报，2006（8）。

57. 宁德春，龙如银：城市竞争力指标的构建与应用——以江苏省地级城市为例 [J]，经济师，2004（4）。

58. 杨冬梅，袁岩：城市竞争力综合测评指标体系的构建及评价方法 [J]，价值工程，2006（9）。

59. 张军岭：城市竞争力理论与评价方法研究，首都经贸大学硕士学位论文，2005。

60. 王旭辉：提升城市竞争力的分析评价实证研究，河海大学硕士学位论文，2006。

61. 李智国：中国城市竞争力研究，重庆师范大学硕士学位论文，

2004。

62. 汪明峰：城市竞争、职能与竞争力：一个理论分析框架［J］，现代城市研究，2002（2）。

63. 李娜，于涛方：论城市竞争力及评价方法和程序［J］，人文地理，2005（3）。

64. 肖庆业，张贞：城市竞争力综合评价指标体系及评价方法研究［J］，江西农业大学学报（社会科学版），V5（3）。

65. 杨彤等：城市竞争力的评价研究［J］，经济经纬，2006（3）。

66. 王启友等：国内城市竞争力研究综述［J］，中共成都市委党校学报，V15（4）。

67. 何添锦：国内外城市竞争力研究综述［J］，经济问题探索，2005（5）。

68. 陈梦筱：城市竞争力的国内外研究回顾与展望［J］，华东经济管理，V20（4）。

69. 张志新：关于城市竞争力及提升中国城市竞争力的思考［J］，城市发展研究，2007.1。

70. 王晓润，尹宗成：长三角地区投资环境评价研究［J］，华东经济管理，2008（3）。

71. 邓田生，刘慷豪：中部主要城市投资环境评价［J］，统计与决策，2006年8月（下）。

72. 吴聘奇：福州厦门城市竞争力比较分析及对策研究，福州师范大学硕士学位论文，2006。

73. ［美］张庭伟：和谁竞争？——从美国经济界看中国城市的竞争力问题［J］，城市规划，2005（4）。

74. 王勇：国内城市经营研究综述［J］，城市问题，2004（1）。

75. 张声书主编：流通产业经济学：中国物资出版社，1999年。

76. 马龙龙主编：流通产业政策：清华大学出版社，2005年。

77. 石忆邵，朱卫锋：商贸流通产业竞争力评价初探—以南通市为例，财经研究，2004（5）。

78. 杨亚平，王先庆：区域流通产业竞争力指标体系设计及测算初探，商业经济文荟，2005（1）。

79. 余国锋：流通产业评价指标体系，合作经济与科技，2005（3）。
80. 马龙龙主编：流通产业结构，清华大学出版社，2006年4月。
81. 国家发展和改革委员会经济运行局等主编：2006年中国现代物流发展报告-竞争合作与产业成长，机械工业出版社，2006年7月。
82. 程晓红：对我国现代流通产业竞争力的分析，学术交流，2007（2）。
83. 杜丹清：中国本土商贸流通产业竞争力提升与政府行为研究，江苏论坛，2006（2）。
84. 阮维：零售业态优化：流通产业竞争力提升的载体研究，上海社科院硕士学位论文，2006年4月。
85. 金碚等编：中国企业竞争力报告（2006）——创新与竞争力，社会科学文献出版社，2006年11月。
86. 范晓屏：关于企业竞争力内涵与构成的探讨，浙江大学学报（人文社会科学版），1999年12月。
87. 谢峥：农业上市公司企业竞争力的实证研究及提升对策，四川农业大学硕士论文，2005年6月。
88. 彭文湛：通过资源整合提升中国物流企业竞争力，山东大学硕士论文，2007年4月。
89. 赵涛：企业竞争力综合评价研究，天津大学学位论文，2004年12月。
90. 王晓敏：企业竞争力：基于演化理论的分析，山西大学硕士论文，2006年6月。
91. 王桂根：我国零售企业竞争力研究，北京工商大学硕士学位论文，2007年6月。
92. 杨杨：中国零售企业竞争力研究，华中科技大学硕士学位论文，2005年4月。
93. 张凤彦：物流企业竞争力研究，北京物资学院二〇〇六届硕士研究生学位论文，2006年6月。
94. 楚尔鸣，李勇辉：高新技术产业经济学，中国经济出版社，2005年6月。
95. 科技部火炬高技术产业开发中心，科技部中国科技促进发展研究中心：2003 中国火炬技术统计资料（内部资料）。

96. 谢章澍，朱斌：高技术产业竞争力评价指标体系的构建，科研管理，2001（5）。

97. 刘江化，张强：广州工业产业竞争力研究，广州市社会科学院研究报告，2004。

98. 文先明：高新技术产业评价体系与发展战略研究，中国财政经济出版社 2006 年。

99. （美）博多·巴托恰等：发展高技术产业政策之比较，中国友谊出版公司，1989 年 2 月。

100. 金春梅：辽宁省高新技术产业竞争力实证评价，东北财经大学硕士论文，2005 年 12 月。

101. 陈华敏：浙江省高新技术产业竞争力评价与研究，长春理工大学硕士学位论文，2008 年。

102. 郭伏，李彩英：辽宁省高新技术产业竞争力分析，东北大学学报（社会科学版），2006 年 3 月。

103. 余金香，谈大军：陕西省高新技术产业竞争力的"钻石模型"分析，科技与经济，2007（3）。

104. 孙冰：区自主创新能力评价指标体系的构建，科技与经济，2006 年第 4 期。

105. 张赛飞，彭澎，江彩霞：京沪深穗高新技术产业竞争力比较研究，城市问题，2006（1）。

106. 胡锦涛在党的十七大上的报告：http：//news.xinhuanet.com/newscenter/2007 - 10/24/content_ 6938568. htm。

107. 阎文照：推进文化强市战略的思考，http：//www.sxgov.cn/qj/nr/427225. shtml。

108. 林国生："看病难，看病贵"问题成因分析及解决措施，学习与实践，2006（1）。

109. 傅尔基：上海住房保障体系建设面临的问题及对策，上海房地，2007（1）。

110. 范从来：富民优先发展的基本思路，中国经济问题，2006（6）。

111. 范从来，米盈：富民战略的经济学思考，南京社会科学，2006（1）。

112. 刘来福：富民经济论，河北人民出版社，2005年8月。

113. 韩淑丽，郭江：中国居民生活质量研究，内蒙古大学出版社，2006年9月。

114. 杨国秀主编：广东全面建设小康社会发展战略，广东人民出版社，2006年1月。

115. 陈岚：富民强市 持续发展，研究讨论，2001（4）。

116. 范从来，俞立，龚勤：江苏富民进程的实证分析及其推进策略，江苏社会科学，2006（1）。

117. 朱小丹：坚持科学发展 构建和谐广州 把现代化大都市建设推向新阶段，www.guangzhou.gov.cn（2007年1月10日）。

118. 汪杨岚：我国居民生活质量的评价，市场论坛，2004（7）。

119. 蒋青：城镇居民生活质量及其影响因素，财经科学，2004（1）。

120. 苏雪串：产业结构升级与居民收入分配，商业研究，2002（11）。

121. 韩淑丽，安鑫耀：和谐社会中的居民生活质量宏观因素分析，财经问题研究，2005（10）。

122. 徐祖荣：略论构建城乡一体化社会保障体系，广东行政学院学报，2006（10）。

123. 杨平，润泉：关于进一步优化广州投资环境的思考，探求，2006（6）。

124. 北京市"十一五"规划纲要报告发布（全文），http://news.xinhuanet.com/politics/2006－01/25/content_ 4097901.htm。

125. 李建明 胡恩堂：构建与社会主义和谐社会相适应的收入分配机制，经济师，2007（1）。

126. 唐钧：改善低收入群体收入的社会政策，中国劳动，2006（6）。

127. 李放，徐晨轩苏波：南京城镇低收入群体的分析及增收对策，南京社会科学，2006（9）。

128. 吴春明：论如何筹集社会保障资金，特区经济，2006（1）。

129. 瞿晶：社会公平：调节收入分配的政策导向，法制与社会，

2007（1）。

130. 朱晓俊，安士玲，黄占兵：内蒙古城镇居民收入增长滞后于经济增长：原因和对策，北方经济，2007（1）。

131. 李琼连，吴跃进：我国个人收入分配政策及其调整，审计与理财，2005（8）。

132. 南通市民营经济发展办公室：民营经济发展中的存在问题及对策，江海纵横 2006（1）。

133. 谢天祯：推进广州民营经济发展的几点建议，广州市财贸管理干部学院学报，2005（3）。

134. 广州市经贸委运行处：广州市民营经济发展进入新阶段，http://www.gdcei.com，2005 年 02 月 21 日。

135. 王可达：促进广州产业结构优化的对策探析，探求，2006（2）。

136. 赵勇：中国产业结构调整下的劳动力配置，生产力研究，2006（1）。

137. 风笑天 林南等：中国城市居民生活质量研究，华中理工大学出版社，1998 年 6 月。

138. 郑宗生，吴述尧，何传启：世界 120 个国家的生活质量比较，理论与现代化，2006（4）。

139. 吴先满，江苏富民战略研究：中国财政经济出版社，2002 年。

140. 范朝礼，吴权：富民的呼唤：江苏经济，2002（3）。

141. 王旭东等：2005－2006 年广州市经济社会统计报告，广州市统计局，2007 年。

142. 沈柏年等：2005－2006 年广州经济社会形势与展望，广东经济出版社，2006 年。

143. 沈柏年等：2006－2007 年广州经济社会形势与展望，广东经济出版社，2006 年。

144. 戴建中：2007 年：中国首都社会发展报告，社会科学文献出版社，2007 年。

145. 戴建中：2006 年：中国首都社会发展报告，社会科学文献出版社，2006 年。

146. 戴建中：2005 年：中国首都社会发展报告，社会科学文献出版社,2005年。

147. 卢汉龙:2006-2007年上海社会发展报告,社会科学文献出版社,2007年。

148. 杨安华:和谐社会何以可能——构建和谐社会研究述评,吉首大学学报(社会科学版)2005(3)。

149. 国家统计局广东调查总队:广州城市居民消费行为与生活质量研究,http://www.stats.gov.cn/tjfx/dfxx/t20061009_402356207.htm。

150. 魏晓航:广州市去年立案查处300多件腐败案件,http://www.gd.xinhuanet.com/newscenter/2004-02/06/content_1581802.htm。

151. 瞭望撰文:当前腐败现象又滋生七大新特点(1),http://news.china.com/zh_cn/liaowang/news/11010344/20030825/11529449.html。

152. 胥传广:构建和谐社会评价指标体系初探,http://www.jssb.gov.cn/tjky/lltt/80200507270144.htm。

153. 欧阳建国:社会主义和谐社会综合评价体系研究,浙江社会科学,2006(2)。

154. 周春喜:社会主义和谐社会评价指标体系及其评价,浙江工商大学学报,2006(1)。

155. 朱孔来:和谐社会统计监测指标体系初探,世界标准化与质量管理,2006(1)。

156. 梅松等:和谐社会评价指标体系的构建,北京社会科学,2006(1)。

157. 张德存:和谐社会评价指标体系的构建,理论新探,2005(11)。

158. 五地区和谐社会(社区)评价体系比较,领导决策信息,2006(12)。

159. 政研:台州全面小康与和谐社会考核指标设置,今日浙江,2005(14)。

160. Raul:广州义工日渐成型,http://www.ycwb.com/gb/content/2006-01/10/content_1052735.htm。

图书在版编目(CIP)数据

区域经济综合评价实证研究/张赛飞著.
—北京:中央编译出版社,2010.12
ISBN 978-7-5117-0732-1

Ⅰ.①区…
Ⅱ.①张…
Ⅲ.①地区经济-经济评价-研究-广东省
Ⅳ.①F127.65

中国版本图书馆CIP数据核字(2010)第261024号

区域经济综合评价实证研究

出 版 人	和 龑
责任编辑	董 巍
责任印制	尹 珺
出版发行	中央编译出版社
地　　址	北京西单西斜街36号(100032)
电　　话	(010)66509360(总编室)　(010)66509366(编辑室)
	(010)66161011(团购部)　(010)66130345(网络销售)
	(010)66509364(发行部)　(010)66509618(读者服务部)
网　　址	www.cctpbook.com
经　　销	全国新华书店
印　　刷	北京金瀑印刷有限责任公司
开　　本	787毫米×960毫米　1/16
字　　数	220千字
印　　张	14.5
版　　次	2011年1月第1版第1次印刷
定　　价	40.00元

本社常年法律顾问:北京大成律师事务所首席顾问律师　鲁哈达
凡有印装质量问题,本社负责调换,电话:(010)66509618